I0039319

LES
ERCHERIES LITTÉRAIRES

DEVOILÉES

GALERIE DES ÉCRIVAINS FRANÇAIS DE TOUTE L'EUROPE

QUI SE SONT DÉGUISÉS

SOUS DES ANAGRAMMES, DES ASTÉRONYMES, DES CRYPTONYMES,
DES INITIALISMES, DES NOMS LITTÉRAIRES, DES PSEUDONYMES FACÉTIEUX ET BIZARRES, ETC..
DÉCOUVERTS OU NON;
AUTEURS APOCRYPHES ET SUPPOSÉS, DES PLAGIAIRES ET DES ÉDITEURS INFIDÈLES
DE LA LITTÉRATURE FRANÇAISE PENDANT LES QUATRE DERNIERS SIÈCLES.
LES INDUSTRIELS LITTÉRAIRES ET LES LETTRÉS QUI SE SONT ANOBLIS A NOTRE ÉPOQUE.

PAR J. M. QUÉRARD
Auteur de la FRANCE LITTÉRAIRE

Avec le concours de bibliothécaires et de bibliophiles français, belges, russes, suisses, etc.

DEUXIÈME ÉDITION
Entièrement refondue et améliorée et considérablement augmentée.

TOME PREMIER,   LIVRAISON.

PARIS

L'AUTEUR, RUE DES GRANDS-AUGUSTINS, N° 3.

XX JANVIER M DCCC LXV.

LES

SUPERCHERIES LITTÉRAIRES

DÉVOILÉES.

A. (M.), *traducteur supposé* [l'abbé Jean de Roussy].

Aurelia, ou Orléans délivré, poeme latin (qui n'a jamais existé), traduit en français par —. Paris, Mérigot, etc., 1738, in-12.   [1]

Cette traduction est écrite en prose poétique et non en vers, comme l'a dit par erreur Lenglet Dufresnoy. L'auteur, dans sa préface, assure que l'original existe, mais qu'il n'a pas été publié. Cette assertion est une petite fraude ; il n'est plus douteux que le prétendu poème de Roussy a été composé en français. Le même sujet a depuis été effectivement traité par Cherbuy en langue latine, sous un titre semblable. *Aurelia liberata, vulgo Jeanne d'Arc*, 1782 ; mais les deux ouvrages n'ont de commun que les événements et l'héroïne qu'ils célèbrent.

A. (l'abbé d').—Nouvelle Philosophie du bon sens. 1771, in-8. [2]

A. (M.). — La Victime mariée, ou Histoire de lady Villars, trad. de l'angl. par —. Londres, et Paris, Mérigot jeune, 1775, 2 part. in-12.   [3]

A. et **H.** [Pierre-Hubert Anson et Louis-Théodore Hérissant].

Deux (les) Seigneurs, ou l'Alchimiste, comédie en deux actes et en vers ; par MM. —, avec deux airs nouveaux de M. *Champein*, et une lettre de M. l'abbé de *Voisenon*. Londres, et Paris, Eug. Onfroy, 1783, in-12.   [4]

A., *pseudo-initial*. [Gabriel Bourbon-Leblanc], rédacteur du « Tableau de Bordeaux », alors que Voidel, son fondateur, se trouvait à Paris. M. Bourbon-Leblanc s'attira une condamnation à mort pour ses articles sur les élections d'alors (1797) : il y échappa en fuyant en Espagne.   [5]

A. — Histoire des flibustiers. 1812-13. Voy. A***.

A. et **C.** [MM. Arnaud, sténographe, et Ant. Caillot].

Précis historique de la campagne de 1814, contenant, etc. Sec. édit. Paris, Arnaud, 1814, in-12 de 120 pag.   [6]

La première édition est entièrement anonyme.

A. — Vie publique et privée de Louis XVI, avec un Précis histo-

rique sur Marie-Antoinette, Madame Élisabeth, Marie-Thérèse-Charlotte et Charles-Louis. Paris, Louis, 1814, in-12 de 19 feuil. [7]

A. — Conspirations des rois, des ministres, des nobles et des prêtres, ou les Dix articles secrets des cabinets de l'Europe tendant à anéantir la liberté du peuple français et de tous les autres peuples, par la mort et l'esclavage de tous les hommes qui veulent être libres ; communiqués par un Anglais, et traduits en français pour l'instruction des peuples encore indépendants, par —. Paris, Charles, Pélicier, 1815, in-8 de 12 pag. [8]

A., citoyen du canton de Berne.

Errata des journaux, du 1ᵉʳ mai au 10 juin 1815. Paris, Dezoide, 1815, 4 num. in-8 ensemble de 48 pages, 1 fr. 50 c. [9]

A. [Hyacinthe ALBERTIN, auteur dramatique].

Avec MM. A. H.... [A. Hapdé] et M.... [Monperlier] : le Berceau de Henri IV à Lyon, ou la Nymphe de Parthénope, allégorie mêlée de chants et de danses, composée à l'occasion du passage de S. A. R. madame la duchesse de Berri, qui daigna honorer le spectacle de sa présence, le 9 juin 1816. Lyon, de l'impr. de Pelzin, 1816, in-8 de 20 pages. [10]

Pièce réimprimée à Paris, dans la même année, avec les noms des trois auteurs.

A. — Avec D***. L'Indicateur général des spectacles. (1819). Voy. D***. [11]

A et A*** (Léon) (1820). Voy. A*** (Léon).

A. (P**). — Le Coucher du Soleil du 5 mai 1821. Paris, les march. de nouv., 1821, in-8 de 12 pag., 1 fr. [12]

Sur la mort de Napoléon Iᵉʳ.

A. (Lazare). — Quelques Pensées apologétiques sur Bonaparte. Paris, les march. de nouv., 1821, in-8 de 12 pag., 1 fr. [13]

A. — De la Congrégation. Lettre de M. —. Paris, Dentu, 1826, in-8 de 16 pag., 50 c. [14]

A. — Petit Souvenir des anciens Grecs. Aux Marseillais-Phocéens, leurs descendants. Marseille, de l'impr. de Mᵐᵉ veuve Roche, 1826, in-8 de 8 pag. [15]

A. — Cri général des catholiques contre le refus de la sépulture. (En vers). Paris, les march. de nouv., 1826, in-8 de 16 pages. 1 fr. 25 c. [16]

A. (M.) [Maurice ALLARD].

I. Considérations sur la situation politique de l'Europe et sur les résultats possibles d'une occupation du Bosphore par les Russes. Paris, les march. de nouv., 1828, in-8 de 80 pages. [17]

II. Considérations sur la difficulté de coloniser la régence d'Alger et sur les résultats probables de cette colonisation. Paris, Selligue, 1830, in-8 de 80 pages. [18]

A. (Mlle). — Maximes et Préceptes, à l'usage des jeunes personnes ; recueillis et publiés par —. [En vers]. Paris, Moutardier, 1831, in-12 de 96 pages. [19]

A. [le vicomte J.-B.-Fr.-Et. AJASSON DE GRANDSAGNE].
Traité de météorologie, ou Explication des phénomènes de l'atmosphère (la pluie, les vents, la foudre, etc.). Paris, pl. Saint-André-des-Arts, n° 30, 1832, 1834, in-18 de 108 pag. (30 c.). [20]

5ᵉ livraison de la « Bibliothèque populaire, ou l'Instruction mise à la portée de toutes les classes, etc. »

A., professeur au collége royal de Charlemagne.
Analecta. Paris, Maire-Nyon, 1832, in-12 de 7 feuilles 1/3. [21]

A. — Examen du Salon de 1839 (1839). Voy. **AMANS DE CH.....**

A. [Ad. d']. — Esquisses américaines, ou Tablettes d'un voyageur aux États-Unis d'Amérique. Paris, Ébrard, 1841, in-18 de 108 pages. [22]

A. (Ursule). — Rêverie d'enfant (poésie). Rev. de Rouen, t. IV (1844). [23]

A. — Avec MM. M. P. [Martial PLACE] et R. [REIGNIER] : Annuaire général de l'Allier, agricole, commercial, statistique et administratif pour 1844. Moulins, Martial Place, M. Reignier, l'un des auteurs, 1844, in-18. [24]

Les années précédentes, au moins celles de 1842 et 1843, ne portent ni initiales, ni noms.

A. (le docteur). — Avec M. F., maître d'hôtel : Déjeuner. Le lait, le café. Examen critique et approfondi. Paris, Mlle Laignier, 1845, in-8 de 6 feuil. 1/4, avec une vignette. [25]

A. (l'abbé J.-B.-A.) [l'abbé J.-B.-Armand AUGER, mort en 1854].
Échelle (l') catholique, ou Histoire de la religion chrétienne par siècles ; suivi d'un Tableau des fêtes et des cérémonies de l'Église. Paris, Vrayet de Surcy, 1847, in-12 de 7 feuilles. [26]

Petit ouvrage composé à la demande et pour l'usage particulier de l'évêque de l'Orégon, lors de son séjour à Paris. Le prélat emporta un second ouvrage de l'abbé Auger, mais en manuscrit.

A. (1847). Voy. J.

A. — Les Communistes sans le savoir. Nancy, de l'impr. d'Hinzelin, 1850, in-4 de 2 pages.   [27]

A. (Napoléon). — Fastrade, tragédie en cinq actes et en vers. Lille, de l'imp. de Reboux, 1851, in-8 de 4 feuilles.   [28]

A., ancien élève de l'École polytechnique.

Recherches générales sur les surfaces courbes; par M. *Gauss*. Trad. du latin par —. Paris, Bachelier, 1852, in-8 de 3 feuil. 1/4. [29]

A. (M.). — Le Bortisme, l'Irvingisme et le Mormonisme à Genève. — La Table parlante révélant une religion nouvelle; par M. A. Extrait des « Annales Catholiques » de Genève.   [30]

Université catholique, 2ᵉ série, en 1855.

A. (l'abbé Gabriel), préfet des études apostoliques du petit séminaire de L.

Œuvres de saint *Augustin*, traduction nouvelle. Lyon et Paris, Perisse frères, 1856, 4 vol. in-12, 9 fr.   [31]

Tom. 1 et 2, les Confessions; tome 3, Soliloques, tome 4, Méditations.

A. — Guide pratique du chrétien fidèle observateur du repos du dimanche. Paris, r. des SS. PP., n° 47, 1858, in-18 de 36 pag.; et Paris, r. de Verneuil, n° 11, 1859, in-18 de 36 pag., 10 c.   [32]

A** (F.) [François ARTAUD, directeur du Musée et de l'École roy. des beaux-arts, à Lyon].

Notice des tableaux du musée de la ville de Lyon. Lyon, de l'imp. de Pelzin, 1816, in-8 de 32 pages.   [33]

Notice souvent réimprimée, et toujours avec de nouvelles additions, et en 1823 et 1825 avec le nom de l'auteur.

A** (MM. A.). — Répertoire des opinions sur l'économie politique, le commerce et les finances. Volume Iᵉʳ, première et deuxième livraison. Paris, Mᵐᵉ Pascal, 1817, 2 livraisons in-8, ensemble de 7 feuilles 1/2.   [34]

A** (A.) [Antoine AUBRIET].

Vie de Cambacérès, ex-archichancelier. Paris, Tourneux, 1824, in-18, avec un portr., 2 fr. 50 c.   [35]

A**. — Avec M. P* : Les Jésuites peints par Henri IV et jugés par Montesquieu, Voltaire, Raynal, Buffon, etc., avec des notes et des observations. Paris, Mᵐᵉ Picard, Demonville, Leclère et Cᵉ, 1825, in-8 de 3 feuilles 3/4, 1 fr. 50 c.   [36]

A... (l'abbé), de Port-Royal. (1698). Voy. D. L. M.

A*** (l'abbé) [l'abbé ARMEYRIE, prêtre du Morbihan].

I. Dictionnaire françois-breton ou françois-celtique, enrichi de thèmes. Leyde, 1744; La Haye, 1756, in-8. [37]

II. Réflexions critiques sur les Observations de M. l'abbé D....
[Dordelu de Fays], où l'on fait voir la fausseté des conjectures de l'observateur sur l'origine, la puissance et la valeur des Gaulois; où l'on démontre aussi la distinction des deux Brennus, les plus fameux conquérants des Gaulois. Paris, Quillau, 1747, in-12. [38]

A*** (Mme d') [la comtesse d'AULNOY].

Contes (les) des Fées. (Nouv. édition). Paris, Durand, 1774, 4 vol. in-12. [39]

La première édition de ces Contes est de Paris, Barbou, 1698, 4 vol. in-12.

A*** (D. C. d'). — Le Bon Citoyen. Lettre de M.—, à M. le comte de P., sur l'impôt territorial. Genève, et Paris, les march. de nouv., 1787, in-8. [40]

A*** (M.) [Jean-Ant.-Xav. EMERY, jurisconsulte].

Traité des successions, obligations et autres matières, contenues dans les 3e et 4e livres des Institutes de Justinien, enrichi d'un grand nombre d'arrêts récents du parlement de Toulouse. Avignon, F. Seguin, 1787, in-4. [41]

Ouvrage qui prouve l'étendue et la solidité de savoir de l'auteur, en matière de jurisprudence.

A***, négociant de Rouen, *aut. supp.* [Barthélemy MERCIER, abbé de Saint-Léger].

Lettre de —, à dom A***, religieux de la congrégation de Saint-Maur, sur le projet de décret concernant les religieux, proposé à l'Assemblée nationale par Treilhard. 1789, in-8 de 4 pag. [42]

A*** [Antoine LEQUIN, ancien prieur-curé de Loriges ou Lauriges, près de Saint-Pourçain, diocèse de Clermont, né à Cusset (Allier), en 1733, condamné à la déportation en 1793, et qui fut assez heureux de revoir sa province en 1794.]

Description des maux qu'ont soufferts les prêtres du département de l'Allier et de plusieurs autres, entraînés contre toutes les lois, à la déportation, et pour mieux dire à la mort, sur la fin de l'an du salut 1793, et au commencement de l'année 1794; suivi du tableau général de leurs noms, de leurs départements, du nombre des décédés, du lieu de leurs décès, etc. Sans lieu d'impression, avril 1796, in-8 de 56 pag. [43]

Brochure extrêmement rare.
Cet écrit est accompagné d'un assez grand nombre de pièces de vers, dont

la suivante est plus remarquable par la circonstance qui l'a inspirée et l'air que le poete a choisi, que par le mérite de la composition.

DÉPART DES PRÊTRES DE L'ALLIER POUR LA DÉPORTATION.

Sur l'air de la *Marseillaise.*

I.

Allons, enfants de l'Évangile,
Loin de ces climats dangereux,
Chercher en Afrique un asile
Où l'on puisse être vertueux.
Allons gaiement chercher des hommes
Aux lieux où règne le lion;
Ils ont une religion,
Et je n'en vois plus où nous sommes.
Courage, chers amis, bravons les passions,
Courons (*bis*) porter la foi chez d'autres nations.

II.

Du crime le trône éphémère
Sur nous s'élève avec orgueil :
Il semble au-dessus de la terre,
Il est grand au premier coup d'œil.
Mais la constance toujours fière
Et l'heureux mépris des tourments
Bientôt minent ses fondements
Et le réduisent en poussière.
Courage, etc.

III.

De douze siècles de croyance
L'impiété rompt les chaînons.
La France n'est plus dans la France :
Elle est partout où nous serons.
La religion, avec elle,
Nous tendant sans cesse les bras
Dans de plus fidelles États
Ira par la mer infidelle.
Courage, etc.

IV.

Ne craignons rien : l'Être Suprême
Est l'égide de notre cœur!
Quand il nous éprouve, il nous aime
Et nous conduit au vrai bonheur.
Avec lui, sûrs de la victoire,
Nous combattons dès aujourd'hui :
Voyager et mourir pour lui
Ce nous est vivre pour la gloire.
Courage, etc.

A*** [le P. P.-Jos. DUNOD, jésuite].

Découvertes faites sur le Rhin d'Amagétobrie et *Augusta Raucorum*, anciennes villes gauloises, dans la Séquanie rauracienne, par A***, avec des digressions sur l'histoire des Rauraques, le Mont-Terrible et la Pierre-Perthuis, par C. D*** [*Jacq.-Th. Verneur*]. Porentruy, 1796, pet. in-12.   [44]

Une première édition, moins ample, parut en 1716, sous le titre de Lettres de M. l'abbé de B. sur les decouvertes qu'on a faites sur le Rhin, in–12.

A*** (le baron d') [d'Anglési], colonel d'infanterie.

Guide (le) du jeune militaire, ou Instructions d'un père à son fils sur l'art militaire, ses devoirs, ses vertus et les talents qu'il exige. Nouvelle édition, refondue et augmentée par *Dubroca*. Paris. Dubroca, an x (1802), in-12 de 432 pages, 2 fr. 50 c.   [44*]

La première édition a paru sous le titre de *Conseils d'un militaire à son fils*. Paris, Dupuis, et Brest, Malassis, 1781, in-12 de 302 pages.

L'éditeur a augmenté la nouvelle édition de quantité de faits mémorables puisés dans l'histoire militaire de la Révolution; d'un tableau sur l'organisation d'alors des armées en campagne, sur les progrès de l'art de la guerre pendant la Révolution, et des notices sur quelques généraux.

A*** (E***) [Étienne Aignan, de l'Académie française].

I. Famille (la) Mourtray, trad. de l'angl. (de miss *Éliza Hervey*). Paris, Ouvrier, an x (1802), 4 vol. in-12 avec gravures, 9 fr.   [45]

II. Amitié (l') mystérieuse, traduction de l'anglais. Paris, Ouvrier, an x (1802), 3 vol. in-12, 5 fr.   [46]

III. Sigismar; par madame **, auteur de « Villeroy »; traduction de l'anglais. Paris, le même, an xi (1803), 3 vol. in-12, 5 fr.   [47]

IV. Ministre (le) de Wakefield, d'*Olivier Goldsmith*, traduction nouvelle. Paris, Louis, an xi (1803), in-12, 2 fr.   [48]

Une edition avec le texte anglais, et formant deux volumes, a paru en même temps.

V. Fugitif (le); traduction de l'anglais de M. *Smith*. Paris, Ouvrier, an xi (1803), 3 vol. in-12, 5 fr.   [49]

A*** (L.), *pseudo-initialisme* [L.-A.-O. de Corancez, membre de la Légion d'honneur].

Histoire des Wahabis, depuis leur origine jusqu'à la fin de 1809. Impr. de Crapelet, à Paris.—Paris, Crapart, 1810, in-8 de 200 pag., 2 fr. 50 c.   [50]

« Ce morceau, disent les éditeurs de cet ouvrage, est le seul de quelque étendue qui ait été publié en France sur l'histoire de ces Arabes, jusqu'en 1809. Dans le cours de cette année, un membre de l'Institut, justement célèbre par la supériorité de ses lumières, a fait publier une notice sur les Wahabis. Nous renvoyons à l'ouvrage même ou cette notice est insérée pour les détails sur son auteur et sur l'intérêt que la lecture en avait excité parmi les membres d'une société savante.

« En lisant cette notice, nous y avons retrouvé avec un extrême plaisir tout ce qui compose le précis historique imprimé dans le *Moniteur* d'octobre 1804. Non-seulement les faits sont les mêmes dans l'un et l'autre morceau, on peut encore y reconnaître la même coupe de phrases, la même manière de présenter les objets. Cette analogie est si frappante, qu'elle n'a pu manquer d'être saisie. Aussi un membre de l'Institut, bien connu par ses profondes recherches sur la géographie ancienne et moderne, et qui l'est particulièrement de tous les voyageurs, par l'attention et la bonté qu'il met à recueillir les fruits de leurs travaux, n'a-t-il eu aucun doute sur l'identité de la notice historique publiee en 1809, avec le précis qui avait été précédemment inséré dans le *Moniteur*. Nous sommes loin de nous plaindre de cette analogie. Si nous en faisons mention, c'est parce qu'elle nous semble contenir la meilleure preuve de l'authenticité des détails qu'à cette époque nous avions réunis, depuis cinq ans, sur l'origine et les premiers succès des Wahabis.

« La notice publiée en 1809 contient, comme le précis publié dans le *Moniteur*, l'histoire des Wahabis depuis l'origine de la secte jusqu'à la mort d'Abd-el-Azis. Cette partie de leur histoire compose les cinq premiers chapitres de l'ouvrage que nous publions aujourd'hui. Mais nous avons ajouté dans ces cinq premiers chapitres beaucoup de détails sur les mœurs des Wahabis, sur leur religion, sur la comparaison de cette religion avec celle qu'ils prétendent réformer. Nous avons cru aussi devoir y faire connaître les principales causes du mécontentement qui éclate aujourd'hui dans toutes les provinces de l'Asie Mineure soumises aux Osmanlis, mécontentement qui a une influence directe sur les progrès des Wahabis. Enfin nous avons donné plus d'étendue à l'exposé des principaux faits, particulièrement à ce qui concerne l'expédition d'Ali-Kiaka.

« A la suite du chapitre V, nous avons réuni tous les faits depuis la mort d'Abd-el-Azis. C'est depuis cette époque que l'histoire des Wahabis a pris un grand intérêt. C'est dans le cours des années qui l ont suivie que ces Arabes, maîtres enfin dans la Mecque, où leur autorité fut d'abord chancelante, se sont emparés successivement de Médine, de Djedda, de presque toute l'Arabie, qu'ils ont fait contre l'Égypte, la Syrie, le pachalik de Bagdad, plusieurs tentatives infructueuses; qu'après avoir traversé la marche de la caravane de la Mecque, ils l'ont enfin entièrement suspendue; ils ont exercé, au midi sur les États de l'iman de Mascate une influence d'abord très-active, que les dernières révolutions y ont affaibli. Ce sont ces résultats qui ont déterminé l'existence de la secte. Les détails en étaient encore absolument inconnus.

« Ceux qui précèdent l'étaient aussi avant que nous les eussions publiés. Nous n'insistons sur cette circonstance que parce qu'elle peut ajouter quelque intérêt à cet ouvrage, et que peut-être elle fera pardonner les fautes de rédaction et les inexactitudes qui ont pu nous échapper.

« Nous nous sommes bornés à un précis succinct des faits reconnus. Nous avons renvoyé à des notes séparées du texte pour les détails par lesquels il était indispensable de l'éclaircir relativement à la religion et aux pratiques des Osmanlis. Nous avons suivi la même marche pour les faits qui eussent pu ralentir la rapidité de la narration ».

A***. — La Veillée de Thétis, pièce de vers présentée au concours sur les embellissements de Paris. Paris, de l'impr. de Fain, 1811, in-8.   [51]

Tiré à 150 exemplaires seulement.

A*** et A. [J.-Fr. ANDRÉ, des Vosges].

Histoire des flibustiers. Paris, Tiger, 1812-13, 8 vol. in-18, chacun de 3 feuil., 4 fr.   [52]

Ces huit petits volumes ont paru successivement, et chacun sous un titre particulier. Cette collection contient :

1° Roc de la Roche, gouverneur de la Tortue, premier chef des flibustiers, aventuriers et boucaniers d'Amérique; sa vie et ses hauts-faits, 1812 ; — 2° Bras-de-Fer, la terreur des Espagnols, second chef des flibustiers, 1812 ;— 3° L'Olonais, fameux et célèbre capitaine, troisième chef, 1812 ; — 4° Montauban le courageux, quatrième chef, 1812 ; — 5° Morgan l'incomparable, cinquième chef, 1813 ; — 6° Monbars l'exterminateur, le protecteur des Indiens, sixième chef, 1813 ; — 7° Laurent le Prudent, septième chef, 1843 ; — 8° Grammont le Grand, dernier chef des flibustiers, 1813.

Les quatre premiers volumes ont été imprimés par P. Didot, et les quatre derniers par Tiger.

A*** (J.-A.) [J.-A. AUVRAY], a donné de nouvelles éditions des « Réflexions sur la Révolution de France .. » d'Edm. Burke, de la traduction de Dupont, corr., revues avec soin et augmentées de notes (Paris, Egron, 1819, 1823, in-8).   [53]

A*** (A.) [A. ABBADIE].

Itinéraire topographique et historique des Hautes-Pyrénées, principalement des établissements thermaux de Cauterets, Saint-Sauveur, Baréges, Bagnères, Capvern et Cadéac, ainsi que des eaux chaudes, des Eaux-Bonnes et de Bagnères-de-Luchon, qui avoisinent ce département; suivi de l'analyse de ces sources et d'un précis de leurs propriétés, orné de gravures et d'une carte géographique. Paris, Lecointe et Durey; Tarbes, Laglèze, 1819, 1824, in-8, 5 fr.   [54]

Même édition, rafraîchie par un nouveau frontispice.

Cet itinéraire a eu une 3ᵉ édition en 1833, et une 4ᵉ en 1854, toujours avec les seules initiales de l'auteur.

A***. — Indicateur général des spectacles de Paris, etc. (1819-1821). Voy. D***.

A*** (J.-A.). — Réflexions sur la révolution d'Espagne, avec un commentaire politique, historique et critique de la constitution des Cortès. Paris, Égron, N. Pichard, 1820, in-8 de 10 feuilles 3/8.   [55]

A*** (d') [Cl. DELOYNES D'AUTROCHE, d'Orléans].

Traduction nouvelle des Psaumes de *David*, en vers français, avec le latin de la Vulgate en regard, suivie de celles des cantiques adoptés par l'Église dans les offices de la semaine. Paris, Adr. Leclère, 1820, in-8 de 43 feuil. 1/2, 7 fr.   [56]

A*** (Léon) [Léon ASTOIN], traducteur, ancien garde du corps.

M. L. Astoin a traduit de l'allemand les divers ouvrages suivants : 1° les

Invisibles, ou les Ruines du château des bois, par *Aug. Lafontaine* [1820,
2 vol. in-12] ; 2° les Enfants de deux lits, ou la Belle-Sœur, par *le même* [1822,
4 vol. in-12] ; 3° la Prison d'État, ou la Jeunesse de Gustave, par *le même*
[1822, 4 vol. in-12] ; 4° Voyage en Grèce et dans les îles Ioniennes, etc., par
Chr. Muller [1822, in-8]; 5° Rodolphe et Pauline, ou les Fiancés, par *Gust.
Schilling* [1823, 3 vol. in-12] ; 6° Wlaska, ou les Amazones de Bohème, par
Van der Velde [1826, 1 vol. in-12]. Ces six traductions ont été imprimées sous
le nom de Léon A*** ; 7° Nouvelles de *Hauff*, la Mendiante du pont des Arts,
et le Portrait de l'Empereur [1834, 2 vol. in-8]. M. L. Astoin n'ayant point
attaché son nom aux traductions qu'il a données, sauf à la dernière, nous ne
garantissons point que cette liste soit complète.   [57]

A* (L.-N.)**. Avec M. C. T*** [Constant Taillard] : les Jeunes
Voyageurs en France, ou Lettres sur la France, en prose et en vers,
ornées de 88 gravures, offrant la carte générale de France, les cartes
particulières des départements, les productions du sol et de l'industrie, les curiosités naturelles, les noms des hommes célèbres. Paris,
Lelong, 1820, 6 vol. in-18 ornés de gravures : sur papier grand
raisin, 30 fr., et sur papier superfin satiné, 60 fr. — Autre édition.
Ouvrage entièrement revu, et en partie refondu par M. *G.-B. Dep-
ping*. Paris, Ledoux, 1824, 6 vol. in-18, avec grav. 30 fr.   [58]

A*. — Apologie (ironique) des ministres. Entretiens philosophiques et politiques. Paris, Delaunay, Mme Cam. Dufrêne, 1821,
in-8 de 24 pag.   [59]

A* (le docteur)**. — M. Broussais réfuté par lui-même, ou Lettre
adressée à M. le docteur Broussais, professeur au Val-de-Grâce, à
Paris. Brignoles, de l'impr. de Durfort cadet, et se trouve à Paris
chez Béchet jeune, 1822, in-8 de 18 feuil. 1/2.   [60]

A*. — Traducteur pour les « Opuscules des Pères » qui font
partie de la « Bibliothèque des dames chrétiennes » (1822, et ann.
suiv., in-32), des opuscules suivants :
L'Enchiridion de saint *Augustin*, et le Manuel, traduction nouvelle. — Méditations de saint *Anselme*, traduction nouvelle. — De
la componction, par saint *Jean Chrysostôme*, traduction nouvelle
(1822). — De la Providence et de la Virginité, par *le même*, traduction nouvelle (1823). — Lettre de saint *Jérôme* à Héliodore, traduction nouvelle (1824).   [61]

A… [Hyacinthe ALBERTIN, auteur dramatique].
Avec M. B… [Boirie] : Edward, ou le Somnambule, mélodrame
militaire en trois actes à grand spectacle… Représ. au Panorama-
Dramatique, le 2 nov. 1822. Paris, Barba, 1822, in 8 de 60 pag. [62]

A*. — La Vie du bienheureux Père François Gaschon, prêtre missionnaire de la compagnie de la mission de N. D. de l'Hermitage. Ambert, de l'impr. de Seguin, 1822, in-8 de 144 pages. [63]

A*** (le chev.) [le chev. P.-Aug. ADET, homme d'État et chimiste].
Historiettes (les) d'un ermite, ou Recueil instructif et amusant à l'usage des enfants. Trad. de l'angl. et orné de 6 grav., par —, traducteur des « Contes de la Chaumière ». Paris, Locard et Davy, Mme Lechard, 1823, in-18 avec fig., 1 fr. 50 c. [64]

Une seconde édition de ce petit ouvrage a été imprimée, en 1837, à la suite de celui intitulé : La jolie Ferme, ou la Vertu récompensée, par madame Guénard (in-12, avec 6 gravures).
L'autre petit ouvrage rappelé sur le frontispice de celui-ci est intitulé : Contes de la Chaumière, ou Recueil d'histoires instructives et amusantes, à l'usage des enfants, trad. de l'angl. Paris, 1798, in-12, anonyme, mais réimprimé en 1822 et 1825. Paris, Davy et Locard, in-18 avec 6 grav. Les réimpressions portent pour nom d'auteur : le chevalier ... et ***.

A*** (Ét.) [Étienne ARAGO].
Avec de Viellerglé Saint-Alme : Stanislas, ou la Suite de « Michel et Christine » (de MM. Scribe et Dupin), vaud. en un acte. Représenté sur le théâtre de l'Ambigu-Comique, le 5 juin 1823. Paris, Carpentier-Méricourt, Barba, etc., 1823, in-8 de 32 pages, avec une lithographie. [65]

MM. Scribe et Dupin ont eux-mêmes donné une suite à Michel et Christine, sous le titre de : le Retour, etc., qui a été imprimée (1823).

A*** [Adolphe de CHAVANGES].
Avec MM. Menissier et Ernest R*** [Renaud] : le Passe-port, com.-vaud. en un acte. Représ. sur le théâtre du Vaudeville, le 2 juillet 1824. Paris, Mme Huet, 1824, in-8 de 44 pag., 1 fr. [66]

A*** (M. C.-N.) [C.-N. AMANTON, conseiller de préfecture de la Côte-d'Or].
Notice sur la nouvelle édition des Evvres de Lovise Labé Lionnoize. 1824. [67]

Imprimée avec une Lettre à M. C. N. A***, par G. P. (Gabriel Peignot). Paris, Renouard, 1824, in-8 de 20 pag.

A*** (J.), *pseudo-initialisme* [Abel HUGO].
Tombeaux (les) de Saint-Denis, ou Description historique de cette abbaye célèbre, des monuments qui y sont renfermés et de son riche trésor, suivie du récit de la violation des tombeaux en 1793, de détails sur les restaurations de l'église en 1806 et depuis 1814, de notices sur les rois et les grands hommes qui y ont été enterrés, et sur les cérémonies funèbres qui y ont eu lieu, et précédée de la description des cérémonies usitées aux obsèques des rois de France,

et de la relation des funérailles de Louis XVIII. Paris, F. M. Maurice, 1825, in-18 de 8 feuil., avec 6 planches, 3 fr.   [68]

A*** (Benjamin) [Benjamin ANTIER-CHEVRILLON], fécond auteur
dramatique.

Avec Alexis (Decomberousse) : le Pauvre de l'Hôtel-Dieu, mélodrame en trois actes, à grand spectacle. Représ. sur le théâtre de
la-Gaîté, le 16 août 1826. Paris, Quoy, 1826, in-8 de 60 pages,
1 fr. 50 c.   [69]

Cette pièce n'est pas la seule de M. B Antier imprimée sous ce nom abrégé.
Voy. le tome Ier de la «Littérature française contemporaine», où nous avons
donné l'article de cet auteur dramatique.

A*** [AUBURTIN], de Sainte-Barbe.
Épître à la chambre des députés de 1829. Paris, Bréauté, 1829,
in-8 de 16 pages.   [70]

A*** [Louis ARDANT, de Limoges].
Histoire de Napoléon, depuis sa naissance jusqu'à sa mort. Limoges, Martial Ardant, 1829, in-18.   [71]

Réimprimée depuis avec le nom de l'auteur.

A*** [AUBRÉ].
Economies dans l'administration. Remplacement des droits sur
les boissons et suppression des receveurs généraux. Paris, de
l'impr. d'Éverat, 1830, in-8 de 88 pages.   [72]

A***. — L'Enragé, vaudeville en un acte. Lyon, de l'impr. de
Boursy, 1834, in-12 de 4 pages.   ·   [73]

Noms des personnages et des acteurs, avec un choix des meilleurs couplets
chantés dans la pièce.

A***. — Appel à toutes les classes de la société, principalement
aux chefs de maison et aux pères de famille, pour demander aux
chambres la suppression totale des jeux de hasard à Paris, véritables
écoles du crime, dont la coupable existence a causé plus de désastre
que la loterie royale, définitivement abolie au 1er janvier 1836. Paris,
l'Auteur, rue Montmartre, 1835, in-8 de 3 feuilles.   [74]

A*** (l'abbé), directeur des études dans un petit séminaire.
Nouveau Choix des Lettres de Mme *de Sévigné*, spécialement destinées aux petits séminaires, etc. Valence, Jamonet, 1837, 3 vol.
in-18.   [75]

A*** (the major). With T. Mathews : Whist. Paris, Galignani,
1837, in-12 de 4 feuilles, 3 fr.   [76]

A***. — I. Mémoire adressé à l'Académie des sciences (cinquième lettre). Le Puy, de l'impr. de Clet, 1838, in-8 de 64 pag. [77]

II. Mémoire sur les courants en pleine mer, adressé à l'Académie des sciences, le 1er mai 1836. Le Puy, de l'impr. de Guilhaume, 1839, in-8 de 16 pages. [78]

A***. — Lettres sur les théâtres de Marseille. Marseille, de l'impr. de Mossy, 1842, in-4. [79]

La « Bibliographie de la France » n'a annoncé que la première lettre, de quatre pages ; nous ignorons si elle a été suivie d'autres.

A*** (Mme). — Histoire de Mme de Chantal. Paris, Debécourt, 1843, in-12, 3 fr. 50 c. [80]

Faisant partie de la collection intitulée : « Les gloires de la France ».

A***. — I. Pratique de l'art de chauffer par le thermosiphon ou calorifère à eau chaude, avec un article sur le calorifère à air chaud. Paris, Audot, 1844, in-4 obl. de 12 feuil. 1/4, avec 21 pl., 6 fr. [81]

II. Notions sur le thermosiphon ou calorifère à eau chaude. Extrait de l'ouvrage intitulé : Pratique de l'art de chauffer. Paris, le même, 1844, in-4 de 28 pages, avec 4 planches, 2 fr. [82]

A*** (B.), ancien agent diplomatique dans le Levant.

Principauté de Valachie (la), sous le hospodar Bibesko. Bruxelles, Wouters, 1847, grand in-8 de 192 pages, 5 fr. [83]

A*** (B.), du Gers. — Quelques idées politiques d'un Gascon. Paris, de l'impr. Benard, 1848, in-18 de 20 pages, 20 c. [84]

A*** (Philippe). — Biographie de Mgr Sibour (Marie-Domini-que-Auguste), archevêque de Paris; précédée d'une Notice sur la vie, les travaux et la mort de Mgr Denis-Auguste Affre, son prédé-cesseur. Paris, de l'impr. de Lacour, 1849, in-8 de 92 pag. [85]

A*** (l'abbé), ancien professeur de séminaire.

Défense de l'Église et de son autorité contre un opuscule intitulé : « L'État et les Cultes ». Paris, Lecoffre, 1850, in-8 de 48 pag. [86]

On lit, page 2 : La voix publique attribue à M. l'abbé Bernier, vicaire gé-néral d'Angers, la brochure intitulée : l'État et les Cultes.

Cette dernière brochure parut en juin 1848, chez Perisse frères, in-8 de 68 pages.

A***, pseudo-initialisme [A. THOMAS, connu aussi sous le nom d'Anquetil].

Avec M. J. Lebègue (autre pseudonyme de M. Thomas). Paris et la Province. Bruxelles, Alph. Lebègue, 1852, 2 vol. in-18. [87]

Voy. aussi : Ancien instituteur (Un), Anquetil, Desprat (Fél.-Const.) et Man-geot (H.).

A*** (Mme). — Rosa e Bianca, ou os Bemfeitos da educação. Paris, veuve Aillaud, Monlon et Ce, 1856, in-18 de 6 feuilles.   [88]

A*** (N.) [l'abbé N. ARNAULT, curé de la paroisse Saint-Joseph, à Paris].

Nouvelles morales des faubourgs. Paris, Ch. Douniol, 1855-56, 3 vol. in-18.   [89]

Les nouvelles qui composent cet ouvrage ont paru par volumes ayant des titres différents :
, Les Bons cœurs sont aimés du bon Dieu, ou la Portière du faubourg du Temple. — Garde toujours le dimanche et ne fais jamais le lundi, ou le Bijoutier du faubourg Saint-Martin. — Troisième nouvelle : la Fille de l'ébéniste du faubourg Saint-Antoine.
Prix de chaque volume · 40 centimes.

A... (H.). — Bathilde, reine des Francs, ou la Vertu sur le trône, drame historique en deux actes; composé par M. — pour les distributions de prix et les récréations littéraires dans les pensionnats de · demoiselles. Lyon, Girard et Josserand, 1856, in-12 de 48 pages, 75 c.   [90]

A*** (H.-J.). — I. Épître à ma femme. Paris, de l'imp. Chaix, 1856, in-8 de 24 pages.   [91]

II. Épître à M. de Lamartine. Paris, de l'impr. du même, 1857, in-8 de 18 pages.   [92]

A... (comte d') [M. le comte d'AMÉZEUIL].

Légendes bretonnes. Souvenirs du Morbihan. Paris, Dentu, 1862, in-18 jésus de 288 pages, 3 fr.   •   [93]

L'année suivante, le même auteur a publié, avec son nom, des « Récits bretons ». Paris, Dentu, in-18 jésus de 299 pag.

A*** [l'abbé). — L'Homme au drap mortuaire, ou la Parole d'un maudit. Paris, Librairie centrale; Dentu, 1864, in-16, 1 fr.   [93*]

Contre le livre « le Maudit », par l'abbé *** (Déléon).

A.... [ANSEAUME, auteur dramatique].

Avec P.... [Ch.-Franç. Pannard] : l'Écosseuse, parodie de «l'Écossaise » (de Voltaire), opéra-comique en un acte et en prose. Paris, Cuissart, 1762, in-12.   [94]

Léris attribue cette pièce à Poinsinet le jeune.

A.... (le cit. P.-C) [Pierre-Cyprien AUBRY].

Pétrarque français (le). Poésies de société. Tours, de l'impr. de Plas-Mame , impr.-libr., s. d., in-18 de 220 pag. — Sec. édition. Tours, et Paris, Ch. Pougens, 1799, in-18.   [95]

Voy. sur ces Poésies le «Magasin encyclopédique,» V^e ann., 1799, t. II, p. 567.

Sur le frontispice de la première édition, au moins, l'auteur a placé cette explication : Le nom de Pétrarque est ici comme à Rome : les affranchis ajoutaient à leur nom celui de leur ancien maître.

A**** (M. de S.) (1814). Voy. **S. A****** (M. de).

A****.—Des Officiers et militaires à demi-solde. Paris, Baudouin frères, 1818, in-8 de 56 pag.   [96]

A.... — Le Spectre de feu, roman historique, trad. de l'angl. Paris, de l'impr. de Stahl, 1818, in-18 de 108 pag.   [97]

A****.—Le Défenseur de la mission à M. Belmontet fils, étudiant. (En vers.) Toulouse, de l'impr. de Bellegarigue, 1819, in-8 de 4 pag.   [98]

En même temps parut : Belmontet vengé à Messieurs les anonymes (par Abel Chauvet. En vers). Toulouse, de l'impr. de Vieusseux, 1819, in-8 de 4 pages.

A.... (le lieutenant-colonel Auguste d'), ancien inspecteur général des subsistances des armées.

Revue impartiale des opérations administratives de la campagne de 1823, principalement relatives aux marchés des subsistances et des transports. Paris , N. Pichard, Potey, etc., 1826, in-4 de 7 feuil. 1/2, plus un tableau, 3 fr.   [99]

Les douze dernières pages ont une pagination particulière.

A.... (Henri). — Mes adieux au monde, ou Mon entrée à l'abbaye de la Trappe. (En prose, mêlée de vers). (De l'impr. de Hérault, à Nantes). Paris, Tourneux, 1826, in-12 de 5 feuil., 1 fr. 50 c.   [100]

Presque en même temps parut un compte rendu de cet ouvrage par M. Amédée de Rivière, portant le même titre que le petit volume; il a été imprimé à part. Nantes, de l'impr. de Hérault, 1826, in-8 de 8 pages.

A**** (l'abbé). — Petit Catalogue de livres choisis avec le plus grand soin pour la bibliothèque d'une jeune fille chrétienne; dédié aux persévérants du catéchisme de Saint-Louis d'Antin. Paris, de l'impr. Bénard, 1850, in-8 de 8 pag.   [101]

Piété, instruction chrétienne, éducation, histoire, voyages, littérature, mélanges, tout cela en 8 pages !

A..... (Alphonse), piéton parisien. — De la salubrité de Paris. Paris, Mᵐᵉ Huzard, 1826, in-8 de 28 pag.   [102]

A....., notaire.—La Vérité. Journal poétique et social. Prologue. Lyon, Chambet fils, et Paris, Barba, 1835, in-8 de 8 pag.   [103]

L'ouvrage était promis en 60 livraisons, qui devaient paraître à partir du 15 septembre 1835. Le prix de l'abonnement pour trois mois était fixé à 12 fr.

A..... — I. Système physico-chimique, basé sur l'existence de trois

corps élémentaires. (De l'impr. de Lamort, à Metz.) Paris, Cha-
merot; Metz, Mme Thiel, 1835, in-8 de 84 pag.   [104]

II. Philosophie physique. Mémoire présenté à MM. de l'Académie
des sciences, dans leur séance d'octobre 1833, ayant pour objet une
théorie physique, basée sur l'existence des corps élémentaires et les
effets du mouvement de la matière. Metz, Mme Thiel, 1835, in-8 de
3 feuil. 1/2.   [105]

A..... (le frère). — Abrégé élémentaire de géographie et de sphère.
Nouvelle édit., corrigée et augmentée de remarques explicatives,
par M. l'abbé G. Tours, Mame, 1836, in-18 de 4 feuil. 1/2.   [106]

A..... — Delinska, ou les Secrets de la trahison. Première livraison. Paris, Pollet, 1836, in-8 de 16 pag., 20 c.   [107]

A..... (Mme), auteur d'Eugénie. — Mnémotechnie, ou l'Art de faciliter la mémoire. Tonnerre, de l'impr. de Mme Ve Roze, 1828, in-12
de 24 pag., plus un tableau.   [108]

A....., instituteur à Colombé-la-Fosse.
Abrégé d'arithmétique décimale pour les commençants. Première
édition. Bar-sur-Aube, Mlle Élisa Millot, 1838, in-18 de 36 pag.,
25 c.   [109,

A..... — La Chute d'un ange, épisode, par A. de Lamartine. Paris]
Dupont, 1838, in-8 de 8 pag.   [110]
C'est un jugement littéraire, en prose, sur l'ouvrage de M. A. de Lamartine.

A....., (P.-E.) [Pierre-Édouard ALLETZ].
Catholique (le) à la sainte table, ou Élévations à Dieu avant et
après la confession et la communion, par —; revues et augmentées
d'une préface, par M. Olivier. 2e édit. Lyon et Paris, Perisse frères,
1839, in-18.   [111]

A..... (Étienne d'), l'un des auteurs de l'Album Vénitien. Nouvelles inédites (1840).   [112]

A..... (P.). — Les Élèves en chirurgie, ou l'Amour et l'hôpital,
vaudeville en un acte. Représ. sur le théâtre de Poitiers, le 3 janvier
1840. Poitiers, Dépierris, 1841, in-8 de 24 pag.   [113]

A..... [AUBERTIN], de Sainte-Barbe.
Extrait d'une nouvelle théorie de l'Univers. Chapitre VII, 1re partie. Découverte des causes réelles du flux et du reflux des mers.
(En vers.) Paris, Ledoyen; Joinville-le-Pont, l'Auteur, 1841, in-8
de 16 pag.   [114]

A..... (l'abbé) [A. MAUGARS].
[Dialogue entre plusieurs jeunes demoiselles pour une distribution

de prix. (De l'impr. de Pillet aîné, à Paris.) Paris, Maugars, 1843, in-18 de 36 pag. [115]

Il parut en même temps, sortant de l'impr. de Pillet, et se trouvant aussi chez M. Maugars, un *Dialogue entre plusieurs jeunes gens* sur le même sujet, par A. Maugars. Les deux dialogues sont indubitablement du même auteur.

A..... (M.). Le Moyen d'être heureux. Paris, Morand, r. S. Lazare, n° 6; les Batignolles, r. de la Paix, n. 63, 1846, in-18 de 90 pag. [116]

A..... — La Potichomanie, poeme en trois chants, sur l'art d'imiter les porcelaines de Chine, du Japon, de Sèvres, de Saxe, les vases étrusques, égyptiens, etc.; suivi d'une Lettre très-intéressante écrite de Tours, et renfermant tout ce que l'on a pu découvrir jusqu'à ce jour sur l'histoire de la potichomanie, de notes sur la Chine, et de documents puisés dans les ouvrages de MM. Champollion-Figeac, Brongniart, etc., sur l'art céramique chez les anciens et les modernes. Paris, Garnier frères, etc., 1854, in-8 de 112 pag. [117]

A...... (Aug.) [Jean-Augustin ASSELIN, né à Cherbourg, le 1er janvier 1756, mort le 9 novembre 1845].

Distiques (les) de *Muret*, traduits en vers français. Vire, Adam, 1809, in-8. — Autre édit. Cherbourg, 1832, in-8. [118]

A....... (V. d') (1816). Voy. **V. D'A......**

A ...... (A.), *pseudo-initialisme* [M. CAUBRIET, alors premier huissier de la Chambre des députes].

Rupture (de la) des glaces du pôle arctique, ou Observations géographiques, physiques et météorologiques sur les mers et les contrées du pôle arctique, etc.; suivies d'une Notice sur l'expédition faite par le gouvernement anglais pour déterminer les limites septentrionales de l'Asie et de l'Amérique, et chercher un passage par le nord-ouest de l'océan Atlantique à l'océan Pacifique. Paris, Baudouin frères, 1818, in-8 de 96 pag., 2 fr. 50 c. [119]

A...... (A^dre), de l'Athénée de Paris.

Ode sur l'assassinat de S. A. R. Mgr. le duc de Berry. Paris, Petit, 1820, in-8 de 4 pag. [120]

A......, avocat. — Traité analytique de la subrogée tutelle, d'après le Code civil des Français, les lois sur l'enregistrement, les hypothèques et le salaire des fonctionnaires. Paris, Garnier, 1823 in-8 de 24 pag. [121]

A......., jardinier, ancien avocat.

Quatre Lettres sur les établissements et opérations de la nature des tontines, en réponse à ce qui a été dit à ce sujet dans la séance de la Chambre des députés du 1ᵉʳ juillet 1847. Paris, Tresse, 1850, in-8 de 32 pag., 30 c.   [122]

A....... (le sieur d') [L.-P.-B. d'AUBIGNOSC], ancien directeur général de la police à Hambourg.

Conjuration du général Mallet contre Napoléon. Paris, Ponthieu, 1824, in-12 de 110 pag.   [123]

A........ (Louis). — Les voilà! les voilà! ou Plus de peur que de mal. Réponse à « Feu partout » et au « Cri d'alarme ». Paris, Palais-Royal, galerie d'Orléans, n° 1, 1829, in-8 de 52 pag.   [124]

Les deux écrits rappelés sur ce titre sont de la même année. Le premier est intitulé : *Feu partout ! Voilà le ministère Polignac*. Paris, Dureuil, in-8 de 76 p., et le second : *le Cri d'alarme contre le ministère Polignac*, par B.-L. Bellet, auteur de la « Police de la presse ». Paris, rue Vivienne n° 2 bis, in-8 de 16 p.

A......... (Mᵐᵉ la baronne Caroline), née V... de M..... [Mˡˡᵉ Caroline Wuiet de M....., depuis baronne D'AUFFDIENER].

Couvent (le) de Sainte-Catherine, ou les Mœurs du xiiiᵉ siècle. Roman historique d'Anne Radcliffe, trad. par —, agrégée à plusieurs académies étrangères, auteur du « Phénix », d'«Ésope au bal de l'Opéra », des «Mémoires de Babiole », du «Sterne de Mondego », etc., etc. Paris, Renard, 1810, 2 vol. in-12., 4 fr.   [125]

Ce roman est traduit de l'anglais, mais non d'Anne Radcliffe.

A.............. (J.) [J.-A.-M D'AUREVILLE].

Passion (de la) du jeu, de l'infidélité des joueurs, et de leurs ruses; ouvrage anecdotique. Paris, N. Pichard, 1824, in-8 de 154 pag. Sec. édit., revue. Paris, le même, 1824, in-8 de 160 pag., 3 fr. [126]

Page 14 du tome XI de la « France littéraire, » nous avons donné la clef des noms propres cités dans cet ouvrage.

A....—...... (H.) [Auguste HUS].

Galerie littéraire de nos grands, de nos moyens et de nos petits littérateurs; premier cahier (et unique), contenant les portraits littéraires de MM. de Bonald, de Lacretelle jeune, Vigée, Michaud, Salgues, de Sévelinges, Merle, Beauchamp, Jay, Hoffmann et M. Paroletti. Paris, Béchet, 1815, in-8 de 16 pag.   [127]

A. A. (M.) [Ant. ARNAULD].

I. Traduction du livre de S. *Augustin*, des Mœurs de l'Église catholique, avec les sommaires de la doctrine contenue dans chaque chapitre. Paris, Alexis de la Roche, 1725, in-16.   [128]

II. Traduction du livre de S. *Augustin*, de la Correction et de la Grâce. Paris, 1725, in-12. [129]

A. A. — Nouveau Tableau synoptique de l'histoire de France à l'aide duquel on peut vérifier les faits et les dates depuis l'entrée des Français dans les Gaules jusqu'en 1834. Paris, Chaigneau jeune, 1834, in-plano d'une feuille, 60 c. [130]

A. A. [Amédée ACHARD], auteur des *Lettres parisiennes*, imprimées dans « l'Avenir national » (1848). [131]

A. A. (l'abbé). — Octave, ou le Danger des mauvaises compagnies. Limoges, Barbou, 1848, 1850, 1851, 1854, in-12 avec une gravure. [132]

Faisant partie d'une « Bibliothèque chrétienne et morale ».

A. A. — Poses et tableaux mimiques et plastiques exécutés par M. et Mᵐᵉ Keller et les artistes de leur direction. Notice pittoresque, artistique et poétique, précédée d'un Aperçu historique et entièrement inédit sur cet art. Lyon, de l'impr. de Chanoine, 1849, in-8 de 8 pages, avec portrait. [133]

A. A. — Un premier Soleil, stances. Strasbourg, de l'impr. de Silbermann, 1856, in-8 de 8 pages. [134]

A. A. — Le Fleuve, poésie. Paris, de l'impr. de Goupy et Cᵉ, 1864, in-8 de 7 pages. [135]

A! A! A! (MM.) [MM. MALITOURNE, HUGO et J.-J. ADER]. Traité du mélodrame. Paris, Delaunay, Pelicier, Plancher, 1817, in-8 de 88 pages. [136]

Facétie.

A. A. D. L. D. M. (M.). Mémoire sur la construction d'un théâtre pour la Comédie-Française. Paris, Le Jay, 1770, broch. in-8 de 16 pag., ornée d'un plan. [137]

A. A. D. R. [J.-A. AMAR DU RIVIER].
Chefs-d'œuvre (les) dramatiques de *Charles Goldoni*, traduits pour la première fois en français, avec le texte italien à côté de la traduction, un Discours préliminaire sur la vie et les ouvrages de Goldoni, des notes et une analyse raisonnée de chaque pièce. Lyon, Reymann et Cᵉ, an IX (1801), 3 vol. in-8, 10 fr. 50 c. [138]

Huit pièces.

A. A. G. D. S. L. — Georges, ou les Abus de la conscription. Paris, Cogez, 1818, 2 vol. in-12, 5 fr. [139]

A. A. M. [Adrien-Alexandre-Marie HOVERLANT DE BEAUWELAERE, ultra-fécond écrivain tournaisien].

Vie de François Hirn , LVe évêque de Tournay (avec cette épigraphe) : « Que l'on s'imprime donc bien, d'après tout ceci, cette triste vérité, c'est que *repos* et *révolution* sont deux mots incompatibles, et que, pour jouir de l'un, il faut étouffer l'autre ». Voy. Mémoire couronné sur la servitude au royaume des Pays-Bas, vol. II, p. 546. Courtrai, Gambart de Courval, imprimeur-libraire, 1820, in-8 de 198 pages et de 2 pages d'errata. [140]

Voy. sur ce prolixe écrivain la notice curieuse que M. R. C. de Fortsas (M. Reiner Chalon, de Mons) lui a consacré dans le « Bulletin du Bibliophile belge », tome III (1846), p. 433-455.

AARON (l'helléniste) [Simon BLOCQUEL, de Lille].

Magie rouge (la), crème des sciences occultes, naturelles ou devinatoires. Lille, de l'impr. Blocquel-Castiaux, 1844, in-18. [141]

AARON MATHATAI (le rabbin) [l'abbé Ant. GUENÉE].

Lettre du rabbin — à G. Vadé, et Lettre du lévite Joseph Ben Jonathan à G. Vadé. Amsterdam, et Paris, Robin, 1745, in-8 de 49 pages. [142]

Opuscule que Barbier, sous le n° 9628 de son « Dictionnaire des ouvrages anonymes », d'après les recherches des auteurs du catalogue manuscrit de la Bibliothèque impériale, attribue à Voltaire, tandis qu'il est dirigé contre lui. C'est effectivement un écrit de l'abbé Guenée, qui l'a reproduit plus tard dans ses « Lettres de quelques Juifs ». Voy. l'édition de Versailles, Lebel, 1817, in-8.

A. A. S. DE L., éditeur du Discours de M. l'abbé de Bonnevie, prononcé à Lyon, le 5 décembre 1817, pour l'anniversaire des victimes immolées au siége de cette ville en 1793, avec une préface de l'éditeur. Paris, Petit, 1817, in-8 de 32 pages. [143]

A. B. (M.). — Poésies diverses. Paris, L.-Ét. Herhan, 1814, in-8 de 48 pages. [144]

A. B. — Abus de la contrainte par corps. Paris, Delaunay, 1816, in-8 de 40 pages. [145]

A. B. [Aimé-Auguste BOULLÉE, de Bourg, ancien procureur du roi à Lyon].

I. Orphelins (les), drame en trois actes et en vers. Paris, Chaigneau jeune, Pillet, 1817, in-8 de 80 pages, 2 fr. [146]

Non représenté.

II. Propriété (de la) littéraire et du plagiat. Bourg, Bottier, 1838, in-8 de 8 pages. [147

A. B. [Antoine BAILLEUL, ancien imprimeur-libraire, à Paris].

Petite Dissertation sur un monument typographique qui ferait remonter l'origine de la découverte de l'imprimerie à 1414, avec des observations qui prouveraient qu'elle est même antérieure à cette époque; extraite en partie du « Journal du Commerce ». Paris, de l'impr. d'Ant. Bailleul, 1817, in-fol. de 4 pages.   [148]

Écrit tiré à 100 et qui n'a pas été mis dans le commerce.

A. B. et A. B .. [Jean-Mar.-Edme FORESTIER, dit de BOINVILLIERS], l'un des continuateurs des « Éléments de l'Histoire de France » de Millot, XIᵉ édition. Paris, Verdière, 1817, 1821, 4 vol. in-12.   [149]

A. B. — Songe de Moreau, la veille du passage du Danube, jour de la bataille de Marengo, et de la mort de Kléber et de Desaix. (En vers.) Paris, de l'impr. de Lottin de Saint-Germain, 1818, in-8 de 8 pages.   [150]

Extrait d'un poëme sur la campagne du Rhin en 1800.

A. B. — Aux ennemis des lois constitutionnelles et de la Charte. (En vers.) Paris, de l'impr. de Bobée, 1820, in-8 de 4 pag.   [151]

N'a pas été destiné au commerce.

A. B. (le chev.). — Fables et Contes. (De l'impr. de Le Normant, à Paris.) Paris, Nepveu, Dentu, etc., 1822, in-8 de 72 pag. — Autre édition, sous le titre de « Contes et Fables. » (De l'impr. de C. J. Hissette, à Nancy.) Paris, les mêmes, 1822, in-8 de 72 pag.   [152]

A. B. [André-René-Balthazard ALISSAN DE CHAZET].

Avec MM. Jacquelin et Ourry : l'Écarté, ou un Lendemain de bal, comédie en un acte, mêlée de vaudevilles. Représentée sur le théâtre du Vaudeville, le 25 septembre 1822. Paris, Quoy, 1822, in-8, 1 fr. 50 c.   [153]

A. B. — La Mort de Napoléon. Dityrambe (*sic*), trad. de l'angl. de lord *Byron*, mis en vers. Beziers, de l'impr. de Fuzier, 1823, in-8 de 12 pag.   [154]

A. B. (M. d'), membre de plusieurs académies.

Le Temps présent, satire. Paris, Trouvé, 1823, in-8 de 16 pag.   [155]

A. B. de Périgord [Horace-Napoléon RAISSON].

I. Nouvel Almanach des gourmands, servant de guide dans les moyens de faire excellente chère; dédié au ventre. Paris, Baudouin frères, 1825-27, 3 vol. in-18, avec planches et cartes, 10 fr. 50 c. [156]

II. Cuisine naturelle. L'Art d'apprêter d'une manière simple, économique et facile, toute espèce de mets, viandes, etc. (De l'impr.

de J. Didot aîné, à Paris.) Paris, les épiciers de Paris, 1836, in-8
de 16 pag. sur pap. parchemin vélin, 20 c. [157]

III. Cinq cents recettes de cuisine. (De l'impr. du même.) Paris,
place de la Bourse, nᵒ 13, 1836, in-32 de 64 pag. [158]

IV. Dictionnaire de cuisine, française, anglaise et flamande; Manuel alphabétique du cuisinier et de la cuisinière; avec l'art de dé-
couper et de servir à table, de soigner les vins et la bière, de faire
la pâtisserie, les liqueurs et les confitures; — des instructions sur
les champignons, les truffes, les melons, les huîtres; sur les altéra-
tions et les falsifications des aliments. Suivi de la cuisine des con-
valescents et des malades; par MM. Bauvilliers (*sic*) et de Périgord.
Bruxelles, 1838, in-12 avec figures, 1 fr. 25 c. [159]

Il a été publié à Paris, en 1836, un Dictionnaire de cuisine et d'économie
ménagère, contenant, etc., par M. Burnet, ex-officier de bouche. Paris, rue
Neuve Saint-Marc, in 8 de 49 feuilles 3/4, avec 11 planches. Ce nom de Burnet ne serait-il pas un nouveau masque d'Horace Raisson, qui en a tant pris,
et le volume imprimé à Bruxelles une contrefaçon de celui de Paris, 1836.

Ce qu'il y a de certain, c'est que H. Raisson a compilé un Dictionnaire de
cuisine, mais il n'a pu avoir pour collaborateur Ant. Beauvilliers, mort le
31 janvier 1817, mais il a dû mettre à profit « l'Art du Cuisinier » de celui-ci.

V. Trésor (le) de la cuisinière et de la maîtresse de maison, contenant, etc., et enfin le Dictionnaire complet de cuisine, de pâtisserie et d'office. Paris, au comptoir des imprimeurs-unis, Comon,
1852, in-12. — IIIᵉ édit., rev., corr. et augm. Paris, Garnier frères,
1857, in-18 jésus de 202 pag., 2 fr. [160]

Réimprimé en Belgique, en 1861, sous ce titre · le Nouveau Cuisinier des
cuisiniers, ou Trésor de la cuisinière de la ville, de la campagne et de la maîtresse de maison. Bruxelles, Tircher, gr. in-18.

A B. — Contes de ma tante Marie, ou la Bonne amie des enfants.
Orné de six (3) gravures. Paris, D. Belin, 1827, in-18. [161]

A. B. [Auguste BRIAND, fils du libraire de ce nom].

I. Jeune (la) institutrice, ou les Heureux effets de l'instruction;
trad. de l'angl. de Mrs *Hofland*, sur la 3ᵉ édition. Paris, H. Langlois
fils, 1827, 2 vol. in-18, 3 fr. 50 c. [162]

II. Petit Jacques (le), ou l'Enfant adoptif d'un vieux soldat.
Historiette morale et amusante, par *Th. Day*. Traduite de l'angl.
Paris, Belin, 1834. — IIIᵉ édit. Ibid., 1836, in-18 avec 3 grav. [163]

A. B. — Du Remboursement ou de la conversion des rentes 5
p. 100. Légalité, équité, utilité pour l'État, opportunité de cette
mesure : avantages qu'elle peut présenter aux rentiers. Lettres à
un député (au nombre de trois). Paris, impr. de Bourgogne, 1838,
broch. in-8, ensemble de 3 feuil. 1/2. [164]

La première de ces lettres est en réponse à l'ouvrage publié sur le même objet, par M. Jules Ouvrard fils.

A. B. — Insomnies. Fragments de quelques réflexions sur l'art d'écrire. Dédiés à Mme P..... Paris, de l'impr. de Locquin, 1838, in-8 de 24 pag. [165]

A. B. (le docteur). — Réflexions médico-théologiques sur la confession. Paris, les march. de nouv., 1838, in-8 de 4 feuil. 1/2. [166]

A. B. [Auguste BOLOT, anc. prof. du collége de Sorrèze].
Mademoiselle Rachel et l'avenir du Théâtre-Français. Paris, Rousseau, 1839, in-8 de 236 pag., 5 fr. [167]

A. B. — Réflexions sur la vénalité des offices. Paris, impr. de Cordier, 1839, in-8 de 32 pag. [168]

A. B. — Concordance des prédictions relatives aux événements de la fin du XVIIIe siècle, et à ceux accomplis ou à accomplir pendant le cours du XIXe, jusqu'à l'ouverture du XXe. Justifiées par les faits qui ont déjà marqué une première partie de leur réalisation; interprétées les unes par les autres par ceux à venir, dont elles tracent la marche et le mode d'accomplissement. Paris, Dentu, 1840, in-8 de 16 pag. [169]

A. B. — I. Étude spéciale et raisonnée de la pyrale, de la vigne du Beaujolais, dans ses phases diverses, et unique moyen de la détruire. Lyon, de l'impr. de Pélagaud, 1841, in-8 de 16 pag. [170]
Sujet antérieurement traité par M. V. Audouin et par M. Guérin-Méneville, en 1837.

II. Tournée en avril, mai, juin 1842 dans les vignobles du Beaujolais et du Mâconnais pour observer la pyrale et faire quelques remarques locales. Lyon, de l'impr. de Dumoulin, 1842, in-8 de 48 pag. [171]

A. B. — Mosaïque, ou le Code du bien, du bonheur et de l'intelligence. Douai, d'Aubers, 1842, in-8 de 8 feuil. [172]

A. B. — Nouvelle Méthode de lecture. Saint-Étienne, Constant, 1843, in-12 de 36 pag. [173]

A. B. — Tesoretto dei buoni fanciulli, ovvero Dialoghi morali ed istruttivi d'un padre a' figliuoli. Versione dal francese (di *Pietro Blanchard*). Parigi, Belin-Leprieur, 1843, in-12, con 4 rame. [174]

A. B. — Histoire régimentaire et divisionnaire de l'armée d'Italie commandée par le général Bonaparte. — Historiques des demi-brigades rédigés en vertu des ordres du général en chef Bonaparte, par les chefs de corps ou les conseils d'administration; recueillis

par —. Paris, René, 1843, in-8 de 20 feuil. 3/4, avec une carte,
7 fr. 50 c.   [175]

A. B. (l'abbé), prêtre du diocèse de Dijon.

Heures eucharistiques, ou Mémorial de l'âme fervente, textuel-
lement extrait de *Bossuet*. Auxonne, Saunié, 1844, in-18 de
11 feuil. 1/3.   [176]

A. B. (M.), professeur de philosophie.

Avec Mme Ducastel : Analyse grammaticale. Montdidier, Radenez,
1845, in-18.   [177]

A. B. [Augustin BONNETTY, directeur des « Annales de la philosophie chrétienne »].

Le Christianisme et la Philosophie. Réponse à la critique faite
par M. Saisset contre « l'Introduction philosophique à l'étude du
Christianisme de Mgr l'archevêque de Paris (Affre). Paris, Waille,
1845, in-8 de 40 pag.   ·   [178]

Extrait des Annales de philosophie chrétienne. La critique de M. Saisset,
est dans la *Revue des Deux Mondes*, du 15 avril 1845.

A. B., ancien professeur, membre de l'Université.

Nouveau Secrétaire très-complet, ou Correspondance générale et
pratique. Paris, Fonteney et Peltier, 1848, in-18. — VIIe édit. Paris,
les mêmes, 1863, in-18 de 266 pag.   [179]

Les mêmes libraires ont aussi publié une autre petite compilation intitulée :
Nouveau Recueil de compliments pour le jour de l'an et les fêtes, suivi d'un recueil
de poésies. 1849.—In-18 —V^e édit. Paris, les mêmes, 1863, in-18 de 144 pag.
Il est vraisemblable que l'une et l'autre compilation sont dues à une seule
et même paire de ciseaux, quoique cette dernière ait paru sous la désignation
de A. B. ancien chef d'institution.

A. B. — Notice biographique sur Bulard (Arsène-François), docteur en médecine, né à Méru (Oise), le 1er janvier 1805, mort à
Dresde (Saxe), le 2 mars 1843. Sèvres , de l'impr. de Cerf, 1848,
in-8 de 8 pag.   [180]

A*** B***. — Les Masques anarchistes et la Présidence. Lyon,
tous les libraires, 1848, in-8 de 16 pag.   [181]

Satire en vers, au peuple français. On lit sur la couverture : « Dans l'intérêt
de la République, la reproduction est permise à tous les journaux de France.

A. B. — Réflexions et Conseils. (En vers.) Paris , de l'impr. de
Crapelet, 1849, in-8 de 4 pag.   [182]

A. B. (Mme). — Histoire de la Chine et des Chinois, par *Peter
Parley*. Trad. de l'angl. Paris, Lehuby, 1851, in-12, avec un frontispice et 10 lithogr.   [183]

A. B., chef d'escadron d'artillerie en retraite.

Aux amis de M. Coupin. (Notice sur M. Coupin, peintre.) Versailles, de l'impr. de Montalant-Bougleux, 1852, in-8 de 4 pag. [184]

A. B. — Une semaine à Moulins, ou Mes souvenirs. Moulins, Desrosiers, 1852, in-18 de 4 feuil. 2/3.   [185]

A. B. — La Crise financière. Abrogation de la loi de 1807. Augmentation du capital de la Banque de France. Paris, de l'impr. de Wittersheim, 1857, in-8 de 30 pag.   [186]

A. B. — La Voix de l'exil, ou le Psautier du pèlerin D. *Louis Tosti*, religieux du Mont-Cassin. Traduction faite sur la 4e édition italienne, par —; revue par S. Ém. le cardinal Giraud, archevêque de Cambrai. Lille, Lefort, 1858, in-8 de 160 pag., avec vignettes. [187]

A. B. — Vie de saint Louis, roi de France. Limoges, Barbou frères, 1858, in-12 de 108., avec une grav.   [188]

Faisant partie d'une « Bibliothèque chrétienne et morale ».

A. B. — Chant lyrique sur la guerre d'Orient. Marseille, de l'impr. de Mme veuve Marius, 1858, in-8 de 16 pag.   [189]

A... B... — Une heure de pouvoir, comédie en un acte et en prose. Paris, de l'impr. de Léautey, 1858, in-18 de 60 pag.   [190]

A. B. — Trésor des ouvriers en forme de petit catéchisme. Lyon, de l'impr. de Bonnaviat, 1859, in-18 de 72 pag.   [191]

AB****** (l'). — La Pétarade, poeme en quatre chants, œuvre posthume de —; avec des notes par P. J. G. Avec cette épigraphe :

Fœda ferè dulces olueront manè camenæ,
Luc. lib. 2, op. 19.

Paris, Lesguillez frères, an VII (1799), grand in-12 de 90 pages, 1 fr.   [192]

ABAUZIT (F.), *apocr.* [VOLTAIRE].

Apocalypse, article du Dictionnaire philosophique. Préface de M. — 1767.   [193]

N.-T. Barthe avait publié, en 1766, une « Lettre de l'abbé de Rancé à un ami ». J.-F. La Harpe fit paraître une « Réponse d'un solitaire de la Trappe à la lettre de l'abbé de Rancé ». Voltaire parle de cette dernière pièce dans sa lettre au roi de Prusse, du 5 avril 1767. Ce fut la même année que Voltaire composa cette *Préface*, sans doute pour une édition qu'il fit faire de la « Réponse » par La Harpe. Voltaire fit imprimer la « Réponse » avec sa *Préface*, en 1769, dans le tome II des « Choses utiles et agréables », p. 161.

ABBÉ (Un). — Lettres (sept) d'— à ses religieux, sur la nécessité de bien vivre et de faire son salut, etc., etc. Paris, Léonard, 1699-1700, in-12.   [194]

ABBÉ (Un) [l'abbé Henri FAVIER DU BOULAY].

Lettre d'— à un académicien sur le discours de M. de Fontenelle, au sujet de la prééminence entre les anciens et les modernes. Paris, Coignard, 1679; — Rouen, Hérault, 1703, in-12.   [195]

ABBÉ (Un) [l'abbé Gabriel GIRARD, de l'Académie française].

Lettre d'— à un gentilhomme de province, contenant des observations sur le style et les pensées de la nouvelle tragédie d'Œdipe et des Réflexions sur la dernière lettre de M. de Voltaire. Paris, Joseph Mongé, 1719, in-12.   [196]

Ouvrage non cité par la « France littéraire ».

ABBÉ COMMANDATAIRE (Un), *auteur supposé* [CHOLIER, avocat]. Dissertations sur les commandes des abbayes. 1675, in-12. [197].

L'abbé de Marolles a révélé le nom de l'auteur de cette Dissertation par ce passage du « Dénombrement des livres... » Le sieur Cholier, avocat, m'a donné son livre, des commandes des abbayes, dédié au roi, et me l'a donné par les mains de M. l'abbé Le Vigneux, sans l'avoir marqué de son nom. Voy. les Mémoires de l'abbé de Marolles, édition de l'abbé Goujet, t. III, p. 259.

ABBÉ DE L'ABBAYE ROYALE DE SAINTE-GENEVIÈVE DE PARIS (le révérendissime).

Mandement du R.—, dépendante immédiatement du S.-Siége, qui ordonne que la châsse sera découverte par devant, et qu'on fera des prières à l'occasion du sacre du roi. Paris, Pierres, 1775, in-4.   [198]

ABBÉ DE LA TRAPPE (Un) le R. P. dom Armand-Jean LEBOUTHILLIER DE RANCÉ, 24e abbé régulier de la Trappe].

I. Réponse au « Traité des études monastiques ». Paris, Fr. Muguet, 1692, in-4.   [199]

Le « Traité des études monastiques » est de dom J. Mabillon, et avait paru dans la même année, Bruxelles, E. H. Fricx, in-12. Dom Mabillon répliqua par des « Réflexions sur la Réponse de M. l'abbé de la Trappe au Traité des études monastiques ». Paris, C. Robustel, 1692, in-12.

II. Règlements de l'abbaye de Notre-Dame de la Trappe en forme de constitutions, avec des réflexions et la carte de visite faite à N.-D. des Clairets. (Nouv. édit.] Paris, Delaulne, 1718, in-12.   [200]

L'abbé de Rancé, mort à la fin de 1700, n'a pu surveiller cette édition.

ABBÉ DE LA TRAPPE (Un) [Joseph-Marie HEUCLIN, supérieur du monastère de Bellefontaine, près Cholet].

Explication (Nouv.) de l'Apocalypse, ou Histoire générale de la guerre entre le bien et le mal. T. I. Cholet, impr. et libr. de F. Lainé; au monastère de la Trappe de Bellefontaine, 1844, in-8 de xxxviij et 486 pag., 6 fr.   [201]

On promettait un second volume qui eût renfermé une analyse générale de l'ouvrage et une dissertation sur la fin des temps; nous ignorons s'il a été publié; nous n'en avons pas trouvé l'annonce dans la « Bibliographie de la France ». Le premier volume contient l'Explication de l'Apocalypse.

ABBÉ DE SAINT-CÉLÉRIEN (l'), en sa maison abbatiale du Mont-Véri-Charité [le P. Charles-Louis RICHARD, professeur en théologie de l'ordre des Frères prêcheurs].

Avis très-doux, très-sages, très-importants, très-salutaires, très-nécessaires et très-chrétiens aux auteurs du Journal soi-disant « François »; par un abonné à ce même journal. (De l'impr. de Benoît Morin), décembre 1777, in-4 de 8 pag. compactes. [202]

Pamphlet très-violent contre les auteurs du « Journal françois, » et l'esprit dans lequel était rédigé ce journal. Le très-chrétien abbé considère les rédacteurs comme des libellistes, et, page 5, leur rappelle les lois romaines sur les libelles diffamatoires, ainsi que les anciennes ordonnances et édits de France qui punissaient ces sortes de crimes.

A la fin de cet écrit l'on trouve une lettre du sacristain d'Argenteuil aux auteurs du Journal françois qui est indubitablement de la même plume.

Ce pamphlet doit être du P. Charles-Louis RICHARD, qui venait de publier un supplément à son *Analyse des Conciles*. Le Journal françois du 15 avril 1777, en rendant compte de ce supplément, avait dit, en parlant de son auteur, « que dans son ouvrage il fond avec impétuosité sur les incrédules du siècle, avec un bataillon de mots entassés... et un style violent, emporté, furieux. De là la mauvaise humeur du P. Richard.

Le P. Richard tonne, dans cet écrit, contre les tendances philosophiques et républicaines de l'époque. Il pressentait la Révolution et ne fut point assez sage pour échapper aux coups que ses idées fanatiques pouvaient lui attirer plus tard. Il fut fusillé, à Mons, en Hainaut, le 16 août 1794.

ABBÉ DE VIENNE (Un) [l'abbé L.-Sébastien JACQUET DE MALZET].

Lettre d'— à ses amis à Presbourg, sur l'électrophore perpétuel. Vienne (en Autriche), 1776, in-8. [203]

ABBÉ GALANT (l') [Cléon GALOPPE D'ONQUAIRE, de Montdidier].

Revue (la) du Carême. (En vers.) Impr. en sept feuilletons du journal « le Corsaire, » du 12 mars au 23 avril 1848. [204]

ABBÉ RÉGULIER (Un) [le R. P. dom Armand-Jean LEBOUTHILLIER DE RANCE, 24e abbé régulier de la Trappe].

Lettre d'—, sur le sujet des humiliations et autres pratiques de religion. Paris, Coignard, 1677, in-12. [205]

ABBÉ ROMAIN (Un). — L'Idée du conclave présent de MDLXXVI, ou le Pronostique du pape futur, avec des réflexions sur la Cour de Rome, durant le siége vacant. Amsterdam, Fr. Du Bois, 1576, pet. in-12 de 51 pages. [206]

A la suite, et avec une pagination particulière, on trouve *l'État de la Cour de Rome en ce conclave de l'année* 1676, *avec la liste des cardinaux, et le nombre des factions et les partis qui sont renfermés la dedans.*

ABBEMA [Nicolas CHATELAIN, de Rolle, canton de Vaud, Suisse].
Guido Reni, par Abbema et Quintin Metsys, ou Revers et prospérité, par Mme *Car. Pichler* (traduit de l'allem. par Mlle *Chavannes*].
Paris, Cherbuliez, 1838, in-12 [4 fr. 50 c.].   [207]

A. B. C. [Jean-Joseph BOUCHOT, écrivain politique belge].
Réunion (la) de la Belgique à la Hollande serait-elle avantageuse ou désavantageuse? Bruxelles, 1814, in-8.   [208]
Voy. aussi les noms *Epiménide* et *Van Eupen.*

A. B. C. — Lettre de M., sur deux articles de finance de M. Z., insérés dans le « Journal général » des 27 et 28 février dernier. Paris, Le Normant, 1817, in-8 de 16 pag., 25 c.   [209]

A. B. C. — I. Louange de la bienheureuse Vierge Marie. Traduit de saint *Bonaventure.* Paris, de l'impr. Baudouin, 1834, in-18 de 3 feuilles 2/3.   [210]
II. Opuscules de saint *Bonaventure*, sur la très-sainte Vierge. Paris, B. de Saint-Paul, 1839, in-12, de 36 pag.   [211]

A. B. C. — Essais sur la taille et la conduite des arbres fruitiers, d'après leur végétation naturelle. Nantes, Gailmard, 1847, in-12 de 11 feuilles 1/6.   [212]

A. B. C. — Notice sur la vie et les écrits de M. Émile Vincens. (Extrait du « Journal des économistes », juillet 1850.) Les Batignolles, de l'impr. d'Hennuyer, 1850, in-8 de 8 pag.   [213]

A. B. C. D...., *alphabétisme*, membre de toutes les sociétés savantes de l'Europe, et même de la Société littéraire de Gand [J. FERRARY, receveur d'Everghem].
I. Vie (la) et les opinions d'un bizon, ouvrage posthume d'un bizon cosmopolite, écrit par lui-même, et traduit de la langue du Congo, par —. Paris, 1804, 2 vol. in-18.   [214]
II. Petit (le) Almanach de la grande ville de Gand, utile à tous ceux qui n'ont rien à faire, et pour l'an XIV (1805). Gand (1804), in-18.   [215]

A. B. C. D.— U, *alphabétisme* [Jean-Baptiste PUJOULX].
Astrologue (l') parisien (pour les années 1812 à 1817) ou le nouveau Mathieu Laensberg, à l'usage des habitants de la France. Orné de figures. Paris, Ve Lepetit, 1812-17, 6 vol. in-16.   [216]
L'année 1812 a eu une seconde édition en 1812.
Le volume de 1817 contient une petite comédie intitulée *Monsieur Leplat.* Cet Almanach a été continué par une autre personne qui s'est cachée sous les initiales V. X. Y. Z. (Voy. ces initiales.)

A. B. C. D. — V, *alphabétisme.* — Le Pique-nique. Poitiers, Catineau, 1822, in-8.   [217]

Ouvrage périodique qui paraissait une fois par semaine. Le premier numéro porte la date du vendredi 8 mars 1822. La « Bibliographie de la France » en a annoncé dix numéros; nous ignorons s'il en a paru davantage.

A. B. C. D — Z, *alphabétisme* [Guillaume DES AUTELS].

Mythistoire barragovyne de Fanfrelvche et Gaudichon, trouuée depuis n'aguére, d'vne exemplaire escrite à la main a la valeur de dix atomes pour la récréation de tous bons fanfreluchistes. Auteur— (et le reste jusqu'au z). Lyon, Iean Diéppi, 1574, in-16 de 48 ff. non chiffrés, grav. sur bois.— Autre édition, sous ce titre : Mythistoire barragovyne de Fanfrelvche et de Gavdichon, trouuée depuis n'aguerre d'vne exemplaire escrite à la main. De la valeur de dix atomes, pour la recréation de tous bons fanfreluchistes. Avteur a, b, c, d, e, f, g, h, i, k, l, m, n, o. p, q, r, s, t, v, x, y, z. On les vend à Lyon, chez Jean Diéppi, 1574 (Impr. de Crapelet, à Paris, et se vend chez P. Jannet, 14 novembre 1850), in-16 de 63 pag.   [218]

Voy. Niceron, t. XXXII, p. 406, et les « Jugements des savants, » édition de La Monnoye, t. VI, in-4, p. 308.

On cite plusieurs autres éditions anciennes de cette facétie. Le Duchat (sur Rabelais, édit. in-4, t. II, p. 174) en cite une de Lyon, Jean Diéppi, sans date, in-8 ; et Lenglet Du Fresnoy, dans sa « Bibliothèque des romans », t. II, p. 257, en indique deux autres qui portent pour titre : *Fanfreluche et Gaudichon, mythistoire baragouine de la valeur de dix atômes, pour la recréation de tous bons fanfreluchistes.* Lyon, 1559, in-8, 1560, in-16.

Le savant auteur du « Manuel du libraire » n'a jamais vu aucune de ces trois éditions; mais il n'en est pas ainsi d'une autre, Rouen, Nicolas Lescuyer, 1578, in-16 de 4 ff. et 100 pag.

L'édition de 1574 est fort rare, et une copie figurée sur vélin a été vendue 21 fr. Méon. Celle de Rouen, 1578, n'est pas moins rare que la précédente. Vendue (avec plusieurs ff. raccommodés) m. r. 52 fr. Crozet.

Dans la réimpression de 1850, le dernier feuillet est consacré à une note sur ce livre. Elle est signée A. V. (Alex.-Aug. VEINANT). « Guillaume des Autels est l'auteur de cette facétie rabelaisienne, que Bern. de La Monnoye, dans la « Bibliothèque » de Du Verdier, qualifie de mauvais petit livre, et dit que rien n'est plus fade que cette mauvaise imitation de Rabelais. Cette réimpression, tirée à 62 exempl. dont 2 sur papier vélin, a été achevée le 14 novembre 1850. Les prix en avaient été fixés ainsi : sur pap. fin, 12 fr., sur pap. vélin anglais supérieur, 16 fr. ; sur pap. de Hollande, 14 fr. ; sur pap. de Chine, 18 fr. Un des deux exemplaires sur vélin a été vendu 70 fr. Veinant.

M. Gustave Brunet, de Bordeaux, a donné une longue analyse de cet ouvrage de Guil. des Autels au « Bulletin du bibliophile belge », t. IV, p. 363-73.

A. B. C. D. E. F.......X. Y. Z., *alphabétisme* (1) (MM). [MM. GENTIL

---

(1) Le frontispice présente les vingt-cinq lettres de l'alphabet qui occupent deux lignes et demie.

et Raoul CHAPAIS, alors attachés à l'adm^{on} des douanes de Rouen].

Voix (la) du parterre, fragments extraits d'un journal sans titre et sans abonnés. Avec cette épigraphe : La vérité conseille et ne flatte pas. Rouen, de l'impr. de N. Herment, et se trouve chez Frère l'aîné, 1804, in-8.   [219]

Pamphlet contre l'administration et la troupe du Théâtre des Arts de Rouen. Les auteurs poursuivirent cette petite guerre et publièrent quatre nouveaux pamphlets : 1° *Narré exact* de ce qui s'est passé au Théâtre des Arts le vendredi 1er ju'n, à cinq heures du soir, l'an de grâce 1804, de 7 pag. ; 2° *Lettre à M. Granger*, l'un des directeurs du Théâtre des Arts, au sujet de la lettre de Don Errata, gentilhomme castillan, écolier de M***, insérée dans le Journal de Rouen, du 14 de ce mois, 4 pages, signées D......Z ; 3° *Réponse de M***,* acteur du Théâtre des Arts, à la lettre de M. D......Z, au sujet de don Errata, gentilhomme castillan ; et sur l'écrit intitulé : « la Voix du parterre », de 16 pag. ; 4° *Consultation* sur l'état de plusieurs malades, habitués du parquet, de 24 pages.

Ces cinq pamphlets sont devenus introuvables ; néanmoins nous en avons connu jusqu'à deux exemplaires à Paris, l'un dans la bibliothèque de M. Vandenzande, et l'autre dans celle de M. Fréd. Hillmacher, le graveur.

ABDALLAH. — Auteur de feuilletons intitulés : *Italie* (*Lettres ntimes*), impr. dans « l'Avenir industriel et scient. » (1859). [220]

ABD-EL-HAMID BEY (le hadji) [le colonel L. Du COURET], voyageur en Afrique et en Asie, ex-lieutenant des émirs de la Mecque, de l'Yémen et du roi de Perse, ancien délégué du gouvernement français dans l'Afrique centrale, etc.]

I. Mémoire à Sa Majesté Napoléon III, empereur des Français. Paris, de l'impr. de Pommeret, 1853, in-4 de 16 pag.   [221]

Sur les résultats de la mission officielle que ce voyageur venait de remplir en Afrique, et sur les espérances que ce vaste continent offre à la France sous le point de vue algérien et sénégalais, sous les rapports politique, scientifique et commercial.

II. Pèlerinage de Hadji-abd el Hamid Bey. Médine et la Mecque. Publié par *Alex. Dumas.* Paris, Cadot, 1855-56, 4 v. in-8,60 fr. [222]

III. Impressions de voyage. L'Arabie heureuse, souvenirs de voyages, publiés par *Alexandre Dumas.* Paris, Michel Lévy frères, 1860, gr. in-8 de 133 pag. à deux colon., avec vign., 2 fr. 10 c.   [223]

Cet ouvrage a d'abord paru en feuilletons dans le *Siècle*, en 1858, sous le titre de «l'Arabie heureuse, souvenirs», etc. Le dernier article a paru dans le numéro du 21 mars.

IV. Mystères (les) du désert, souvenirs de voyages en Afrique et en Asie ; précédés d'une préface par M. *Stanislas de Lapérouse.* Paris, Dentu, 1859, 2 vol. in-18 jésus, de xxxv-980 pag., 7 fr. [224]

A. B. D. G et **A. B. DE G.** [Alexandre BARGINET, de Grenoble].

I. Guerre (la) de trois jours, poéme héroï-comique en trois chants, dédié aux élèves de l'École de droit de Paris. Paris, Ladvocat, 1819, in-8 de 36 pag.   [225]

II. Funérailles des rois de France, et cérémonies anciennement observées pour leurs obsèques. Paris, Baudouin frères, sept. 1824, in-8 de 36 pag.   [226]

A. B. D. G. — Étude de la musique. Perthuis (Vaucluse), l'Auteur, 1842, in-8 de 16 pag.   [227]

ABDIAS, écrivain juif, l'un des 70 disciples de Jésus-Christ, premier évêque de Babylone, institué par les apôtres.

De historiâ certaminis apostolici libri X, quos ex hebræo in græcum transtulit Eutropius, è græco in lat. Julius Africanus; ex ms. primum editi à Wolf Lazio. Cum incerti libro de Passione Christi, et aliis. Basilæ, 1552, in-fol.   [228]

Histoire (l') apostolique, tournée d'hébreu en grec par Eutrope, puis en latin par Jules Africain, evesque, et nouvellement traduite en nostre vulgaire. Paris, Guillaume Guillard, 1564, in-8.

L'édition latine a été de nouveau publiée par Th. Beauxamis. Paris, Belot, 1571, in-8; Colon., Cholin, 1576, in-16. — Dans *Historia christiana veterum patrum*, edita à L. de La Barre. Paris, 1583, p. 16, et dans *Bibliotheca patrum*.

Voici ce que dom Calmet dit de cet auteur supposé, dans son Dictionnaire de la Bible, Paris, 1722, in-fol., t. 1, p 5 :

« Abdias, de Babylone, fameux imposteur, qui a écrit la Vie des apôtres, et qui a voulu se faire passer pour un homme ayant vu Jésus-Christ, et qui avait été ordonné par les apôtres mêmes évêque de Babylone. C'est ce qu'il dit lui-même dans sa préface. Il a voulu faire croire qu'ayant écrit en hébreu, son ouvrage a été traduit en grec par un nommé Eutrope, son disciple, et du grec en latin par Jules Africain. Mais on convient que cet Abdias est un auteur supposé, et que son ouvrage ne mérite aucune confiance ».

Voy. Sixt seu Bibl. Sacra. I, 2; Claud. Espencae, l. 5, c. 5 ; de Continentiâ, Bellarm. l. 2; de Bonis operibus, c. 14; Baron. ad an. 44; Melch. Can. Possevin, Natal. Alex., Dupin alios.

A. B. D. V. B., traducteur espagnol de la Nouvelle Héloïse de J. J. Rousseau, dont la seconde édition est de Bordeaux. Baume, 1820, 4 vol. in-12.   [229]

A. B. DE W. — L'Évidence, ou Quelques mots sur le divorce. Paris, les march. de nouv., 1816, in-8 de 24 pag. 50 c.   [230]

A. B. D W [A.-B.-D. WESPELAERE].

Mémoires d'un grrand (*sic*) homme de Lovendegem, écrits sous le règne de Sa Majesté Léopold Ier, roi des Belges, et destinés à faire partie des fastes de la Belgique. Bruxelles, Van Buggenhoudt, 1854, in-8 de 34 pag.   [231]

ABEILLER DU DÉPARTEMENT DE L'EURE (Un).— Le bon Abeiller, ou Manuel simple et suffisant pour établir et diriger une abeillerie. Évreux, Despierres dit Laborde, 1822, in-18 de 5 f., 1 fr. 25 [232

ABEL [Abel LAHURE, architecte, et auteur dramatique].

Avec M. Salvador T*** [S. Tuffet] : le Vieux Paillasse, vaudeville en un acte. Représenté sur le théâtre de l'Ambigu-Comique, le 10 mars 1838. Paris, Michaud, 1838, in-8, 20 c.   [233]

Avec MM. Eugène Grangé [Eug. Basté] et Salme-Davenay : le Pâté de Chartres, vaudeville en un acte. (Théâtre Saint-Antoine, le 24 octobre 1840). Paris, Gallet, Quoy, Vert, 1840, in-8, 30 c.   [234]

ABEL (H.) [Gabr.-Cas. BOUSQUET, de Marseille].

Projet d'un quatrième port aux Cataluns. — Impr. dans la Gazette du Midi, numéro du 27 sept. 1856.   [235]

ABEL (H.) [H.-Abel RIEUNIER].

I. Question (la) de Cochinchine au point de vue des intérêts français. Paris, Challamel aîné, 1864, broch. in-8, 1 fr.   [235*]

Cet écrit a donné lieu à la publication du suivant :
Examen de la brochure de M. H. Abel intitulée : « la Question de Cochinchine au point de vue français, par M. *Des Tournays*. (De l'impr. imper. de Saigon). Paris, Challamel aîné, 1864, in-8 de 14 pag., 1 fr. 25 c.

II. Solution pratique de la question de Cochinchine, ou Fondation de la politique française dans l'extrême Orient. Paris, le même, 1864, in-8 de 24 pag. 1 fr.   [235**]

A. B. G.—Le Masque tombe et le héros s'évanouit, ou Pièce fugitive sur Bonaparte, avec un Récit abrégé des principaux faits de la Révolution. (En vers.) Paris, de l'impr. d'Égron, 1816, in-8 de 12 pag. [236]

ABGUERBE (d'), *abréviatif* [Quentin GODIN D'ABGUERBE].

(Avec les frères Parfaict) : Dictionnaire des théâtres de Paris, contenant les pièces qui ont été représentées sur les différents Théâtres Français et sur celui de l'Académie roy. de musique; les extraits de celles qui ont été jouées par les comédiens italiens...; des faits, anecdotes sur les auteurs..., les principaux acteurs, actrices, danseurs..., etc. Paris, Rozet, 1767, 7 vol. in-12.   [237]

Pont-de-Vesle et Gueulette avaient procuré beaucoup de renseignements curieux aux auteurs, qui recevaient aussi des notices toutes faites de la part des intéressés eux-mêmes. Le septième volume est consacré tout entier aux additions et corrections. La première édition, de 1756, n'a que six volumes.

A. B. M., franc-tenancier, électeur de Paris [A.-B. MANGOURIT].

Charte (la) d'Hoel-le-Bon, roi de Galles, au dixième siècle Paris, de l'impr. de Bailleul, 1819, in-8 de 26 pag., 75 c.   [238]

A. B. M. (M). Voy. **M. A. B. M.**

A B. M. T. — [le baron A.-B. MALLET DE TRUMILLY].

I. Le Paradis sur terre, ou le Bonheur des factieux. Histoire très-véritable, dédiée à titre d'encouragement, à tous les brouillons jeunes et vieux, présents et futurs, de la machine ronde, par un petit bonhomme de facteux, âgé de 25 ans, caporal sous Napoléon, général présentement, créateur et grand'croix des ordres libéraux de la violette et de l'œillet rouge, etc. Pièce trouvée dans les papiers d'un vieil incorrigible, et composée, on le suppose, en 1816 ou 1817. (En vers.) Paris, Pelicier, 1822, in-8 de 20 pag. [239]

II. Ode sur la bascule. Paris, de l'impr. de Dentu, 1822, in-8 de 8 pag. [240]

ABOLITIONISTE (Un). — Quelques Mots sur les deux nouveaux projets de loi relatifs au régime des colonies. Paris, A. Sirou et Desquers, 1847, in-8 de 16 pag. [241]

ABONNÉ (Un) [Alexandre GENDEBIEN, avocat, ancien membre du Gouvernement provisoire, du Congrès national belge, de la Chambre des représentants, ancien ministre de la justice; né à Mons, le 4 mai 1789]. Il a publié, sous ce déguisement et sous ce titre : *les Étrangers*, une série de lettres politiques très-piquantes dans le journal « la Nation » de Bruxelles (août, sept. et oct. 1850). [242]

ABONNÉ A LA « MINERVE » (Un), habitant de l'arrondissement de Lizieux.

Lexovienne (la), ou le Chant du départ des étrangers. Paris, de l'impr. de Lanoe, 1818, in-8 de 4 pag. [243]

ABONNÉ AU « CONSEILLER DU PEUPLE » (Un) [François SABATIER].

Lettre à M. de Lamartine. Paris, librairie phalanstérienne, 1849, in-8 de 56 pag. [244]

Il a paru une autre critique du recueil de M. de Lamartine intitulé : *Anti-Conseiller (l')*, par P. DUGERS. *Refutation mensuelle de M. de Lamartine*, 1849, in-18.

ABONNÉ AU « JOURNAL DE L'EMPIRE » (Un).

Lettre sur les comètes. — Impr. dans le « Journal de l'Empire », numéro du 24 nov. 1811. [245]

Il a été publié contre cette lettre : *les Comètes ne sont pas des météores*, ou Réponse à la lettre de M. l'abonné au « Journal de l'Empire », insérée dans la feuille du 24 novembre 1811; semée de réflexions critiques sur la manie des systèmes, avec 2 planches, par un provincial. Toulouse, de l'impr de Bénichet cadet, 1812, in 12 de 84 pag.

ABONNÉ CAMPAGNARD (Un) [Émile DUPRÉ DE SAINT-MAUR], auteur d'articles dans le « Journal des villes et des campagnes » (de Pillet) dont il fut le rédacteur en chef, après 1830. M. Dupré de St.-Maur fournissait quatre articles par mois sous cette signature.   [246]

ABONNÉ DU THÉATRE DE TOULOUSE (Un).— Des Théâtres de province en général et du théâtre de Toulouse en particulier. Toulouse, Delboy, 1856, in-18 de 36 pag., 50 c.   [247]

La dédicace est signée E. L.

ABONNÉS DU «JOURNAL DES DÉBATS » (Un des) [Jacques TOLSTOY, agent politique de la Russie à Paris].

Lettre au principal rédacteur du « Journal des Débats », en réponse aux articles publiés par ce journal, sur le discours de l'empereur de Russie à la députation de Varsovie. 28 déc. 1835. [Paris, de l'impr. de F. Didot frères, 1835], in-8 de 22 pag.   [248]

Brochure curieuse dans les circonstances actuelles. L'auteur y présente l'empereur Nicolas comme le père des Polonais, et comme un excellent prince pour eux.

ABOUT (Edmond-François-Valentin), de Dieuze (Meurthe).
Tolla. Paris, L. Hachette, 1855. — VIe édit. Paris, L. Hachette et comp., 1860, in-18 jésus (1 fr.)   [249]

Ce roman a paru d'abord dans la *Revue des Deux Mondes*, numéros des 1er et 15 février, 1er et 15 mars 1855.

Il a été démontré que ce livre, publié par M. E. About comme étant de sa composition, n'est que le remaniement de celui intitulé : *Vittoria Savorelli, istoria del secolo XIX.* Parigi, dai torchi di Béthune et Plon, 1841, in-8 de 20 feuilles. C'est une réelle histoire de famille. Le jour même que l'original pénétra en Italie, un prince D., qui ne joue pas un beau rôle dans cette histoire, fit acheter et détruire l'édition entière. Un exemplaire qui a échappé à la destruction, et que M. About croyait unique, a servi à en faire la traduction. Cette supercherie ayant été signalée, M. About avoua, tardivement, son emprunt, mais en disant qu'il a beaucoup retranché de l'ouvrage italien, qu'il a transporté quelques passages de la narration, mais qu'il n'y a presque rien ajouté.

Sur la polémique que souleva cette supercherie, voyez les articles intitulés : *La seconde édition d'un roman inédit. Lettre a M. Ed. About,* auteur de « Tolla, » par M. J. Klaczko. Imprimé dans la *Revue de Paris* des 1er et 15 juin 1855; Réclamation de M. About (par intermédiaire d'huissier) adressée a M. Louis Ulbach, directeur de la *Revue de Paris,* et Réponse de ce dernier (1er juillet 1855); le feuilleton de la *Presse,* du 18 juin, intitulé : *Une question de probité littéraire. Vittoria Savorelli et Tolla,* par M. Paulin Limayrac.

ABOYEUR (le citoyen), crieur [DE CRESSY, huissier-priseur.]
Avrillonade (l'), ou la Culotte conquise, poeme en un chant, enrichi de notes. Vers 1800, in-8.   [250]

ABRACADABRA [Georges-Mar. MATHIEU-DAIRNVAELL]
Prédictions extraordinaires du grand—, découvertes dans les
« Odes et Ballades » par (de) Victor Hugo. Paris, Rozier, 1842, in-32
de 64 pag.   [251]

ABRACADABRA. — Promesses de février pour l'an de grâce 1848.
Nîmes, de l'impr. de Baldy, 1849, in-4 de 2 pag. Six couplets. [252]

ABRAHAM [LECZINSKI], docteur en médecine, reçu en 1802;
membre de l'Académie royale de médecine (section de pathologie
médicale).   [253]

Ce médecin n'a rien écrit qui soit parvenu à notre connaissance, si ce
n'est sa thèse sur les *anéi rismes du cœur*, et n'a jamais pris de part active aux
travaux de l'Académie, dont il a fait partie depuis sa fondation.

ABRAHAM (le patriarche). — Physiologie de la foire Saint-Romain.
Rouen, Haulard, 1847, in-12 de 72 pag , 75 c.   [254]

ABRAHAM A SANCTA-CLARA (Pater) [Ulrich MERGERLÉ], moine
augustin, prédicateur allemand célèbre du XVIIᵉ siècle; né en Souabe,
mort à Vienne, en 1709.   [255]

On trouve dans la *Revue du Nord*, tome V (1837), p. 499-502, une courte
notice sur ce prédicateur original, ainsi que la traduction de deux de ses sermons, le Mariage et l'Enfant prodigue, qui sont tirés de son ouvrage intitulé ·
Judas l'archi-coquin (Judas der Erz-Schelm fur ehrliche Leut), le plus connu et
le plus estimé de tous. Les Mémoires de la Société... de Seine-et-Oise, t. II
(1849), p. 189-202, renferment aussi un sermon d'un prédicateur allemand
du XVIIᵉ siècle (traduit) par M. Lefaivre.
Les œuvres d'Abraham a Sanctâ- Clarâ, assez volumineuses, ont été réimprimées deux fois en Allemagne depuis 1840.

ABSTRACTEUR DE QUINTESCENCE (l') [Fr. RABELAIS].
Vie (la) inestimable du grand Gargantua, père de Pantagruel.
Lyon, Fr. Juste, 1535, in-18.   [256]
Premier livre du roman de Rabelais.

ABSALON, marchand de nouveautés (1837). Voy. B. (Ernest).

ABULCACIM TARIF ABENTARIQUE [le sage alcade], écrivain arabe
du XVIᵉ siècle, *aut. supp.* [Miguel de LUNA].
Histoire de la conquête d'Espagne par les Mores, composée en
arabe par Abulcacim Tariff Abentariq, trad. en espagnol par Michel
de Luna, et en français (par *Le Roux*). Paris, Cl. Barbin, 1680,
2 vol. in-12.   [257]

— Le même ouvrage, sous ce titre : Histoire des deux conquêtes
d'Espagne par les Maures, trad. de l'arabe en espagnol par Mig. de
Luna, et mise en françois par D. G.-A. L. (dom *Guy-Alexis Lobi-
neau*). Paris, Muguet, 1708. in-12.

Dans les dernières années du xvi⁰ siècle, Michel de Luna, interprète d'arabe au service de Philippe III, roi d'Espagne, publia, sous le titre d'*Histoire de la conquête d'Espagne par les Arabes*, un ouvrage qu'il prétendit être une traduction d'une chronique arabe. L'auteur original, nommé Abulcacim, aurait été, suivant lui, contemporain des événements qu'il racontait. Cette Histoire, composée avec beaucoup d'art et d'adresse, jouit d'un grand crédit en Espagne depuis la fin du xvi⁰ siècle jusqu'au moment où don Nicolas Antonio et quelques autres en démontrèrent la fausseté. Mais malheureusement elle avait servi de base à la plupart des histoires nationales composées à cette époque, et pendant longtemps l'influence de cette supercherie se fit ressentir dans les travaux historiques en Espagne.

L'original parut sous le titre suivant :

Historia verdadera del rey D. Rodrigo en laqual se trata la causa principal de la perdida de España, y la conquista que della hizo Miramamolin Almançor, rey de Africa y de las Arabias. Traduzida de la lengua arabiga por Miguel de Luna. En Grenada, René Rabut, 1592, in-4. — Seg. parte de la Historia de España, y Vida del rey Jacob Almançor, por los mismos. En Granada, Seb. de Mena, 1600, in-4. En tout, 2 vol. in-4.

Réimprimé dans le xvii⁰ siècle, à Saragosse, Angelo Tananno, 1603, in-4; — à Valence, Pedro Patricio Mey, 1606, in-4; — à Valence, 1646, in-4; — et à Madrid. Melch. Sanchez, 1654, in 4.

Dom Jean Liron, bénédictin, a publié, sous le voile de l'anonyme, un opuscule intitulé : Question curieuse, si l'Histoire des deux conquêtes d'Espagne par Abulcacim Tarif Abentarique est un roman? [Paris, 1708, in-12.] Le savant auteur de cet opuscule soutient, d'après D. Nicolas Antonio et les autres critiques espagnols, qu'Abentarique est un auteur supposé et que Miguel de Luna a écrit ce roman.

A. C.... et **BER ... FR...** (MM.).—Système bossu, ou Doctrine biscornue de maître Galimatias. Organologie en vaudevilles. Paris, 1808, in-18. [258]

A. C., traducteur.—Vie d'une souris, ou Histoire morale et amusante, traduite de l'angl., à l'usage des enfants. Paris, Rosa, 1813, in-18 de 5 feuilles 1/2, 2 fr. 50 c. [259]

A. C. [Armand CROISETTE, auteur dramatique].

Avec M. Edmond [Edm. Crosnier] : La Pièce en perce, comédie en un acte, mêlée de vaudevilles, représentée sur le théâtre de l'Ambigu-Comique, le 19 juin 1817. Paris, Fages, 1817, 1819, in-8 de 32 pag., 1 fr. 25 c. [260]

A. C.—Vie d'Érostrate, découverte par *Alexandre Verri*, auteur des « Nuits romaines » et des « Aventures de Sapho »; traduite de l'ital. par —. Paris, Mongie, 1820, in-12 de 14 feuilles 1/2. [261]

Cette traduction pourrait bien être de Jacq.-Aug.-Simon COLLIN, connu sous le nom de Collin de Plancy.

A C. (M.). — Les Ténadares, ou l'Européen et l'Indienne, traduit de l'angl. de mistriss *Helme...* Paris, Chaumerot, 1821, 2 vol. in-12, 5 fr.   [262]

Sans s'en douter, M. A. C. se trouve avoir traduit le roman de Lucien Bo-NAPARTE intitulé : *la Tribu indienne, ou Édouard et Stellina* (1799), d'après une version anglaise de mistriss Helme.

A. C. et A. L. C. — Dialogue entre un médecin et un homme du monde. Paris, de l'impr. de Hardy, 1824, in-8 de 32 pag.   [263]

A. C., élève de Gratien Merlet, ancien mousquetaire et écuyer du Roi, à Bordeaux.

Réflexions sur l'art de l'équitation en France et conseils aux commandants des écoles royales. Paris, Mᵐᵉ Huzard, Anselin et Pochard, 1825, in-8 de 16 pag., 1 fr.   [264]

A. C. — Le Vrai baptiste, ou Réponse à plusieurs écrits qui ont paru depuis quelques années contre le baptême des enfants. Vervins, de l'impr. de Longchamps, 1826, in-8 de 40 pag.   [265]

A. C. (1836). Voy. **B.** (Jules de).

A. C. — Première Lettre sur la situation des ouvriers. Paris, de l'impr. de Beaulé, 1837, in-8 de 8 pag.   [266]

A. C. [Antoine CAILLOT], de Lyon, laborieux compilateur.

Histoire de France, d'Anquetil, abrégée par A. C., et entièrement refondue par M. *Lacroix de Marlès.* Paris, Didier, 1839, 2 vol. in-12, 5 fr.   [267]

Vient jusqu'en 1830. L'Abrégé de Caillot, publié en 1824, 2 vol. in-12, n'allait que jusqu'en 1823.

A. C. [Auguste CORDIER, médecin militaire belge].

Réflexions sur l'enseignement. Mons, Masquelier, 1841, in-8 de 8 pag.   [268]

A. C (Mᵐᵉ). — Manuel des dames pieuses, ou Recueil de pratiques et de prières choisies. (Première partie). Clermont-Ferrand, 1843, in-18 de 23 feuilles. — Deuxième partie. Ibid., 1847, in-18 de 23 feuilles. Ensemble 2 vol. in-18.   [269]

A. C. — Elle, lui et moi. Paris, r. Richelieu, n° 60, 1848, in-8 de 24 pag.   [270]

Dialogue où l'auteur s'est proposé d'apaiser les alarmes qui arrêtent les sources de la production, et d'imprimer la plus grande activité possible à la consommation.

A. C., docteur en droit. — Circenses. L'Arène française et le petit Blanchard. Lyon, de l'impr. de Boursy, 1850, in-8 de 8 pag.   [271]

A. C. — Relation du concile provincial tenu à Avignon au mois de décembre 1849. (Précédée d'un Aperçu historique sur l'église d'Avignon). Avignon, Seguin aîné, 1849, in-12 de 48 pag.   [272]

A. C. et de **V.** [Aurélien de Courson, conservateur adjoint à la bibliothèque du Louvre].

Guerre à l'apostasie ! M Émile de Girardin peint par lui-même. 24 avril 1850. Paris, Ledoyen, 1850, gr. in-18, de viij et 144 pag. 1 fr.   [273]

A. C. — Du Cours d'économie politique et de la statistique à l'École des ponts et chaussées. (Extr. du « Journal des économistes », février 1850). Paris, Guillaumin, 1850, in-8 de 8 pag.   [274]

A... C. (l'abbé). — Le Pain des anges, délices eucharistiques, renfermant les Visites au Saint-Sacrement et à la Sainte Vierge, de S. *A. de Liguori.* Limoges et Paris, Ardant, 1856, 1859, in-32 de 544 pag., avec une vign.   [275]

Faisant partie d'une « Bibliothèque pieuse des catholiques ».

A. C. — Expositions de la Société des amis des arts. Salon de 1860.   [276]

Impr. en six feuilletons dans le *Progrès* de Lyon, à partir du 26 janvier jusqu'au 3 mars 1860.

ACADÉMICIEN (Un) [le P. Bochet].

Réflexions d'— sur la vie de Descartes. La Haye, Leers, 1692, in-12.   [277]

ACADÉMICIEN (Un) [l'abbé L. de Courcillon de Dangeau].

Essais de grammaire, contenus en trois lettres, d'— à un autre académicien Paris, J.-B. Coignard, 1694, in-8. — Nouv. édition, augmentée d'une Lettre sur l'orthographe, avec un supplément. Paris, Dupuis, 1711, in-8.   [278]

Les *Discours sur les voyelles et les consonnes,* par lesquelles commencent les *Essais de grammaire,* se trouvent en tête des *Opuscules sur la langue françoise,* par divers académiciens (recueillis et mis de nouveau au jour par l'abbé d'Olivet). Paris, Brunet, 1754, in-12. Le même recueil contient quatre autres opuscules de l'abbé de Dangeau, savoir : 1° la suite des *Essais de grammaire,* sous le titre d'*Éclaircissements sur les discours précédents ;* 2° des principales parties du Discours (ou Réflexions sur la grammaire, 1694, in-8) ; 3° des Prépositions ; 4° des Particules.

L'abbé de Dangeau a publié en outre des *Considérations sur les diverses manières de conjuguer des Grecs, des Latins, des François, des Italiens, des Espagnols et des Allemands,* et divers autres petits traités. L'abbé d'Olivet n'a donc point inséré dans le recueil de 1754 tous les opuscules de l'abbé de Dangeau, quoiqu'il soit dit dans l'avertissement que l'on offre le recueil des sept ou huit petites brochures de cet abbé. Leur nombre total est de seize.   A. A. B-r.

ACADÉMICIEN (Un) [l'abbé Jean SAAS, savant bibliographe].

Lettres à M***, sur le Catalogue de la bibliothèque du roi. 1749, in-12 de 60 pag.   [279]

Il n'y a qu'une seule lettre, et elle, est aussi rare que curieuse.

ACADÉMICIEN (Un). — Mémoires sur les éclipses annulaires du Soleil, et principalement sur celle du 1er avril 1764, lus à l'assemblée publique de l'Académie des sciences de Lyon, le 23 févr. 1764. Paris, Durand ; Panckoucke, 1764, in-8.   [280]

ACADÉMICIEN APATHISTE (Un) [l'abbé PAUMERELLE].

Philosophie des vapeurs (la), ou Lettres raisonnées d'une jolie femme, sur l'usage des symptômes vaporeux. Lausanne, et Paris, Bastien, 1774, in-12.   [281]

ADADÉMICIEN D'ANGERS (Un) [l'abbé LE GOVELLO].

Vie (la) de Guillaume Le Maire, évêque d'Angers. Angers, avril 1730, in-4 de 28 pag.   [282]

Tiré principalement d'un manuscrit dont la plus grande partie a été imprimée dans le 10e vol. du « Spicilege » de d'Achery.   A. A. B-r.

ACADÉMICIEN DE BERLIN (Un). — Lettre d'— à un académicien de Paris. Berlin, Étienne de Bourdeaux, 1753, in-12.   [283]

ACADÉMICIEN DE BORDEAUX (Un) [le P. Louis-Bertrand CASTEL].

Lettres d'— sur le fond de la Musique, à l'occasion de la lettre de M R*** (Rousseau). Bordeaux, 1754, in-12 de 74 pag.   [284]

Voir le n° 291.

ACADÉMICIEN DE DIJON (Un), *aut. supp.* [Cl.-Nic. LECAT, secrétaire perpétuel de l'Académie des sciences de Rouen].

Réfutation du Discours du citoyen de Genève (J.-J. Rousseau), qui a remporté le prix à l'Académie de Dijon, en l'année 1750. Nouv. édit. Londres, Ed. Kelmarneck (Rouen), 1751, in-8.   [285]

ACADÉMICIEN DE LONDRES, DE BERLIN, etc. (Un) [VOLTAIRE].

Singularités (les) de la Nature. Bâle, 1768 ; —Amsterdam (Paris), 1769, in-12.   [286]

Une édition sous la rubrique de Londres a été publiée en 1772 avec le nom de l'auteur.

Cet ouvrage fut condamné par décret de la Cour de Rome du 16 janvier 1770.

Le traité des *Singularités de la Nature*, dont les premières éditions portent la date de 1768, est mentionné pour la première fois dans les « Mémoires secrets », au 4 février 1769. Mais si, comme je le crois, dit Beuchot, c'est un chapitre XX que rappelle l'auteur dans les *Colimaçons* du R. P. L'ESCARBOTIER, qui avaient paru dès septembre 1768, il fallait bien placer ces *Singularités* avec les *Colimaçons*. Les *Singularités* ont été, sous les yeux de Voltaire, placées dans le tome VIII de ses *Nouveaux Melanges*, en 1769, tandis que les *Colimaçons* sont dans le tome XIII, qui est de 1774.

ACADÉMICIEN DE LYON (Un) [VOLTAIRE].

Sentiments d'— sur quelques endroits des commentaires de Corneille. [287]

C'est une réponse à l'Examen du Commentaire sur Corneille, que Clément, de Dijon, avait fait dans ses Ve et VIe Lettres à Voltaire, 1774. Les *Sentiments d'un Académicien de Lyon* furent imprimés dans le *Mercure* de décembre 1774, p. 224-234. Cet écrit a été réimprimé, en 1776, dans les « Lettres choisies, indiennes et tartares », du même.

ACADÉMICIEN DE LYON (Un) [Jacq.-Jul. RICHARD DE LAPRADE, père de M. Victor de Laprade, de l'Académie française].

Observations d'— sur la seconde partie du Mémoire publié par la commission exécutive de La Martinière. Lyon, de l'impr. de Boitel, 1840, in-8. [288]

ACADÉMICIEN DE MARSEILLE (Un) [P.-J.-B. NOUGARET].

Prodigue (le) récompensé, comédie en un acte (et en prose). Versailles, Blaizot, 1774, in-8. [289]

ACADÉMICIEN DE PROVINCE (Un) [Ch. DUMOLARD-BERT].

Lettre d'— à MM. de l'Académie française (sur la tragédie de Catilina, de Crébillon). 1749, in-12. [290]

ACADÉMICIEN DE ROUEN (Un) [le P. Louis-Bertrand CASTEL].

Réponse critique d'— à l'académicien de Bordeaux sur le profond de la Musique. 1754, in-12. [291]

L'auteur se répond à lui-même. Voy. le n° 284.

ACADÉMICIEN DES ARCADES (Un) [le P. Joseph-Romain JOLY, capucin].

Aventures (les) de Mathurin Bonice, premier habitant de l'île de l'Esclavage, ancien ministre du roi de Zanfara, tirées de ses Mémoires. Paris, Guillot, 1763, 4 part. in-12. — Portefeuille de Mathurin Bonice, ve et vie part. Paris, le même, 1787, 2 part. in-12. [292]

Roman moral et allégorique.

ACADÉMICIEN DES ARCADES DE ROME (Un) [l'abbé Joseph-Marie ROUBAUD, ex-jésuite].

Vie du bienheureux Laurent de Brindes, général des capucins. (Traduite de l'ital. de *Marconi*.) Paris, Durand, 1784, in-12. [293]

ACADÉMICIEN DES ARCADES DE ROME (Un) [Louis LOUET, de Chaumont, avocat].

Nouvelles galantes et critiques, par B.... (*Batacchi*, de Livourne), tr. de l'ital. Paris, Bertrandet, an X (1802), 4 v. in-16. [294]

ACADÉMICIEN SÉRIEUX (Un). — Le Fils de Gibaugier, ou Je suis son père, comédie burlesque en cinq actes et en prose et sans couplets. Paris, Cournol, 1863, in-12 de 138 pag., 1 fr.　　　　[295]

Critique du « Fils de Giboyer », comédie de M. Émile Augier.

ACADÉMIE DES SCIENCES (l') [Mme veuve LEBRUN].

Prophéties perpétuelles depuis 1521 jusqu'à la fin du monde, données à M. le marquis de Louvois, ministre et secrétaire d'État, par —. Versailles, et Paris, 1807, in-12.　　Ed. D. M-ne. [296]

A. C. C. [André-Charles CAILLEAU].

Principes philosophiques de consolation, fondés sur la raison, pour servir aux hommes dans leurs malheureuses destinées. Imitation de l'allemand de M. *Weitenkampf*, docteur en philosophie, membre de l'Académie de Konigsberg, etc., etc., et enrichis de notes historiques, par M. — ; suivis d'un extrait de la « Consolation de la philosophie », de *Boece*. Konigsberg, et Paris, Cailleau, 1779, 2 vol. in-12 avec figures.　　　　　　　　　　　　　　[297]

A** C** C***, ancien receveur général des provinces de Fuld, d'Erfurth et de toute la Prusse occidentale, aujourd'hui travailleur à la filature d'Angecourt.

France (la) du 27 mai 1852. Opuscule de conscience, dédié à monseigneur l'archevêque de Paris, par le plus vieux travailleur, à Angecourt. Paris, Garnier frères, 1851, in-8 de 16 pag.　　[297]

Écrit signé des initiales que nous donnons en tête.

ACCORDS (DES). Voy. DES ACCORDS.

ACCUSÉS DU COMPLOT (Un des) [Ferdinand FLOCON].

Révélations sur le coup de pistolet du 19 novembre 1832. Paris, Levavasseur ; Prévost, 1832, in-8 de 88 pag., 1 fr. 50 c.　　[299]

Signé néanmoins : Ferdinand FLOCON.

A. C. D. — Système d'un médecin anglais sur la cause de toutes les espèces de maladies, avec les surprenantes configurations des différentes espèces de petits insectes qu'on voit par le moyen d'un bon microscope dans le sang et dans les urines de différents malades, et même de tous ceux qui doivent le devenir ; recueilli par —. Avec la suite. Paris, Mesnier, 1726-27, 2 part. in-8.　　[300]

Cat. Huzard, III, 1159.

A. C. D., sous-inspecteur aux revues.

Réponse au Mémoire sur l'examen de cette question : Comment

et par qui l'autorité administrative militaire doit-elle étre exercée
dans un ordre régulier? Paris, Magimel, Anselin et Pochard, 1817,
in-4 de 13 feuill. 1/2.   [301]

Le Mémoire a été publié, l'année précédente, chez les mêmes libraires: il
est anonyme.

A. C. D. P. [Augustin CREUZÉ, de Paris, plus tard CREUZÉ DE
LESSER].

Voleurs (les), tragédie en prose en cinq actes, par *Schiller*, imitée de l'allem. Paris, an III (1795), in-8.   [302]

Creuzé de Lesser, auteur de cette traduction, a fait de grands changements et des additions très-remarquables à l'original. Voyez entre autres la
scene 7e du IIIe acte.

A. C. DE R., docteur en droit. — Le Saint-Siége et son armée.
Bruxelles, aux bureaux de la revue « la Belgique », 1860, in-8 de
54 pag., 60 c.   [303]

A. C. D. S. A. [Auguste CARON, D. S. A.].

I. Manuel de santé et d'économie domestique, ou Exposé des découvertes modernes, parmi lesquelles on trouvera surtout le moyen
de prévenir les effets du méphitisme, de désinfecter l'air, de purifier
les eaux corrompues, de révivifier une partie des aliments, etc. ;
suivi d'observations, de recherches et de procédés utiles à toutes les
classes de la société; recueillis par —. Paris, Debray, 1805, 1 gros
vol. in-18, 1 fr. 50 c.   [304]

Réimprimé en 1810, in-12, avec le nom de l'auteur.

II. Toilette des dames, ou Encyclopédie de la beauté, contenant
des réflexions sur la nature de la beauté, sur les causes physiques
et morales qui l'altèrent, etc. Ouvrage dédié aux dames aimables.
Paris, Debray, 1806, 2 vol. in-18.   [305]

A. C. E. [Adrien-César ÉGRON, ancien imprimeur à Paris].

Exploits (les) et les amours du frère Diable, général de l'armée du
cardinal Ruffo, traduit de l'italien de B. N. (*Bartolommeo Nardini*).
Paris, Ouvrier, an IX-1801, in-18, fig., 1 fr.   [306]

ACEILLY (le chevalier d'), *anagr.* [Jacques de CAILLY, d'Orléans].

Diverses petites Poésies. Paris, Cramoisy, 1667, in-12. — Autre
édition. (De l'impr. Jules Didot aîné, à Paris). Paris, Delangle, 1825,
in-16 de 5 feuill. 1/8, sur pap. extrafin d'Annonay, 7 fr. 50 c., et
sur pap. de Hollande, tiré à 25 exempl. numérotés. 15 fr.   [307]

La dernière édition forme le 4e volume d'une « Collection de petits classiques français », publiée sous la direction de Ch. Nodier.
Les Poésies du chev. d'Aceilly ont aussi été réimprimées avec le « Voyage

de Bachaumont ». Amsterdam, de Coup, 1708, in-8; et dans le « Recueil de pieces choisies » (par La Monnoye). La Haye, 1714, 2 vol. in-12.

Les Grecs et les Latins semblent avoir assez bien pris leur parti de n'avoir à émettre que des idées vieilles et rebattues, du moins leurs plaintes ne sont pas venues jusqu'à nous. Cependant, on dirait qu'à partir du ive siècle de notre ère la patience ait commencé à leur échapper. Le célèbre grammairien latin Donat, précepteur de saint Jérôme, entrait dans de violentes colères lorsqu'il retrouvait chez des écrivains antérieurs des choses qu'il croyait bien lui appartenir en propre. « *Pereant illi*, s'écriait-il, *pereant illi qui, antè nos, nostra dixerunt* ». Le chevalier d'Aceilly, au xviie siècle, prenait la chose avec plus de gaieté, et dans quelques épigrammes il a traité assez durement la pauvre antiquité.

> Dis-je quelque chose assez belle?
> L'antiquité tout en cervelle
> Pretend l'avoir dit avant moi.
> C'est une plaisante donzelle
> Que ne venait-elle après moi ;
> J'aurais dit la chose avant elle.

Et ailleurs :

> Je n'ai pas fait une épigramme,
> Que l'antiquité la réclame,
> Et me dit d'une fière voix :
> « Mon ami, c'est la vieille gamme ;
> « Pour celle-là, tu me la dois. »
> Elle a menti, la bonne femme ;
> Ce n'est pas la première fois.
>
> Anti-Baillet, chap. 128.

Parmi les épigrammes que l'on a retenues de lui, nous citerons encore la suivante, contre les étymologistes :

> *Alfana* vient d'*equus*, sans doute ;
> Mais il faut convenir au si
> Qu'en venant de là jusqu'ici
> Il a bien changé de route.

A. C. F. — Le Retour de nos rois. Paris, de l'impr. de Lefebvre, 1814, in-4 de 4 pag. [308]

A. C. F. J. — Le Port de Gand, ou Réponse à « l'Industriel » sur son article des destinées futures de la ville de Gand. Anvers, Ratinckx, 1829, in-8, 1 fr. 60 c. [309]

A. C. G. [Auguste-Charles GUICHARD, avocat à Paris].

Manuel des gardes champêtres et forestiers, contenant les lois et formules relatives aux fonctions de ces officiers. Paris, Garnery, an VII (1799), pet. in-12, 1 fr. — Nouv. édit. Paris, le même, an X (1802), in-12, 1 fr. [310]

A. CH. [Antoine CHANSSELLE, alors prof. au coll. Stanislas].

Chrétien (le) sanctifié par l'Oraison dominicale. Ouvrage inédit du P. *Grou*, de la Compagnie de Jésus (trad. du français en anglais par le P. Laurenson) et de l'anglais en français par —. Paris, Gaume frères, 1832, 1833, 1838, in-32 de 3 feuill., avec une grav.; Liége, Dessain, 1850, in-32. [311]

Cet ouvrage présente, comme on doit nécessairement s'y attendre, bien des imperfections et des infidélités qui viennent, les unes du traducteur anglais, les autres du traducteur français.

Le P Ant.-Alph. Cadrès a publié, en 1858, une édition du *Chrétien sanctifié par l'Oraison dominicale*, faite sur le manuscrit original, qui efface entièrement la traduction.

A. C. H. — Antonin, ou l'Enfant prodigue du XIXᵉ siecle. Clermont-Ferrand, Thibaut-Landriot, 1844, in-18 de 5 feuill. [312]

A. CH. [Alexandre CHODZKO, professeur de persan au Collége de France].

Drogman (le) turc, donnant les mots et les phrases les plus nécessaires pour la conversation. Vade-mecum indispensable à l'armée d'Orient. Paris, Benj. Duprat, 1854, in-12 de 4 feuill. [313]

Régime sanitaire, Monnaies, Dialogues, Vocabulaire, Abrégé de grammaire.

ACHARD (Louis-Amédée-Eugène), de Marseille.

Belle-Rose. Paris, Gabriel Roux, 1847, 5 vol. in-8, 37 fr. 50 c. — Autres éditions Paris, Librairie nouvelle, 1856, in-16 de 17 feuill. 1/4; et Paris, même adresse, 1856, in-16 de 13 feuill. 1/2, 1 fr.; 1857, in-12, 1 fr. [314]

Réimpr. aussi dans l'un des journaux illustrés qui paraissent à Paris.

On nous a dit et écrit que le *Belle-Rose* de M. Achard n'était que la reproduction de l'ancien roman intitulé : *le Soldat parvenu, ou Mémoires de M. de Verval, dit Belle-Rose*, par M***. Dresde, George Conrad Walter, 1781, 1786, 4 part. en 2 vol. in-12 de viij-206 et 238 pag., roman attribué à Marivaux. C'est une grave erreur. Incontestablement M. Achard a connu le roman de Marivaux; il s'en est inspiré, et la preuve c'est que les noms des personnages sont les mêmes dans les deux romans, seulement, dans le sien, M. Achard les a transportés des uns aux autres. Plusieurs situations des premiers chapitres ont été mises à profit par M. Achard, qui les a présentées plus délicatement et en meilleur style. En voici un exemple. Une grande dame, maîtresse de Belle-Rose, lui fait adopter un nom plus aristocratique que celui qu'il porte.

Le Soldat parvenu, I, 117.	*Belle-Rose*, édit. de 1857, p. 88.
« Votre nom propre ne me plaît « point; il a l'air trop étranger.—Il est « bien aisé, répondis-je, de remédier à « cela. J'ai oui dire à mon père que « Grinedal, en flamand, signifie *Vallon verd*. Ne pourrais-je m'appeler « Vallon-Verd, en francisant ainsi « mon nom? Madame de Crémy rêva « un moment. Vous vous appellerez « *Verval*, dit-elle; oui, ce nom me	Si mieux vous aimez. madame, appelez-moi Jacques, répondit le soldat. — Ceci est au moins catholique; mais ce n'est pas tout, j'imagine... Jacques quoi ? — Jacques Grinedal. — Oh! voilà qui sent la Flandre d'une lieue! Ce nom là ne peut-il pas se traduire en français ? — Très aisément. Grinedal signifie

« plaît. — Je m'appellerai comme il
« vous plaira, madame, repris-je ».

tout juste *Vallon vert* ou *Verte vallee.*
Vous verrez que mes aïeux sont nés au
beau milieu d'une prairie, entre deux
collines.

— Alors, monsieur Grinedal, vous
me permettrez bien de vous nommer
M. de Verval?

Eh! madame, est-il dans ma destinée de changer de nom à tout propos?

J'ignore si la chose est dans votre destinée, mais elle est dans mon
desir.

— J'y souscris...

C'est ainsi que M. Achard a utilisé quelques situations des deux premiers
chapitres; mais, après ce début, son roman ne ressemble en rien à celui de
Marivaux. Les événements sont aussi différents que l'est le style.

ACHERI, *anagr.* [le P. Charles CAHIER, de la Compagnie de Jésus,
archéologue distingué, fils du célèbre orfévre du roi, Cahier].

Sous cette anagramme, le P. Cahier a fourni aux t. XVII à XIX des
« Annales de philosophie chrétienne, » publiées par M. A. Bonnetty,
une série de bons articles d'archéologie, dont voici la nomencla-
ture : 1° Réfutation des assertions de M. Letronne sur la cosmogra-
phie des Pères [t. XVII, p. 260]; — 2° Refutation de l'assertion de
M. Libri, que le Christianisme a nui au développement des connaissances humaines [*ib.*, p. 347]; — 3° Notice sur les Bibliothèques
des églises et des monastères au moyen âge [*ib.*, p. 399];—4° Suite
de la précédente notice [t. XVIII, p. 147]; — 5° Sur la science des
femmes au moyen âge [*ib.*, p. 215]; — 6° Sur l'édition de Hugues-
Métel [*ib.*, p. 240 et 400]; — 7° Des Ecoles du moyen âge [*ib.*,
p. 355]; — 8° De la Calligraphie du moyen âge [*ib.*, p. 434]; —
9° Sur les miniatures du moyen âge, les différentes écoles, les différents peintres [t. XIX, p. 47 et 114]; — 10° Du luxe bibliographique
du moyen âge [*ib*, p. 201 et 306].   [315]

Sous son véritable nom, cet ecclésiastique n'a d'imprimé dans ces
trois volumes que l'*Idée des basiliques chrétiennes* [t. XIX, p. 344
et 421].

Quoique fort remarquables, ces articles n'ont pas autant contribué à la réputation du P. Cahier que les quatre savantes et magnifiques publications suivantes, faites avec le P. Martin :

1° *Vitraux peints de Saint-Etienne de Bourges*, recherches détachées d'une
monographie de cette cathédrale. Verrières du XIIIᵉ siècle. Paris, 1841-44,
in-fol. sur gr. aigle, de 320 pag., avec 33 grav. coloriées;

2° *Traité complet de la monographie des vieux vitraux peints de la cathédrale
de Bourges au XIII᷉ siècle.* Paris, 1844, gr. in-fol., fig. en coul.,

3° *Mélanges d'archéologie, d'histoire et de littérature*, rédigés ou recueillis par les auteurs de la Monographie de la cathédrale de Bourges. Paris, 1848-56, 4 vol gr. in-4, avec 153 pl. noires et col.;

4° *Suite aux « Mélanges d'archéologie »*, rédigés ou recueillis par les auteurs des Vitraux de Bourges; publiés par le survivant (le P. Cahier). Cet ouvrage, actuellement en cours de publication (1864), doit se composer de 50 livr. contenant chacune 5 pl gr. in-4 jésus, imprimées en bistre, et formera, une fois la publication terminée, 2 vol. de 125 pl. chacun. La première série publiée, renferme les carrelages et tissus.

ACHILLE, prénom sous lequel il existe des parts de pièces imprimées de trois auteurs dramatiques : MM. Dartois, Gastaldi et Grégoire. Voy. les t. XI et suiv. de notre « France littér. (1). »   [316]

A. CH.-L. [Armand CHALLEMEL-LACOUR, alors proscrit] a publié dans « le Précurseur » d'Anvers, en janvier 1855, deux feuilletons intitulés : *les Romans du temps jadis*.   [317]

ACH.... VER.... — Vie d'un petit malin devenu grand malin, dédiée aux malins de la capitale. Paris, de l'impr. de Laurens aîné, 1817, in-8 de 8 pag.   [318]

ACKERLIO (le docteur) [J.-Nic.-Marie de GUERLE].
Éloge des perruques, enrichi de notes plus simples que le texte. Paris, Maradan, an VII (1799), in-12.   [319]

A. C. O. (1837). Voy. C...O (A.).

ACOSTA (Jérôme) [Richard SIMON, de Dieppe, très-habile controversiste].
Histoire de l'origine et du progrès des revenus ecclésiastiques. Bâle, Richter, 1706, 2 vol. in-12.   [320]

La première édition, publiée sous la rubrique de Francfort en 1684, n'avait qu'un volume.

ACRE (la comtesse d'), l'un des auteurs de la « Galerie historique des célébrités populaires » (Paris, Pillout, 1840, in-8).   [321]

A. C. S. DU S. DE F. [A. CUVILLIER, secrétaire du sceau de France].
Histoire complète des voyages et découvertes en Afrique, depuis les siècles les plus reculés jusqu'à nos jours, accompagnée d'un Précis géographique sur : ce continent et les îles qui l'environnent; de Notices sur l'état physique, moral et politique des divers peuples

---

(1) Donner à chaque auteur dramatique que nous citerons la liste des tiers et des quarts qu'il a eus à beaucoup de vaudevilles, prendrait trop de place et sans grande utilité; il suffit que cette liste soit imprimée quelque part, et elle l'est ou le sera dans les tomes XI et suivants de notre « France littéraire »

qui l'habitent, et d'un Tableau de son histoire naturelle. Par le docteur *Leyden* et M. *Hugh Murray ;* traduite de l'anglais et augmentée de toutes les decouvertes faites jusqu'à ce jour par —. Paris, Arthus-Bertrand, 1821, 4 vol. in-8, avec un Atlas in-4, composé de la carte générale de l'Afrique et de six autres cartes, 30 fr. [322]

A. C.-T. [André COCHUT, économiste] a signé de ces initiales un grand nombre d'articles d'economie politique, d'histoire et de statistique imprimés dans la « Revue des Deux Mondes, dont il a été pendant quelque temps (1837-39) un des plus fidèles rédacteurs.
[323]

A. C. T. — Les Mameluks de Napoléon en Égypte, tragédie en trois actes et en vers. [324]

On lit dans une correspondance :

« Il est fort question, dans le monde littéraire, d'une tragédie en 3 actes et en vers qui vient d'être adressée à l'empereur Napoléon par un jeune auteur encore inconnu et qui garde l'anonyme sous les initiales M. A. C. T. Cette tragédie a pour titre : *les Mameluks de Napoléon en Égypte.* L'héroine, qui a nom *Aline,* est en réalité un personnage historique. C'est mademoiselle Aimée Dubuc de Liveri, jeune créole, alliée à la famille de l'impératrice Joséphine par les *Tascher.*

« Mademoiselle Aimée de Liveri, prise par des corsaires, fut achetée à Constantinople pour le sérail du sultan, dont elle devint l'épouse, et à qui elle donna un fils qui fut plus tard le sultan Mahmoud, le pere d'Abdul-Medjid. — Dans la pièce, Aline, qui a été prise par un corsaire algérien et envoyée, à cause de sa rare beauté, en cadeau au sultan par le dey d'Alger, est tombée, à la suite d'un naufrage, entre les mains de Mourad, l'un des deux beys supérieurs de l'Égypte.

« Celui-ci, qui veut l'epouser, se voit disputer sa possession par Ibrahim-Bey, jusqu'à ce qu'enfin, l'expédition d'Égypte aidant, ainsi qu'un firman du sultan, elle soit conduite à Constantinople.

« Je ne vous parle pas du mérite littéraire de cette pièce, qui pourtant contient de beaux vers; ce qu'elle offre de plus curieux, c'est de vouloir établir que Napoléon III est cousin, par les femmes, du sultan Abdul-Medjid ». (*Journal de Liége et de la province,* 11 octobre 1853, p. 3, colon. 8.)

A. C. T. — Clotilde de Surville et Olivier de Serres. (Dialogues des morts. En vers.) Aubenas, de l'impr. d'Escudier, 1858, in-8 de 11 pag. [325]

ACTIONNAIRE (Un)—Lettres d'—, sur le Commerce de la Compagnie des Indes. Avignon, et Paris, Desaint et Saillant, 1764, in-12 de 62 pag. [326]

ACTIONNAIRE (Un) [le comte de BÉRÉB, colonel espagnol].

De la Banque de Belgique. Bruxelles. Berthot, 1839, in-18. [327]

ACTIONNAIRE (Un). — Le canal de Suez, les députés et l'opinion publique en France. Paris, Dentu, 1864, in-8 de 44 pag. [328]

ACTIONNAIRE « **DE SES AMIS** » (l'). — Réponse à la Lettre d'un actionnaire du Waux-Hall de Mons. Bruxelles, Tircher et Manceaux, 1863, in-8 de 12 pag.   [329]

Voy. le n° 332.

ACTIONNAIRE DU PALAIS DE L'INDUSTRIE (Un) [Paul Roux].

I Appréciation du Palais de l'Industrie, par —. Paris, de l'impr. de Pinard, 1856, in-4 de 2 pag.   [330]

II. Note sur la situation de la compagnie du Palais de l'Industrie et sur la proposition de rachat par l'Etat. Paris, de l'impr. de Morris, 1856, in-4 de 8 pag.   [331]

ACTIONNAIRE DU WAUX-HALL DE MONS (Un). — Lettre d'—. Bruxelles, 1863, broch. in-8.   [332]

Voy. le n° 330.

A. D. [J.-L. ALLÉON-DULAC, avocat].

Mélanges d'histoire naturelle. Lyon, Duplain, 1763, 2 vol. pet. in-8 avec 4 fig. — Nouvelle édition, à laquelle on a joint divers Mémoires sur le même sujet, tirés des journaux étrangers. Lyon, Duplain, 1765, 6 vol. petit in-8, avec 12 fig.   [333]

La dernière édition porte le nom de l'auteur.

A. D. [le général AUBERT-DUBAYET, successivement ministre et ambassadeur].

Cri d'un citoyen contre les Juifs. Paris, 1788, in-8.   [334]

Écrit qui fut supprimé par arrêt du Parlement.

A. D. [P.-Fr. Albéric DEVILLE, d'Angers, médecin et littérateur].

Biévriana, ou Jeux de mots de M. de Bièvre. (3ᵉ édit.) Paris, Maradan, an XI (1801), in-18, avec le portr. de M. de Bièvre. [335]

A*** D***. — Bleu-Bleu, poeme en IV chants, dédié à M. H*** de R***. Paris, Martinet, juin 1807, in-12 de 39 pag.   [336]

Imitation du Vert-Vert de Gresset, sur le même sujet.

A. D. [Alex.-Vinc. PINEUX-DUVAL, de l'Académie française].

I. Tapisserie (la), comédie-folie en un acte. Paris, Vente, 1808, in-8.   [337]

II. Retour (le) d'un Croisé, ou le Portrait mystérieux, grand mélodrame en un petit acte, avec tout son spectacle, etc , etc., etc , etc., etc., etc., etc. Représenté sur le théâtre de l'Impératrice, le 27 janvier 1810. Paris, Vente, 1810. — Sec. édit., rev. et corr. Ibid., 1813, in-8 de 32 pag., 1 fr. 25 c.   [338]

A .. D... — La jambe de bois, ou le Rimailleur, poeme burlesque en six chants, œuvre postume (sic) de M. —, mise au jour par

M. Alexandre P***. Paris, Baillet, Delaunay, Le Normant, 1813, in-12 de 5 feuill. 1/2, 2 fr.   [339]

A. D. [A. DELPLA].

Avantages (les) attachés à la clôture des femmes, et des Inconvénients inséparables de leur liberté, ouvrage traduit du chinois en russe par le prince Karikof, et du russe en français par —. Paris, Lanoe, Crochard, 1816, in-12 de 9 feuill.   [340]

Ouvrage composé en français par A. Delpla.

A.... D.... et A. D. [Abel DUFRESNE, fils du naturaliste de ce nom, et neveu de Dufresne de Saint-Léon].

I. Douceurs (les) de la vie, ou les petites Félicités qui s'y rencontrent à tout moment; pour servir de consolations aux « Misères et Tribulations du docteur Beresfort ». Paris, Hesse, 1816, in-12 de 9 feuill., 2 fr.   [341]

Réimpr. en 1824 sous le dernier titre, avec le nom de l'auteur en entier.

II. Monde (le) et la Retraite, ou Correspondance de deux jeunes amies, publiée par —. Paris, Pélicier, 1817, 2 vol. in-12, 5 fr. [342]

A. D. — L'Origine des Fleurs. (De l'impr. de F. Didot). Paris, Lefuel, 1816, in-18 de 4 feuill. 1/9.   [343]

A. D. [Alexandre DUDRÈS DE CAMPAGNOLLES, chevalier de Saint-Louis, et l'un des otages de Louis XVI].

Second Coup d'œil sur l'origine des trois branches mérovingiennes, carliennes et capétiennes. Vire, de l'impr. d'Adam, 1817, in-8 de 16 pag.   [344]

La première partie a paru deux ans plus tard, avec le nom de l'auteur, et sous le titre de *Coup d'œil sur l'unité d'origine...* Vire, de l'impr. d'Adam, 1819, in-8 de 72 pages, plus un tableau.

A. D. [Antoine DUPUIS, avocat et artiste amateur].

I. Mémoire en faveur des artistes dont le jury des arts n'a pas admis les ouvrages présentés au salon d'exposition en 1817. Paris, Delaunay, 1817, in-8 de 16 pag., 30 c.   [345]

II. Réflexions sur les paysages exposés au salon de 1817. Revues 1 à 3. Paris, le même, l'Auteur, 1817, 3 broch. in-8, chacune de 16 pag, 90 c.   [346]

III. M. Rococo, ou le nouveau Salon d'exposition. Paris, Delaunay, 1817, in-8 de 16 pag.   [347]

Voy. aussi *Amateur (Un)*. 1817.

A. D. — Le Cadeau des Grâces. Paris, Marcilly, 1817, pet. in-18 de 36 pag.   [348]

A. D. — Lettres de Fitz-Osborn, par *William Melmoth*, traducteur des Lettres de Pline et de Cicéron. Traduites de l'anglais par—. Paris, Kleffer, Desoer, 1820, in-8 de 220 pag.   [349]

A. D. ´— Vie historique de Jeanne d'Arc. Paris, Caillot, 1820, 1822, in-18 de 104 pag.   [350]

A. D. — Principes de la science morale et politique, ou Résumé des leçons données au collége d'Édimbourg, par *Adam Fergusson*, professeur de philosophie morale; trad. de l'angl. (T. Ier, première partie). Paris, Kleffer, Moreau, 1821, in-8 de 12 feuill. 1/2.   [351]

A. D. — Un mot sur les agents de change. Paris, de l'impr. de David, 1823, in-8 de 16 pag., 75 c.   [352]

A. D. [Adolphe DEMARBAIX; de Mons, avocat].
' Vues de Mons et des environs, dess. et lithogr. par Lheureux, avec des Notices historiques par —. Mons, 1826, in-4.   [353]
' Tirées à 50 exempl.

A*** D****. — Relation historique des événements de Lyon du 5 au 17 avril, avec un Précis des troubles qui ont éclaté à la même époque dans plusieurs villes, et notamment à S.-Étienne et à Paris. Paris, Chassaignon, 1834, in-18 de 3 feuill., plus une grav.   [354]

A. D. [Achille DÉVILLE].
Une Pensée de bal. — Rev. de Rouen, t III (1834).   [355]

A. D. [A. DERVIEU, fabricant de soieries].
I. Un mot sur les fabriques étrangères de soierie, à propos de l'exposition de leurs produits faite par la chambre de commerce de Lyon. Lyon, Mme Durval, Bohaire, 1835, in-8 de 9 feuill. 3/4, avec 2 tableaux, 3 fr. 50 c.   [356]
A l'occasion de la *Notice de l'exposition des produits des fabriques étrangères*, faite par la chambre du commerce de Lyon, 1834. Lyon, de l'impr. de Barret, 1834, in 8 de 28 pages.

II. Des causes locales qui nuisent à la fabrique lyonnaise, et des moyens de les faire cesser, ou au moins d'en atténuer les effets. Lyon, de l'impr. de Boursy, 1846, in-8 de 40 pag.   [357]
Le titre de cette dernière brochure ne donne que les initiales de l'auteur, mais elle est signée à la fin.

A*** D***. Vie, crimes et procès de Lacenaire et de ses complices, recueillis et publiés par —. Paris, les libr. du Palais Royal, 1836, in-18 de 3 feuill., 1 fr.   [358]

A. D. (l'abbé) [l'abbé Auguste DURAND, curé-archiprêtre de la paroisse de S.-Nazaire de Béziers, membre de plusieurs Sociétés archéologiques].

I. Histoire de la ville de Clermont-l'Hérault et de ses environs, avec vue et plans lithographiés. Montpellier, les principaux libr., 1838, in-8 de 16 feuill. 3/4, plus 2 plans et une lith., 3 fr. [359]

II. Biographie clermontoise, histoire des hommes remarquables de la ville de Clermont-l'Hérault, sous le rapport des talents, des services ou des vertus. Montpellier, Séguin, 1859, in-12 de viij-168 pag. [360]

III. Annales de la ville de Béziers et de ses environs, depuis les premiers temps jusqu'à nos jours. Béziers, Granié, 1863, in-12 de xiv-90 pag. [361]

A. D, de la Société de Saint-Antoine.

I. Notions de Géométrie, pour servir à l'étude du dessin linéaire dans les écoles primaires. Paris, Potier, 1838, in-32 de 32 pag. — vie édit. Ibid., 1842, in-32. [362]

II. Notions d'Arithmétique, pour servir à l'étude du calcul décimal. Paris, rue de la Parcheminerie, n° 10, 1841, in-18 de 36 pag. [363]

A. D. — Maria, ou Confiance en Dieu porte bonheur. Tours, Mame, 1839, in-18 de 5 feuill. — iiie edit. Ibid., 1835, in-18. [364]

A. D. — Rencontre de deux amis après une longue séparation. Paris, Vinchon, 1839, in-4 de 8 pag. [365]

A. D. — Fables nouvelles (en prose). Grenoble, Prud'homme, 1839, in-18 de 5 feuill. [366]

A. D. — I. Justine, ou l'Influence de la Vertu. Lille, Lefort, 1841, 1853, 2 vol. in-18, ensemble de 6 feuill., plus une lithogr. [367]

II. Marguerite, ou le Dévouement d'une mère. Lille, Lefort, 1842, 1852, 2 vol. in-18, ensemble de 6 feuill., plus une lithogr. [368]

III. Fernand et Antony. Épisode de l'histoire d'Alger, avec une Notice sur l'Algérie. Lille, le même, 1849, in-12 de 11 feuill. 1/2, avec une grav. — Le même ouvrage, sous ce titre : Fernand et Antony, ou l'Amitié dans le malheur, nouvelle historique. Lille, le même, 1853, 2 vol. in-18, ensemble de 6 feuill., avec une grav. [369]

L'édition de 1849, beaucoup plus ample, est entièrement anonyme.

IV. Albert, ou le sage Écolier. 3e édit. Lille, le même, 1854, in-18 de 3 feuill., avec une grav. [370]

Nous n'avons point trouvé dans la « Bibliographie de la France » de traces des deux premières éditions.

Ces petits ouvrages font partie de la collection de la Bibliothèque de Lille.

A. D. — Les Fiancés, histoire milanaise du XVIIᵉ siècle, par *Manzoni*, suivis de « l'hymne sur la Résurrection » et de « l'ode sur la Nativité ». Trad. de l'ital. Paris, René, 1841, 2 vol. in-18, 4 fr. [371]

A. D. — La Science de bien vivre (1844). Voy. BEN (Paul).

A. D. — Le petit Trésor lexicographique de la langue française. Avignon, de l'impr. de Mᵐᵉ veuve Guichard, 1844, in-8 de 28 pag. [372]

A. D. [A. DUPONT, alors capitaine-instructeur à Saumur].

I. Album des évolutions de ligne pour une brigade, avec les planches dans le texte. Paris, Leneveu, 1844, 1853, in-32 avec des planches. [373]

II. Avec M. Armand Legros : Guide de l'instructeur pour l'école du soldat, enseignée en trente jours. Paris, Leneveu et Riant, 1844, in-18 de 2 feuill. 2/3, plus un tableau et des planches. [374]

Il existe un troisième petit ouvrage de M. Dupont, mais entièrement anonyme, intitulé : *Guide de l'instructeur* pour la méthode d'application de l'école du cavalier et du peloton, à pied et à cheval, d'après la progression suivie à l'école de cavalerie de Saumur. Avec 40 fig. dans le texte. Paris, Leneveu, 1850, in-32 de 224 pag.

AD. — La Vierge iroquoise, simple récit tiré de l'Histoire de l'Église. Lille, Lefort, 1845, in-18 de 3 feuill. [375]

A. D., de Bussy. — L'Apothéose du général Foy, poème élégiaque. Paris, Jehenne, 1846, in-8 de 16 pag., 1 fr. 25 c. [376]

A. D. [A. DELCOURT, auteur de divers ouvrages].

J. S. Brun, sculpteur-statuaire, ancien pensionnaire de Rome. Saint Denis, l'Arc de triomphe de l'Étoile, le Palais de Justice de Rouen. Notice historique. Évreux, de l'impr. de Canu, 1847, in-8 de 3 feuill. 7/8. [377]

Il existe une deuxième édition, de la même année, qui porte le nom de l'auteur. Évreux, Canu, et Paris, Hachette, in 8 de 5 feuilles 1/2.

A. D., docteur-médecin. — La Salpêtrière, Bicêtre et l'épidémie régnante. Paris, de l'impr. de F. Didot, 1849, in-8 de 12 pag. [378]

A la commission municipale et départementale de la Seine.

A. D. [Alfred-Firmin DIDOT], traducteur français d'une Vie de César, par *Nicolas de Damas*, suivie d'Observations sur tous les fragments du même auteur. Impr. avec l'original grec, nouvelle édit. publiée par M. Piccolos (Paris, F. Didot, 1850, in-8). [379]

A. D. — Messe de sainte Cécile, composée par M. Adolphe Adam,

exécutée à Saint-Eustache, le 22 novembre 1850. Paris, de l'impr.
de Guiraudet, 1851, in-8 de 16 pag.   [380]

Compte rendu en vers.

A. D. [Adolphe DUTILLEUX]. — I. Cathédrale d'Amiens. Description
de la chapelle de Sainte-Theudosie. Amiens, de l'impr. d'Alf. Caron,
1853, in-8.   [381]

II. Opuscule de — (en prose ét en vers) Amiens, de l'impr. de
Caron, 1855, in-12 de 6 feuill.   [382]

A. D. — L'Ami de pension. Rouen, Mégard et Cᵉ, 1853, in-12 de
7 feuill., avec une grav. — Ibid., 1864, in-32 de 96 pag. [383]

Faisant partie de la « Bibliothèque morale de la jeunesse. »

A. D., membre de la Société des Antiquaires de Normandie.

I. Notice sur Pierre l'Ermite. Amiens, Lenoel-Hérouart, 1854,
in-12 de 24 pag.   [384]

II. Notice biographique sur l'abbé Prévost (Le Prevost), chanoine
titulaire de l'église métropolitaine de Rouen, décédé le 21 juin 1854
(suivie de « le Convoi du prêtre », pièce en vers). Rouen, Renaux,
Aillaud, 1854, in-18 de 36 pag.   [385]

Á. D. [Alfred DELVAU, auteur de divers ouvrages].

Privat d'Anglemont. (Biographie). Avec portrait sur bois. — Imprimé dans « le Rabelais », numéro du 8 juin 1857.   [386]

A. D. — De la Maladie de la Vigne et des moyens de combattre
ses désastreux effets. Note lue à la Société d'agriculture de Toulouse.
Toulouse, de l'impr. de Calmettes et Cⁱᵉ, 1857, in-8 de 16 pag. [387]

A. D. et **A*** D***** [A. DETAILLE], auteur d'articles nécrologiques
imp. dans le « Bulletin du bouquiniste, » publié par Aug. Aubry, à
partir du tome V (1859).   [388]

A. D. [Charles-Auguste DESOER, écrivain belge].

Chronique de quinzaine. (Extrait du Journal de Liége, du 17 avril
1861). Liége, impr. de J. Desoer (1861), in-8 de 8 pag.   [389]

On y trouve entre autres le signalement d'un plagiat de M. de Pontaumont
(voy. ce nom) qui a donné comme étant de sa composition une nouvelle qui
est traduite de W. Irving.

A. D., membre de la Société liégeoise de littérature wallonne. [390]

On trouve quelques pièces avec cette signature dans la première année de
« l'Annuaire » publié par cette Société (1863).

A. D. [A. DOUSSOT], ancien élève de l'École polytechnique.

Lettre d'un homme du monde à M. Renan. Paris, Douniol, 1864,
in-8 de 29 pag.   [391]

A. D'A. [Alfred d'ALMBERT, ancien secrétaire intime du prince Louis-Napoléon, en 1840].

Juin 1848. Histoire de Napoléon-Louis Bonaparte. Paris, au bureau, passage des Panoramas, 1848, in-18 de 62 pag.   [392]

ADAM (Maître) [Adam BILLAUT], menuisier de Nevers, poete français du XVIIᵉ siècle.

I. Chevilles (les). Paris, Toussainct Quinet, 1644, in-4, 12 à 15 fr.   [393]

On doit trouver en tête de cette édition le portrait de Mᵉ Adam, qui manque souvent. Vendu en maroq. r. 60 fr. Lebr. ; 24 fr. Giraud.

— Les mêmes. Seconde édition, augmentée par l'auteur. Rouen, Jacques Cailloué et Jean Viret, 1654, pet. in-8, 12 à 18 fr.

Vendu 20 fr. Giraud.

Georgj, au nom Billaut, cite une autre édition de Paris, 1649, in-4, ainsi que des *OEuvres poétiques*, Paris, 1644, in-4, qui doivent n'être autre chose que les *Chevilles*, de cette même année, et sous un nouveau titre, puisque le *Villebrequin* ne parut que beaucoup plus tard.

II. Villebrequin (le), contenant toutes sortes de poésies gallantes tant en sonnets, épistres, épigrammes, élégies, madrigaux , que stances et autres pièces, autant curieuses que divertissantes, sur toutes sortes de sujets. Dédié à Monseigneur le Prince. Paris, Guillaume de Luyne, 1663, in-12 de 23 ff. prél., 528 pag., et 3 ff. pour la table, à 23 lignes par page.   [394]

Édition très-recherchée des bibliophiles. Vendue 14 fr. 50 c. Caillard ; 100 fr. relié par Derome, Saint-Morys, en 1849 ; 39 fr. mar. r. Labédoyère, revendu 3 liv. 3 sh. Libri, en 1859, et rel. par Derome, 55 fr. Giraud ; 50 fr. v. f. Salmon.

Il a été fait de ce livre une réimpression sous la même date, mais en plus petits caractères, et qui n'a que 295 pages chiffrées (à 34 lignes par page) et 5 pages pour la table. Elle est aussi complète que l'édition en gros caractères, sauf le privilége qui n'a pas été réimprimé. Ce privilége est du 17 février 1663, et l'achevé d'imprimer du 4 août de la même année. Il ne peut donc pas exister d'exemplaires sous la date de 1662 comme on l'a dit quelquefois.

Georgj donne à ces deux éditions les dates de 1663 et 1664.

Quelques person ont prétendu qu'il existait un 3ᵉ recueil de poésies de cet auteur intitulé *le Rabot ;* mais jusqu'à présent on n'en connaît aucune édition.

III. Stances de maistre Adam, au parc de Nevers, pour le départ de la sérén. reine de Pologne. Paris, Toussainct Quinet, 1645, in-4.   [395]

Cette pièce, qui a dû être ajoutée à une partie des exemplaires de l'édition in-4 des *Chevilles* du menuisier-poéte, se trouve rarement à part, mais elle a été insérée dans le recueil intitulé le *Villebrequin.*

IV. Œuvres de Maître Adam Billaut... Édition soigneusement re-

vue d'après celle originale de 1644, augmentée de quelques notes
et précédée d'une Notice historique sur cet homme extraordinaire,
par *N.-S. Pissot.* Paris, Hubert et C°, 1806, in-12, 2 fr. 50 c.   [396]

Il semblerait que ce volume a d'abord paru l'année précédente sous le titre
de *Poésies de Maître Adam.*

Cette édition est faussement intitulée *OEuvres,* puisqu'elle ne contient que
« les Chevilles »; encore manque-t-il à ce recueil sept pièces, dont une fort
libre, qui a pour titre : *Caron aux Dames.* Le faux-titre porte « Chevilles et
autres Poésies de Maître Adam », ce qui a sans doute induit l'auteur du
« Manuel du libraire » (3° édit., t. I°°, page 12) à penser que le volume se
composait d'un choix de poésies de M° Adam, quoiqu'il n'en soit rien.

On lit dans un Avis des éditeurs (page IX) « qu'en publiant les œuvres de
« ce poëte, ils se sont appliqués à lui substituer l'orthographe du jour, mais
« qu'on s'est surtout donné de garde de rien changer à son style ». Cette
malheureuse conception, exprimée en termes plus qu'incorrects, achève de
donner la mesure du mérite des éditeurs.

— Les mêmes, sous ce titre : Poésies de Maître Adam Billaut...,
précédées d'une Notice biographique et littéraire, par M. *Ferdinand
Denis,* et accompagnées de notes, par M. *Ferdinand Wagnien.*
avocat. Nevers, de l'impr. de Pinet, 1842, in-8 de 40 feuill. 1/2, orné
de 10 lithogr., 20 fr.

Édition complète. La Notice de M. Ferd. Denis avait déjà été imprimée
dans la « Revue de Paris, » t. XXXII (1832).

Sur Adam Billaut, voyez le « Cours de littérature » de Féletz, t. II, p. 12.

Ce menuisier-poète a été le sujet de deux pièces de théâtre : 1° *Maître
Adam, menuisier de Nevers,* vaudeville, par MM. Leprévost (d'Iray) et Philippon (de la Madelaine), représ. sur le théâtre du Vaudeville en 1799, et impr.
dans la même année; 2° *les Chevilles de Maître Adam,* ou les Poëtes artisans,
com. en un acte mêlée de vaudevilles, par MM. Francis et Moreau. Représ.
sur le théâtre de la Montansier, le samedi 7 nivôse an XIV (26 décembre 1805).
Cette dernière pièce a eu une troisième édition en 1825 (Paris, madame Huet;
Barba), in-8.

ADAM (le R. P.). — Instruction du P. Gardien des capucins de
G..... à un jeune frère quêteur partant pour le château de F..... (Fer-
ney), traduite de l'italien par —. Amsterdam, 1773, in-12.   [397]

ADAM (l'oncle) [C.-A. WETTERBERG, médecin du régiment de
Jemtland].

Argent (l') et le Travail, tableau de genre, par —. Traduit du sué-
dois, avec approbation de l'auteur, par M. *R. Du Pujet.* Paris, rue
de Sèze n° 16, 1856, in-16, 3 fr. 50.   [398]

ADAM FITZ-ADAM. Voy. **FITZ-ADAM** (A.).

ADAMS (Francis), *aut. supp.* [Etienne CABET, chef de la secte des
communistes en France].

Voyage et Aventures de lord William Carisdall en Icarie, trad. de l'angl. de —, par M. Th. Dufruit. [Ouvrage composé en français par M. Cabet]. Paris, Hipp. Souverain, 1840, 2 vol. in-8, 16 fr.   [399]

Réimprimé sous ce titre : Voyage eu Icarie, roman philosophique et social, par M. Cabet. 2ᵉ édit. Paris, J. Mallet et Cᵉ, 1842, iu-18, 4 fr.

A. D'ANDILLY [Robert ARNAULD D'ANDILLY].

S. *Eucher*, du Mépris du monde, de la traduction d'—. Paris, P. Le Petit, 1672, in-12.   [400]

ADANSON (Mᵘᵉ Aglaé), nom paternel d'une dame distinguée, mariée longtemps à M. DOUMET, puis enfin séparée. Elle était la mère de M. DOUMET, officier supérieur d'état-major, aide de camp du général de Feuchères, depuis maire de Cette (Hérault) et député au Corps législatif. Mᵐᵉ Doumet a publié tous ses ouvrages sous son nom de fille. Voy. notre France littéraire et la Littérature française contemporaine, à ADANSON.

A. D. B. — Ode à MM. les députés; suivie d'un dithyrambe sur la Grèce et d'un dithyrambe sur Napoléon. Paris, de l'impr. de Delaguette, 1821, in-8 de 16 pag.   [401]

A. D. B. [DES BORDELIERS], capitaine de chasseurs.

Morale militaire. Gand, Vander Haeghe, 1849, gr. in-18 de 183 pag.   [402]

Réimpr. avec le nom de l'auteur. Bruxelles, Rosez, 1856.

A. D. B. [Auguste de BOVE, docteur en droit et candidat-notaire à Boussu].

Essai philosophique sur les principaux systèmes politiques. Mons, Chevalier-Asmon, 1855, in-32 de xiv-271 pag.   [403]

A. D. B. — De la Construction d'une bibliothèque publique à Nantes. Lettre au directeur de la « Revue des provinces de l'Ouest ». Nantes, de l'impr. de Guéraud et Cᵗᵉ, 1859, in-8 de 2 pag.   [404]

A. D. B. M., lieutenant de grenadiers de la garde impériale [A.-D.-B. MONIER].

Une Année de la vie de l'empereur Napoléon, ou Précis historique de tout ce qui s'est passé depuis le 1ᵉʳ avril 1814 jusqu'au 20 mars 1815, relatif à S. M. et aux braves qui l'ont accompagné; son départ de Fontainebleau, son embarquement à Saint-Rapheau, près Fréjus, son arrivée à Porto-Ferrajo, son séjour à l'île d'Elbe et son retour à Paris. Paris, A. Eymery, 1815, in-8 de 204 pag.—Deuxième édition, revue et corr. Paris, A. Eymery, Delaunay, Pélicier, 1815, in-8 de 204 pag.   [405]

Sur le titre de la seconde édition, le nom de l'auteur est ainsi écrit : A. D. B. M⁺⁺⁺.

A. D. C. A. F. [A.-D. CASSAIGNE, académicien français].

Traité de morale sur la valeur. Paris, Cramoisy, 1674, in-12. [406]

A. D. C. A. M. [Antoine de COTEL, ancien magistrat].

Premier (le) livre des mignardises et gayes poésies de —. Avec quelques traductions, imitations et inventions par le même auteur. Paris, Gilles Robinot, 1578, in-4. [407]

On lit sur l'exemplaire que possède la Bibliothèque impériale ce quatrain écrit à la main et en caractères gothiques :

> Tel se mocque ou reprend ce livre
> Qui, ignorant, ou curieux,
> Ne sçaurait de cent pas le suivre :
> Mais (qui le pourra) face mieux.
>
> Note de M. de Manne.

A. D. D. D. F. (l'). — Mémoire sur le commerce de l'Inde. Paris, Pichard, an X (1802), in-8 de 40 pag., 75 c. [408]

A. D. D. V. [A. DAULIER DESLANDES, voyageur].

Beautez (les) de la Perse, ou la Description de ce qu'il y a de plus curieux dans ce royaume, par —; avec une Relation de quelques aventures maritimes de L. M. P. R. D. G. d. F. [*Louis Marot*, pilote real des galères de France]. Paris, 1683, in-4, fig. [409]

A.... DE B.... (Mᵐᵉ d') [Mᵐᵉ d'ASTANIÈRES DE BOISSEROLLE].

Congrès (le) de Cythère, suivi de la Lettre de Léonce à Érotique; traduit de l'italien (du comte *Fr. Algarotti*) et accompagné de notes avec le texte en regard. Dédié aux aimables Parisiennes. Paris, A. Égron, Delaunay et Laloy, 1815, in-18 de XII et 144 pag., 2 fr. [410]

Huit traductions françaises de cet ouvrage ont précédé celle-ci. (Voy. notre » France littéraire, » à ALGAROTTI.)

A. DE B. (Mᵐᵉ). — Alton Park, ou Correspondance sur des sujets moraux et religieux. Trad. de l'angl. Nevers, Pinet, et Paris, Bois-Adam, 1839, 2 vol. in-8, avec 2 lithogr. [411]

A. DE B. DE C. — Résumés historiques sur la Perse moderne, l'Inde et la Chine, en quatre parties. Bordeaux, Faye, 1843, in-8 de 23 feuill., 6 fr. [412]

A. DE C. [A. de COURVILLE].

Promenade de Saint-Pétersbourg à Saratoff, et retour en passant par Nowgorod, Moskow, Reysan, Morschansk, Kirsanoff, Saratoff. Partis de Bellevue le 19 août, revenus à Saint-Pétersbourg le 10 décembre 1822. Paris, de l'impr. de Smith, 1823, in-8 de 40 pag. [413]

A. DE C. (le vicomte). — Essai sur la situation de l'industrie chevaline, ses besoins et les moyens de régénération. Paris, Dentu, 1842, in-8 de 6 feuill., 2 fr. 50 c. [414]

A. DE F. — De l'Espagne et de la France. Paris, de l'impr. de Le Normant, 1820, in-8 de 16 pag.   [415]

A. DE F., agent forestier.

Éclaircies, ou Nettoiement des jeunes taillis à l'effet d'en hâter la croissance ou de les préparer à former des gaulis ou futayes. Versailles, de l'impr. de Kléfer, 1846, in-8 de 24 pag.   [416]

A. DE G. — Amalia, ou Lettres d'une Espagnole, publiées par —. Paris, Renard, 1822, in-18 de 5 feuill. 1/2.   [417]

A. DE G. [J.-B.-Franç.-Étienne AJASSON, vicomte DE GRAND-SAGNE].

I. Des Causes des révolutions du Globe, d'après le baron Cuvier, Brongnard (Brongniart), Daubuissons de Voisins, Malte-Brun, etc. Paris, Rion, 1834, in-18 de 36 pag.   [418]

II. De l'Histoire naturelle. Paris, Rion, 1835, in-18 de 36 p.   [419]

Ces deux opuscules font partie de la « Bibliothèque populaire », publiée par le même libraire.

A...... DE L.... [Auguste de LOUVOIS]:

Nice et ses environs, ou Vingt Vues dessinées d'après nature en 1812, dans les Alpes-Maritimes. (Paris, de l'impr. de Charles.) Paris, Remoissenet; Genève, Paschoud, 1814, in-fol. oblong de 84 pag., avec 20 planches.   [420]

A. DE L. — De l'Influence de la distribution de la richesse sur la Société. Application de l'Économie politique à l'Histoire. Paris, Gaillot, 1830, in-8 de 40 pag.   [421]

A. DE LA CH..... [A. de LA CHATAIGNERAYE].

Satire des Vœux de *Juvénal*, traduite en vers français. Latin-français. Paris, F. Didot, 1812. — Satire de Turbot, traduite en vers français. Latin-français. Paris, le même, 1812, ensemble 2 part. in-8.   [422]

ADÉLAIDE [Mme la comtesse de NANSOUTY].

Chemins (les) de fer, récit moral. Paris, Denaix, 1838, in-12 de 60 pag., 2 fr.   [423]

ADELAR (E.), *anagr.* [Mme E. DE LARA].

I. Lorgnette (la) de l'Ermite. Paris, Meyrueis et Cie, 1861, in-12 de 252 pag., 2 fr.   [424]

Faisant partie d'une « Bibliothèque protestante ».

II. Un Domino. Bonn, Adolphe Marcus, 1862, in-8.   [425]

Voir, sur ce dernier ouvrage, le « Bulletin du bibliophile belge », novembre 1862, p. 400.

III. Blanche. Bruxelles, A. Lebégue et C¹ᵉ, 1864, 2 vol. in-12 de 243 et 254 pag., 4 fr.   [425*]

IV. Amour fraternel et Amour-propre, par Mᵐᵉ *Sherwood*. Trad. de l'angl. Paris, Meyrueis et C¹ᵉ, 1864, in-18 de 139 pag.   [426]

ADELBERT [Mˡˡᵉ Adèle DES ESSARTS, dame GENTON], femme de M. Genton, juge à Saint-Marcellin (Isère), et nièce de l'ancien évêque de Blois.

Violettes. Lyon, de l'impr. de Vingtrinier, 1854, in-8 de 120 pag. sur beau papier, avec un bouquet de violettes coloriées sur le frontispice.   [427]

Volume tiré à 200 exemplaires.
Ce sont des poésies politiques dédiées à Napoléon III.
On imprimait en 1862 un second volume de poésies de l'auteur, intitulé : *Fleurs des Alpes.*
Nous ignorons si ce dernier ouvrage a vu le jour, nous n'en avons pas trouvé l'annonce dans la « Bibliographie de la France ; » mais il a paru, avec le véritable nom de l'auteur, Mᵐᵉ A. Genton, les deux opuscules poétiques suivants :
1º *Les deux Sœurs de Cobonne* (extr. de la « Revue du Lyonnais, » nov. 1857). Lyon, de l'impr. de Vingtrinier, 1857, in-8 de 8 pag.; — 2º *Cantique a l'Italie*, suivi d'une Lettre à l'auteur de « Psyché » (M. Vict. Richard de Laprade). Lyon, de l'impr. du même, 1864, in-8 de 16 pag., et un volume intitulé : *Picoline*, poésies (de l'imprimerie de Vingtrinier, à Lyon). Paris, Douniol, 1864, in-12 de 228 pag.

ADÈLE (la Sœur). — Mon Cloître, par —. Ouvrage faisant suite aux « Ruines de mon couvent », trad. de l'espagnol par M. *Léon Rosny*. Paris, Douniol, 1859, in-18 jésus de VIIj-244 pag.   [428]

A. DE M. (mademoiselle) [Mˡˡᵉ ALLEMAND DE MONTMARTIN].
Griselidis. ou la Marquise de Saluces. Paris, Cailleau, 1724, petit in-12.   [429]

On lit le nom de cette demoiselle en tête d'une pièce de vers qui lui est adressée à la fin du volume.
L'éditeur déclare, dans un avis au lecteur, que cette histoire a été composée d'après celle du même titre qui existe en style gothique, et d'après le conte en vers de Perrault, intitulé *Griselidis.*
L'histoire gothique a été traduite dans le xvᵉ siècle, du latin de Pétrarque, qui lui-même l'avait mise en cette langue d'après l'italien de Bocace.
Il est facile d'acquérir la certitude de ces faits ; cependant je ne sais quel faussaire a cru tromper le public en reproduisant l'ouvrage de Mˡˡᵉ de Montmartin sous ce titre :
«Griselidis, ou la Marquise de Saluces», traduit de l'italien de Fulvio TESTI, en *gaulois*, par Mˡˡᵉ Allemand de Montmartin ; mis en anecdote par M. B*****, avec une note historique tirée de l'Histoire des ducs de Savoie, de Fulvio Testi. Paris, Maradan, 1789, in-18.
C'est sans doute le même M. B*****, ou plutôt le même faussaire qui a pu-

blié le volume intitulé : Daphnis et Chloé, poëme en six chants, traduit de la
langue celtique. Paris, Maradan, 1789, in-18.

Cet ouvrage, dit l'éditeur, n'a aucun rapport avec le roman grec de Longus,
traduit par Amyot. Celui que nous offrons a pour auteur le P. Tournemine,
jésuite breton ; il n'a jamais été *imprimé* ni traduit en français : c'est un ouvrage peu connu, même en Bretagne, où il a été *imprimé en* 1679, chez Barbe,
imprimeur à Rennes.

On voit que les contradictions ne coûtent rien à cet éditeur. Il y a autant
d'adresse à faire composer en celtique, par le célèbre P. Tournemine, un
poëme sur Daphnis et Chloé, qu'il y en a eu à attribuer le roman de Griselidis à Fulvio Testi.

Le frontispice, qui est presque en entier de l'invention du faussaire, prouve
en même temps son ignorance, puisqu'il suppose que Mlle de Montmartin a
écrit *en gaulois*. *L'avertissement* du faussaire ne mérite pas plus de confiance :
en vain ose-t-il affirmer que Griselidis est une traduction du poëme italien
de Fulvio Testi ; en vain ose-t-il avancer, à la suite de cet avertissement, que
l'histoire de Griselidis en style gothique fut imprimée à Paris en 1654, chez
Th. Girard ; cette édition est imaginaire   A. A. B-r.

A. DE M. (le comte) [le comte A. de MALARTIC, ancien conseiller
d'État].

I. Mémoire sur les finances. Paris, de l'impr. d'Évelat, 1815,
in-4 de 12 pag.   [430]

II. Considérations sur la situation de la France sous les rapports
des finances. Paris, F. Didot, 1816, in-8 de 40 pag. ; et 1817, in-8
de 60 pag.   [431]

III. La Question de la réduction de la dette publique, traitée en
chiffres. Paris, N. Pichard, 1824, in-8 de 16 pag. — Supplément
au traité en chiffres sur la dette publique. Ibid., 1824, in-8 de
8 pag.   [432]

A. DE M. (M.).— Der Geisterseher, ou les Visions, par *Schiller*.
Traduit par —. Paris, Mme Seignot, 1822, in-12.   [433]

A. DE M. (M.). — Cérémonial du sacre et du couronnement des
rois et reines de France ; précédé d'un Discours préliminaire démon-
trant l'ancienneté et les motifs de cet acte de religion et le majes-
tueux appareil avec lequel il est célébré ; suivi de la traduction de
toutes les prières de cette auguste cérémonie, et d'une table chronologique et historique du sacre et du couronnement des rois de
France de la deuxième et de la troisième race. 2e édition. Paris, F.
Denn, 1825, in-12 de 240 pag., 3 fr. 50 c.   [434]

Nous ignorons quand a paru la première édition, mais elle doit être
de 1824, s'il y en a une autre.

A. DE M. (Mme) [Mme Adélaïde de MONTGOLFIER].

Avec Mme L. Sw. B. [L. Swanton Belloc] : Scènes populaires en

Irlande. (Par M. *Shiel;* recueillies et traduites de l'angl. par —.)
Paris, Sédillot, Dondey-Dupré fils, 1830, in-8 de 24 feuill. 3/4. [435]

A. DE M. (Victor). — Le Caractère et la destinée d'une personne,
ou Explication de la tête de phrénologie psychologique. Paris, de
l'impr. de Cosse, 1847, in-12 de 24 pag., 50 c.; et avec la tête,
1 fr. 75 c. [436]

A. DE M. — Une noble femme, en 1794. Le Mans, de l'impr. de
Julien, Lanier, 1853, in-8 de 56 pag. [437]

ADENIS (Jules) [Jules ADENIS DE COLOMBEAU].

I. Avec M. Adrien Decourcelle : O le meilleur des pères ! comédie
en un acte. Représ. sur la théâtre des Variétés, le 10 juin 1854.
Paris, Michel Lévy, 1854, in-18, format angl., 60 c. [438]

II. Avec M. Ed. Plouvier : Ne touchez pas à la hache ! com.-
vaud. en un acte, représ. sur le théâtre des Folies-Dramatiques, le
15 avril 1854. Paris, Jules Dagneau, 1854, in-18, 40 c. [439]

III. Philanthropie et repentir, vaud. en un acte. Représ. sur le
théâtre des Variétés, le 25 avril 1855. Paris, Michel Lévy frères,
1855, in-18, format anglais, 60 c. [440]

IV. Avec M. Ed. Plouvier : Trop beau pour rien faire, comédie
en un acte, mêlée de chants. Représ. sur le théâtre du Vaudeville,
le 13 novembre 1855. Paris, Michel Lévy frères, 1855, 1856, in-18,
format anglais, 60 c. [441]

V. Avec le même · Toute seule, comédie mêlée de chants, en un
acte. Représ. sur le théâtre du Vaudeville, le 4 juillet 1860. Paris,
les mêmes, 1864, in-4 de 8 pag., à 2 colon., 20 c. [441*]

VI. Avec M. Jules Rostaing : Sylvie, opéra-comique en un acte.
Représenté sur le théâtre de l'Opéra-Comique, le 11 mai 1864. Paris,
les mêmes, librairie nouv., 1864, gr. in-18 de 31 pag., 1 fr. [441**]

M. Adenis est l'un des vingt-cinq auteurs des «Moutons de Panurge»,
grande lanterne magique en trois actes et douze tableaux, représentée sur le
théâtre des Délassements-Comiques, en 1853.

ADEPTE DE Mme LENORMAND (Un). — Le Révélateur du destin,
ou Livre merveilleux des bramines, pour connaître le présent, le
passé, l'avenir. Paris, rue du Bac, 68; Dupin, passage Colbert, 1841.
in-16 de 3 feuill. 1/4, 1 fr. 50 c. [442]

A*** DE R. (d'), officier prussien. — Chlorinde, nouvelle espagnole tirée des papiers de don Juan de B***, par *Grosse;* traduite
de l'allem. par —. Paris, Le Normant, 1805; Nuremberg, et Paris,
Tourneisen, 1806, in-8 de 281 pag., 3 fr. [443]

A. DE S. — Revista politica de la Europea en 1825 (de *Bourgui-*

gnon d'Herbigny); traducida de la segunda edicion. Paris, de la impr. de Pochard, 1825, in-18.   [444]

A. DE S. GABRIEL (le R. P.). — Les Lettres de S. *Bernard,* trad. en franç. par —. Paris, P. de Bresche , 1672, 3 vol. in-12.   [445]

A. DE V. [de VAUGEAULD ou VAULGEARD, professeur de l'Université].

Traités élémentaires de mathématiques dictés en l'Université de Paris; trad. du latin de l'auteur et augmenté par —. Seconde partie. Paris, 1761, in-8.   [446]

A. DE V. [Aimé de VIRIEU, ou mieux DEVIRIEU, ancien négociant, né à Lyon, le 24 avril 1783, mort à Alger, le 1er déc. 1834].

Ébauche d'un Cours préliminaire de droit naturel, ayant pour objet de ramener la morale et la politique à la loi de Dieu et de la nature et aux maximes de l'Évangile. Première partie. Notes et analyses critiques sur le « Contrat Social » de J. J. Rousseau. Tomes I et IV. Lyon, de l'impr. de J. M. Barret, 1829, 2 vol. in-8.   [447]

A..... DE V....., officier du génie.

Lettres sur Rome. Journal d'un officier français de l'armée expéditionnaire d'Italie (1849). Paris, Perisse frères, 1850, in-12 de 15 feuill. 2/3.   [448]

A. D. F. (l'), *pseudo-initialisme* [J.-B.-A. SUARD].

Lettre écrite de l'autre monde, par l'A. D. F. (l'abbé Desfontaines), à M. F. (Fréron). 1754, in-12.   [449]

A. D. F. P. — Une de mes Soirées. (En vers.) Valenciennes, Prignet, 1824, in-8 de 12 pag.   [450]

A. D. G. (l') [l'abbé de GOURCY], de la Société royale des sciences de Nancy.

I. Rousseau vengé, ou Observations sur la critique qu'en a faite M. de La Harpe, et en général sur les critiques qu'on fait des grands écrivains. Londres, et Paris, Delalain, 1772, in-12.   [451]

II. Histoire philosophique et politique de Lacédémone et des lois de Lycurgue, où l'on recherche par quelles causes et par quels degrés ces lois se sont altérées. Ouvr. couronné par l'Acad. des inscriptions et belles-lettres. Nancy, et Paris, Delalain, 1768, in-8.   [452]

AD. G. — Organisation coloniale. Paris, de l'impr. de Cordier, 1849, in-8 de 8 pag.   [453]

A. D. G. — Méditations sur les principales vérités de la foi et de la morale, pour tous les jours de l'année, par le R. P. *Kroust.* Avec

un choix de celles du P. *Dupont*, traduites en français. Lyon,
Girard et Josserand, 1853, 4 vol. in-12.   [454]

Les initiales A. D. G. nous semblent être ici celles de la devise *Ad Dei
gloriam* plutôt que celles d'un nom.

A. D'H. (M.) [César-François-Adolphe d'Houdetot].
Tir (le) au pistolet, causeries théoriques. Paris, Tresse, 1833,
in-18 avec vignettes dans le texte, 3 fr. 50 c.   [455]

Deux éditions depuis, avec le nom de l'auteur.

ADHÉMAR (Mme la comtesse d'), dame du palais, *auteur supposé*
[le baron Étienne-Léon de La Mothe-Langon].
Souvenirs sur Marie-Antoinette, archiduchesse d'Autriche, reine
de France, et sur la Cour de Versailles. Paris, Mame, 1836, 4 vol.
in-8, 30 fr.   [456]

A. D. H. F. (l') [l'abbé Guillaume Le Roy, abbé de Haute-Fon-
taine, au XVIIe siècle].
Traité du discernement des esprits, par le card. *Bona;* trad. en
françois. Paris, Billaine, 1675, in-12.   [457]

ADJOINT DE L'ÉTAT-MAJOR DE L'ARMÉE DU RHIN (Un) [Delangle,
de Mortagne, au département de l'Orne].
Essai sur les colonies orientales, depuis 1753 jusqu'à présent.
Alençon, 1801, in-8.   [458]

A. D. L. — Panégyrique de saint Louis, prononcé dans la cathédrale de Rennes, en présence de Mgr l'évêque et des autorités con-
stituées, le 25 août 1816. Rennes, Ve Vatar et Bruté, 1816, in-4 de
32 pag.   [459]

A. D. L., professeur de l'Université de Paris.
Résumé, en vers, de la géographie de la France. (De l'impr. de
F. Didot, à Paris.) Paris, Pocquel, 1836, in-8 de 40 pag., avec
une carte.   [460]

A. D. L. C. [Armand Boisbeleau de La Chapelle].
I. Religion chrétienne (la), démontrée par la Résurrection de
Notre-Seigneur Jésus-Christ, avec un Supplément où l'on développe
les principaux points de la religion naturelle, par M. *Homfroi
Ditton*, trad. de l'ang. Paris, Chaubert, 1729, in-4.   [461]
II. Philosophe (le) nouvelliste, ou le Babillard; trad. de l'angl.
(de *Richard Steele*). Amsterdam, 1734 et 1735, 2 vol. in-12.—Autre
édition. Zurich, Orell et Ce, 1737, 2 vol. in-8.   [462]

L'édition de Zurich est intitulée : *le Philosophe nouvelliste.* Armand de La
Chapelle avait publié dès 1723 le premier volume de cette traduction.

A. D. L. F. [Albert-André PATIN DE LA FIZELIÈRE], connu sous les noms d'Albert de La Fizelière, auteur d'articles dans divers journaux sous ces initiales.   [463]

A. D. L M. [A.-D.-L. MONGIS].

Mort (la) du Fils de l'homme. Ode dédiée à un autre jeune exilé. Troyes, de l'impr. de Cardon, s. d., in-8 de 10 pag.   [464]

A. D. L. R. — Apologie pour les Réfugiés. Amsterdam, 1688, in-12.   [465]

A. D. M (Mlle) [Mlle A. de MARSILLY].

Mon testament politique et moral. Amsterdam, et Paris, Couturier fils, 1772, in-8.   [466]

A. D. M. — De l'Influence politique et morale des Bérets, discours traduit de Cicéron, et dédié aux dames. Strasbourg, de l'impr. de Mme Ve Silbermann, 1826, in-8 de 20 pag.   [467]

A. D. M. [Louis-Charles-Alfred de MUSSET].

Anglais (l') mangeur d'opium Traduit de l'anglais. Paris, Mame et Delaunay-Vallée, 1828, in-12 de 9 feuill 1/3.   [468]

Traduction abrégée à laquelle l'auteur a ajouté un chapitre de sa façon.

AD. M. D. C. — Questions actuelles sur la Pologne. Paris, de l'impr. de Wittersheim, 1846, in-8 de 16 pag.   [469]

ADMINISTRATEUR DE LA MARINE ROYALE (Un) [SANSON, commissaire général de la marine].

Service de l'administration des vaisseaux du roi, ou Recueil des lois, ordonnances et instructions, etc. Toulon, Laurent, 1828, in-4.
[470]

ADMINISTRATEUR DES COMPAGNIES DE CHARITÉ (Un) de Saint-Germain l'Auxerrois.

Reclamation motivée en faveur de la conservation distincte des revenus et aumônes fondés appartenant aux pauvres de chacune des paroisses de Paris. Paris, Leclère, 1791, in-12 de 120 pag.   [471]

L'importance de cette question, qui intéresse l'humanité souffrante, doit attirer l'attention de tous les hommes sensibles, et appelle les lumieres de tous ceux que leurs connaissances acquises mettent à portée d'avoir une opinion motivée. (*Mercure de France*, 7 avril 1792.)

ADMINISTRATEUR DES PRISONS [Un]. — Conseils sur les moyens de corriger les jeunes détenus de l'habitude de l'onanisme. Paris, de l'impr. de Gaultier-Laguionie, 1839, in-4 de 4 pag.   [472]

ADMINISTRATEURS DE LA BANQUE DE DIJON (Les). — Pétition présentée aux chambres à l'occasion du renouvellement du privilége de la Banque de France. Paris, de l'impr. de Renouard, 1840, in-4 de 28 pag.   [473]

ADMINISTRATEURS DE LA COMP. DES EAUX DE PARIS (Les) [Pierre-Augustin CARON DE BEAUMARCHAIS].

Réponse à l'ouvrage qui a pour titre : « Sur les actions de la compagnie des eaux de Paris, par M. le comte de Mirabeau ». Paris, Desenne, 1785, in-8, sur pap. ord., et sur pap. d'Angouléme satiné. [474]

Il y a une réplique à cet écrit : « Réponse du comte Mirabeau à l'écrivain des Administrateurs de la compagnie des eaux de Paris ». Bruxelles, 1785, in-8 de xij et 104 pag.

ADMINISTRATEURS GÉRANTS DE LA COMPAGNIE SANITAIRE (Les) [MM. LAFOREST, Pierre-Antoine BERRYER fils et Cᵉ].

I. Recueil des pièces instructives publiées par — contre le rouissage actuel des chanvres et des lins, pour leur préparation complète à sec, par la nouvelle broie mécanique rurale de M. Laforest, et pour la confection du papier, avec la chènevotte non rouie, sans addition d'aucune autre substance. Paris, au bureau central de l'administration, Bachelier, 1824, in-8 de 122 pag.   [475]

II. Manuel du cultivateur des chanvres et de lins qu'on destine à être traités par la broie mécanique rurale de M. Laforest, accompagné de la gravure de la broie et de la description de cette machine. Paris, Fortic, 1826, in-8 de 100 pag., avec 2 pl.   [475*]

ADMINISTRATION DES PETITS GUIDES (l'). — Guide de l'étranger dans Marseille et les environs. Année 1864. Grenoble, de l'impr. de Baratier, 1864, in-32 de 112 pag.   [476]

ADMINISTRATION DU MUSÉUM D'HISTOIRE NATURELLE (l') [André THOUÏN, professeur de culture au Jardin des Plantes de Paris, etc.].

Instruction pour les voyageurs et pour les employés dans les colonies, sur la manière de recueillir, de conserver et d'envoyer les objets d'histoire naturelle ; rédigée.... par —. Paris, Belin, 1818, in-4 de 47 pag. ; — Paris, 1824, in-4 de 39 pag. ; — Paris, 1827, in-4 de 42 pag. ; — IVᵉ édit. Ibid., 1829, in-8 de 61 pag.   [477]

Cat. Huz., I, nᵒˢ 3973-76.

ADMIRATEUR (Un) [H. DEMZAIN].

Nouvelles Farces de Pinson, com. en un acte, mêlée de vaudevilles, dédiée à mademoiselle Lisette de la Chaponnière, par — de ses grâces et de ses vertus. 1819, in-8.   [478]

ADMIRATEUR DES VERTUS DE JEANNE D'ARC (Un).

Panégyrique de Jeanne d'Arc, dite la Pucelle d'Orléans. Orléans, de l'impr. de Mme Huet-Perdoux, 1818, in-8 de 44 pag.   [479]

ADOLPHE, prénom sous lequel il existe des pièces imprimées, appartenant à treize auteurs dramatiques différents : MM. *Capelle, Chéron, Choquart, Gentil, Grusse, d'Houdetot, Jadin, Lavilette,* neveu de l'académicien Malus; *Philippe, Poujol, Ribbing, Vaunois* et *Verdure.* Voy. ces derniers noms dans la France littéraire et ses volumes de supplément.   [480]

ADOLPHE. — La Grèce sauvée, ou le Songe d'un jeune Hellène, chant guerrier. Paris, les march. de nouv., 1826, in-8 de 16 pag. [481]

ADOLPHE DE LIANCOURT. — Le Rideau levé sur les mystères de Paris. Paris, Renault, 1846, 2 vol. in-18, ensemble de 6 feuill. [482]

ADORATEUR DE MARIE (Un). — Fourvière au XIXe siècle. Tableau des événements principaux survenus à Lyon pendant la première moitié de ce siècle, et marques diverses de la protection de la Sainte Vierge sur cette ville. Lyon, Pélagaud, 1852, in-12 de 120 pag. [483]

ADORATEUR DU DIEU D'ISRAEL (Un). — Adresse aux enfants d'Israel dans la captivité, par un adorateur du Dieu de leurs pères. Toulouse Vieusseux, 1831, in-12 de 16 pag.   [484]

ADORATEUR DU SOLEIL (Un) [ROISSELET DE SAUCLIÈRES].

Histoire authentique et morale d'une fille de marbre. Paris, 1858, in-18.   [485]

A. D. P. [Antoine DU PINET, sieur de Noroy, né en Franche-Comté].

Taxes des parties casuelles de la boutique du Pape (ou la Chancellerie et Pénitencerie romaine), en latin et en français, avec annotations, etc. Lyon, 1564, in-8.   [486]

Voyez sur A. Du Pinet et son livre « la France protestante », de MM. Haag, tome IV (1854), p. 440.

— Le même ouvrage, sous ce titre : Taxe de la chancellerie romaine, traduite de l'ancienne édition latine avec des remarques, et augmentée d'une nouvelle préface (par *Renout,* ex-cordelier, depuis ministre du S. E.). Londres, 1701, in-8.

Nouvelle édition retouchée du livre précédent.

— Le même ouvrage, sous ce titre : Taxes des parties casuelles de la boutique du Pape, rédigées par Jean XXII, et publiées par Léon X, selon lesquelles on absout, argent comptant, les assassins,

les parricides, les empoisonneurs, les hérétiques, les adultères, les
incestueux, etc., etc.; avec la Fleur des cas de conscience décidés
par les jésuites, un Faisceau d'anecdotes y relatives, des Commentaires aux taxes, des Pièces anecdotiques composées par les jésuites
de Picardie, et le texte latin du tarif. Publié par M. Julien de Saint-
Acheul [recueilli par M. *Jules Garinet*, avocat, et publié par
M. *Collin*, de Plancy]. Paris, chez les libraires de théologie (et chez
l'Auteur, etc., etc.), 1820, in-8 de 442 pag., 5 fr.

Il y a des exemplaires de cette édition portant *seconde édition* et la même
date, et pour adresse de vendeurs : Paris, Brissot-Thivars; Aimé André. Dans
ces derniers exemplaires l'Avertissement n'est pas le même que dans les autres, et le feuillet 327-28, sur lequel est le nom de l'imprimeur, est un onglet.
Cette publication valut une excommunication à M. A. GARINET, et, quand
plus tard il dut la faire lever pour se marier à l'église de..., il apprit par lui-
même ce qu'est la taxe des parties casuelles de la boutique du Pape. On ne
lui fit grâce ni d'une amende honorable publique (cérémonie humiliante), ni
d'un sacrifice d'argent, au préalable. Quant à Collin de Plancy, après avoir
publié tant de livres si peu orthodoxes, il conçut l'idée de trafiquer en livres
religieux, mais dut faire auparavant une abjuration solennelle, qui eut lieu à
Bruxelles.

A. D. P. — Traicté de la nature des viandes et du boire, auec
leurs vertus, vices, remèdes et histoires naturelles; utile et délec-
table à quiconque désire viure en santé : de l'italien du docteur
Balthazar Pisanelli, mis en nostre vulgaire par —. Saint-Omer,
Boscart, 1620, in-12.   [487]

Cat. Huzard, III, 888.

A. D. P*** (l') *pseudo-initial.* [Charles-François TIPHAIGNE DE LA
ROCHE, D. M.].

Amilec, ou la Graine d'hommes qui sert à peupler les planètes.
IIIᵉ édition, augmentée, et très-considérablement. A Lunéville (capitale de la Lune), aux dépens de Ch. Heugène (*sic*), à l'enseigne
de Fontenelle (Christian Hughens et Fontenelle, l'un et l'autre
auteurs de traités sur la pluralité des mondes). (Paris, Lambert),
s. d. (1754), 3 part. petit in-12.   [488]

La première édition est simplement anonyme.
Roman satirique, auquel l'auteur ajouta dans les deux dernières éditions
quelques chapitres supplémentaires sous le titre de *Relation du voyage d'un
sublunaire a la Lune*; mais, dit Mancel, auteur d'une « Étude bibliographique sur Tiphaigne de la Roche » (1), « on sent qu'ils ont été rajustés
« après coup, et ils ne sont écrits ni avec le même entrain ni avec la même
« verve que leurs aînés. Toutefois le docteur Tiphaigne a trouvé le moyen

(1) Caen, impr. de A. Hardel, 1845, in-8 de 38 pages.

« d'y intercaler trois petits traités sur la *Réforme de l'éducation* (1), sur la *Su-*
« *bordination* et sur la *Réforme d'un État,* dans lesquels on s'étonne de re-
« trouver des idées qui sont encore à l'ordre du jour, maintenant que les
« économistes croient avoir fait avancer leur science à pas de géant. Ce qu'il
« y dit de la liberté de la presse, de l'abus des impôts indirects, de la com-
« munauté des biens, de la grande inégalité des richesses, voire même des
« comices agricoles et de l'élection populaire, vient d'un homme qui évidem-
« ment avait mûrement pesé le fort et le faible de toutes ces questions. Au
« besoin, nous le pensons, il ne serait pas inutile de les consulter ».

A. D. P. — Opuscule politique sur les élections et les finances.
Bordeaux, Lavigne, 1817, in-8 de 72 pag., 1 fr.   [489]

A. D. R. [Auguste DE REUME, major à l'état-major de la place à
Bruxelles].

I. Vierges (les) miraculeuses de la Belgique, histoire des sanc-
tuaires où elles sont vénérées; légendes, pèlerinages, confréries,
bibliographie. Publié par —; avec le concours de plusieurs ecclésiastiques et hommes de lettres. 106 notices, illustrées de 40 gravures par Brown, qui sont la reproduction fidèle d'autant d'images
de la Vierge, d'après les pieux monuments vénérés dans les diverses
églises et chapelles de la Belgique. Bruxelles, Parent, 1856, gr.
in-8 de VIIj-444 pag., 10 fr.   [490]

II. Origine de l'église et du pèlerinage de Saint-Antoine en Bar-
befosse... Augmenté d'une introduction historique, et publié par —.
Bruxelles, 1854, in-16 de 18 pag.   [491]

A. D. R. (le vic.) [A. DE FONTAINE DE RESBECQ, fils].

Grande Chartreuse (la). Lille, Lefort, et Paris, Adrien Leclère,
1859, in-12 de 136 pag., avec une grav.   [492]

Faisant partie de la Bibliothèque de Lille.

ADRIEN [Adrien VIGUIER, alors professeur de rhétorique au collége Charlemagne, à Paris].

I. Avec M. Villard : la Cousine supposée, comédie en un acte et
en prose. Représ. sur le théâtre du Panorama-Dramatique, le 29 mai
1823. Paris, Pollet, 1823, in-8, 1 fr.   [493]

Cette pièce est attribuée, à tort, pensons-nous, à M. Adrien Payn, par les
rédacteurs de la Bibliothèque dramatique de M. de Soleinne, t. II, p. 227,
n° 2445.

II. Avec M. Charles Desnoyer : Chérubin, ou le Page de Napoléon, comédie-vaudeville en deux actes. Représenté sur le théâtre de

---

(1) L'Émile de J.-J. Rousseau ne fut publié qu'en 1762. Le citoyen de Genève aurait-
il eu connaissance d'*Amilec* ! Plusieurs des idées qu'il a émises sont celles de Tiphaine.

f'Ambigu-Comique, le 10 octobre 1835. Paris, de l'impr. de Dondey-Dupré, 1835, in-8 de 16 pag.   [494]

Voyez aussi à *Delaville (Adrien)*.

ADRIEN [Adrien PAYN], auteur dramatique.

I. Avec M. Théodore N*** [Nezel] et Armand O*** [Overnay] : Le Tir et le Restaurant, com.-vaud. en un acte. Représentée sur le théâtre de la Gaîté, le 11 sept. 1831. Paris, Quoi, Barba, 1831, in-8 de 36 pag., 1 fr. 50 c.   [495]

II. Avec MM. Benjamin [B. Antier-Chevrillon] et Armand Ov** (Arm. Overnay) : le Watchmann, drame en trois actes et six tableaux. Représ. sur le théâtre de l'Ambigu-Comique, le 16 septembre 1831. Paris, Quoy, J.-N. Barba, 1831, in-8 de 5 feuill., 2 fr. [496]

III. Avec MM. Saint-Armand [Armand Lacoste] et Armand [Arm. Overnay] : Marie Rose, ou la Nuit de Noel, drame en trois actes. Représ. sur le théâtre de l'Ambigu-Comique, le 24 décembre 1832. Paris, Bezou, 1833, in-8 de 4 feuill. 1/4, 2 fr.   [497]

M. Adrien Payn a publié quelques autres pièces sous son nom de famille.

Les rédacteurs de la Bibliothèque dramatique de M. de Soleinne lui attribuent *la Cousine supposée* qui a paru aussi sous le prénom d'Adrien ; mais nous la croyons de M. Adrien Viguier (Voy. l'article précédent).

ADRIEN [Adrien LÉLIOUX].
Avec M. Adolphe Poujol : la Comédie en famille, com.-vaud. en un acte. Représ. sur le théâtre du Gymnase des enfants, le 1er juillet 1837. Paris, Bréauté, 1838, in-8 de 8 pag., 25 c.   [498]

ADRIEN. — Mémoire sur les effets thérapeutique du monesia. Paris, Just Rouvier, 1842, in-8 de 16 pag.   [499]

ADRIEN, maître de ballets. — I. Les Deux Bouquets, ballet en un acte et deux tableaux. Marseille, de l'impr. de Clappier, 1857, in-4 de 3 pag. à 2 colon.   [500]

II. Belle Persane (la), ballet en deux actes et quatre tableaux. Représ. sur le Grand-Théâtre de Marseille, le 31 janv. 1858. Ibid., 1858, in-8 de 7 pag.   [501]

ADRIEN, physicien prestidigitateur des fêtes de Paris.
Secrets de magie blanche démontrés. Vaugirard, de l'impr. de Choisnet, 1858, in-12 de 24 pag.   [502]

ADRIEN. — A la France, communication spirite. Paris, Dentu, 1860, in-8 de 14 pag.   [503]

ADRIEN-ROBERT, *nom littéraire* [Charles BASSET, auteur dramatique et romancier, fils de M. A. Basset, ancien directeur de l'Opéra-Comique].

THÉATRE. — DANSES.

I. Avec M. Aug. Perroux : Trafalgar, vaudev. en un acte. Reprós. sur le théâtre de l'Ambigu-Comique, le 29 novembre 1842. Paris, C. Tresse, 1842, gr. in-8 de 16 pag. à 2 col.   [504]

II. Avec M. Perrot : la Polka enseignée sans maître; son origine, son développement et son influence dans le monde, d'après M. Eugène Coralli; ornée de 20 grandes vignettes, par Geoffroy. Paris, Aubert, 1844, in-16, 1 fr.   [505]

III. Avec M. Aug. Perroux : la Mazvrka; choréographie, d'après MM. Coralli et Élie ... Mvsique de F. Bvrgmvller. Paris, Aubert, 1844, in-8 de 16 pag., avec 4 pag. de musique et 4 pl., 1 fr.   [506]

IV. Avec M. P. Siraudin : le Veuf de Malabar, opéra-comique en un acte. Reprós. sur le théâtre de l'Opéra-Comique, le 27 mai 1826. Paris, Mᵐᵉ Vᵉ Jonas, 1846, in-8.   [507]

V. Avec M. de Forges [A. Pitaud] : Une jambe anonyme, vaud. en un acte. Reprós. sur le théâtre du Palais-Royal, le 7 mai 1859. Paris, librairie théâtr., 1859, in-18 de 42 pag., 60 c.   [508]

ROMANS.

VI. Mauvais monde (le). Paris, A. Cadot, 1854, 2 vol. in-8, 15 fr.   [509]

Contrefait deux fois à Bruxelles : pour Schnée et Cᵉ, 1857, 2 vol. in-32, et pour Lebègue, 1858, 2 vol. in-32.

VII. Jean qui pleure et Jean qui rit. Paris, le même, 1855, 2 vol. in-8, 15 fr.; et 1859, in-16 de 313 pag., 1 fr.   [510]

Réimprimé aussi à Bruxelles, par Ch. Muquardt, 1855, 2 vol. pet. in-18.

VIII. Lord de l'Amirauté (le) (suivi du Docteur Trifone, nouvelle). Paris, le même, 1855, 3 vol. in-8, 22 fr. 50 c.   [511]

Le Lord de l'Amirauté a été deux fois contrefait en Belgique en 1856 : par A. Lebègue, 3 vol. in-32, et Kiessling, Schnée et Cᵉ, 2 vol. in-32.

IX. Amours mortels (les) (suivi de Louise de Livry). Paris, le même, 1856, 2 vol. in-8, 15 fr.   [512]

X. Diables roses (les). Paris, le même, 1857, 4 vol. in-8 (30 fr.); — 1860, in-12, 1 fr.   [513]

XI. Léandres et Isabelles Paris, le même, 1857, in-16 de 303 pag., 1 fr.   [514]

XII. Vierge aux pervenches (la) (suivie de : la Comtesse d'Arnheim,

Nanette Lallier, the royal Tiger, nouvelles). Paris, le même, 1857, 3 vol. in 8, 12 fr.   [515]

XIII. Gueux verts (les). Bruxelles, Méline, Cans et C⁰, 1858, 2 vol. in-18, 2 fr. 50 c.   [516]

Contrefaçon faite sur des feuilletons parisiens, car l'ouvrage n'existe pas en France imprimé à part, au moins sous ce titre.

XIV. Nouveau Roman comique (le). Paris, L. Hachette et C⁰, 1861, gr. in-18 de 324 pag., 3 fr. 50 c.   [517]

Réimprimé à Bruxelles, pour Méline, Cans et C⁰, 1861, in-12 de 320 pag., 3 fr. 50 c.

« Avec le « Nouveau Roman comique», M. Adrien-Robert nous conduit dans cette vie de comédiens, mais de comédiens de médiocre étage, abandonnés à tous les hasards de la fortune, et pour lesquels les jours heureux se lèvent plus rarement que les jours de misère. Il nous montre ces astres éphémères, entraînant avec eux dans leurs révolutions leurs satellites d'amoureux et d'imbéciles. Elle est nombreuse, la Cour de cette demoiselle Marion, reine du théâtre. Le chœur des tenants de la belle cantatrice est mené par un certain Isidore de Saint-Ricquier, un beau de province, débarqué à Paris; bourgeois-gentilhomme qui, en entrant dans la vie élégante, s'est donné un maître d'armes et un maître à danser, et qui, malgré la loi sur l'usurpation des titres nobiliaires, étale sur les pommes d'or de ses cannes, sur ses cartes et sur les panneaux de son coupé les armes de son vicomté de Saint-Ricquier, tout bourgeois d'Amiens qu'il est. Grâce aux 100,000 fr. de rente de M. de Saint-Ricquier, la vie insouciante de Marion se laisse aller au courant du plaisir : les soupers sont joyeux, l'esprit fait merveille au milieu des bals masqués. Tout sourit dans cette existence enivrante qui ne compte que des triomphes et des joies, jusqu'au jour où les jalousies, les vengeances touchent de leurs doigts mortels cette fortune éphémère, et où le drame succède à cette comédie du bonheur. Dans ces deux actes si différents d'une même vie, le roman de M. Adrien-Robert est intéressant et amusant tour à tour; il a des pages fort heureusement écrites, ce volume en partie double, ce Janus a deux faces dont l'une pleure et l'autre rit ».

(Henri LAVOIX, *Moniteur universel,* du 17 décembre 1861.)

XV. Princesse Sophie (la). Paris, Jung-Treuttel, 1862, in-18 jésus de 319 pag., 3 fr.   [518]

XVI. Guerre des gueux (la). Paris, Dentu, 1864, in-18 jésus de 280 pag., 3 fr.   [519]

XVII. Combat de l'honneur (le). Paris, L. Hachette et C⁰, 1864, grand in-16 de IV-297 pag., 2 fr.   [520]

Ce livre renferme une action intime, forte et émouvante. Il y a dans ces pages un drame saisissant qui, mis à la scène, obtiendrait un immense succès.

Voyez aussi aux noms : *Alexandre, Neuil* (Ch.).

AD.... S.... [le comte Adrien de SARRAZIN].

Printemps (le) de *Kleist,* suivi du Premier Navigateur, du Tableau du déluge, de *Gessner,* et d'une Élégie de *Gray,* sur un cimetière de campagne; poëmes imités en vers français. Paris, Pougens, an XI (1803), in-8 de 92 pag., 1 fr. 50 c.   [521]

A. D. S. Voy. A. E. D. S.

A. D. S. (le comte) [le comte A. de SELVE].

Caton, ou la Guerre électorale, poëme. Besançon, Vict. Cabuchet, 1824, in-12 de 200 pag.   [522]

A. D... S. [Edmond DE MANNE, conservateur-adjoint à la Bibliothèque impériale].

I. (Avec M. Henri Dupin) : Une Conquéte, com. en un acte. Paris, Barba, 1838, in-8.   [523]

Pièce qui ne nous est connue que par la citation faite par M. de Manne lui-même dans son «Nouv. Dictionn. des ouvrages anon. et pseudon.»; elle n'a point été annoncée dans la « Bibliographie de France».

II. Avec M. Fernand de Lysle [Mme Van der Taëlen] : Un Voisin de campagne, vaud. en deux actes. Représ. sur le théâtre des Délassements-Comiques, le 27 mars 1852. Paris, passage Vendôme, n° 19, 1852, in-8 de 14 pag., 25 c.   [524]

On ne lit sur le titre de la pièce que le seul nom de M. Fernand de Lysle.

A. D. V. C. [Alex. DUVOISIN-CALAS, ancien officier d'état-major.]

Adolphe de Waldheim, ou le Parricide innocent; nouvelle allemande, extraite du journal d'un jeune militaire, recueillie et publiée par —. Paris, Ducauroy, an IX (1801), in-12, 1 fr. 50 c.   [525]

A..... DE X.... — La Fiancée de Saint-Avold. Esquisses maritimes. Paris, Lecointe et Pougin, 1831, in-12 de 6 feuill. sur beau papier vélin, 3 fr.   [526]

A. E. (Mlle). — Avec J. J. P. S*** : Les Aventures de la belle arabe Kamoula, ou le Triomphe de la vertu et de l'innocence, trad. de l'angl. Paris, impr. de Chanson, 1813, in-12 de 6 feuill. 5/6. [527]

A. E. (Mme) [Mme A. D'ESMENARD, traductrice].

Fragments patriotiques sur l'Irlande; par miss Owenson (lady *Morgan*). Trad. de l'angl. Paris, L'Huillier; Delaunay, 1817, in-8 de 13 feuill., 3 fr.   [528]

Voyez aussi à *E* (Mme *d'*).

A..... E....., électeur du département de la Seine [Alexis EYMERY, alors libraire-éditeur, à Paris].

Magistrat (le) du peuple, ou Instruction sur les droits que la charte accorde, les devoirs qu'elle impose, et la loi des élections. Paris, Alexis Eymery, Corréard et Delaunay, 1818, in-18 de 104 pag.   [529]

A. E..... [Adrien-César EGRON, ancien imprimeur à Paris].

I. Allons à Paris, ou les Fêtes du baptême. Paris, de l'impr. d'É-gron, 1821, in-12 de 7 feuill. 1/2. — Seconde édition, augmentée du Pèlerinage de S. A. R. Mme la duchesse de Berry à N.-D. de Liesse. Paris, 1821, in-12, 2 fr.   [530]

C'est la même édition à laquelle il a été fait un carton et des additions de quelques pages.

- II. Vie d'Alexandre Ier, empereur de Russie, suivie de Notices sur les grands-ducs Constantin, Nicolas et Michel, et de Fragments historiques, politiques, littéraires et géographiques, propres à faire connaître l'empire russe, depuis le commencement du XIXe siècle jusqu'à ce jour. Paris, de l'impr. de Pihan de la Forest, 1826, in-8 de 428 pag., avec un portr., 6 fr. 50 c.   [531]

A. E., professeur-répétiteur.

Cytoclisie grecque applicable à toutes les méthodes. Paris, r. du Saumon n° 59, 1841, in-plano d'une feuille lithogr.   [532]

A. E. Voy. E. L.

A. E. — Observations sur le timbre des transferts. Paris, de l'impr. de Chaix, 1850, in-8 de 16 pag.   [533]

A. E. [A. D'EYSSAUTIER], ingénieur civil, ancien professeur.

Éléments de Géométrie, avec leurs applications au dessin linéaire et à l'arpentage, spécialement destinés aux écoles normales primaires, aux classes élémentaires des collèges, etc. Extrait du «Livre de l'enseignement primaire». Ouvrage adopté par le conseil de l'instruction publique. 2e édit., revue, corr. et considérablement augmentée d'après le programme officiel de l'instruction publique. Paris, Jouby, 1860, in-12 de 280 pag. et 280 figures intercalées dans le texte.   [534]

La première édition a paru dans l'ouvrage intitulé « le Livre de l'enseignement primaire », 3 vol. gr. in-8 à 2 colonn.

A. E. DE SAINTES et **A. E. DESAINTES** [Alexis EYMERY, de Saintes, ancien libraire à Paris].

I. Délassements de ma fille. Paris, Eymery, Fruger et Cie, 1830, 2 vol. in-12 ornés de 12 grav. — IVe et V^e éditions, revues, etc. Paris, Mlle Dés. Eymery, Lehuby, 1834, 1840, 2 vol. in-12, avec 8 grav., 6 fr.   [535]

II. Délassements de mon fils, nouveaux Contes moraux, à l'usage de l'adolescence, contenant des descriptions curieuses et utiles relatives à divers sujets, etc. Paris, Eymery et Fruger, 1830. — IIe et IIIe éditions, revues, etc. Paris, Mlle Désirée Eymery, 1834,

2 vol. in-12 ornés de 12 grav., 6 fr. ; —'Limoges et Paris, Ardant,
*1852, 1860, in-12, avec une vign.   [536] *

III. Jean et Julien, ou les petits Colporteurs, histoire morale,
instructive et amusante, à l'usage de l'enfance et de la jeunesse.
Paris, Eymery et Fruger, 1830, in-12 avec 4 grav., 3 fr. — IV° et
v° éditions, rev. et corr. Paris, Mlle Dés. Eymery, 1838, in-12, avec
4 grav. — Limoges et Paris, Ardant, 1845, 1848, 1851, 1855, 1858,
1860, 1864, avec une gravure.   [537]

> La 5e édition porte sur le titre : Ouvrage adopté par l'Université.
> Les éditions de cet ouvrage, publiées par les frères Ardant, font partie d'une
> « Bibliothèque d'éducation » qu'ils éditent.

— Traduit en espagnol : Juan y Julian, ó los Buhoneritos. Paris,
Rosa y Bouret, 1857, in-12.

IV. Passe-temps (le) de la jeunesse, ou Recueil moral, instructif et amusant. Paris, Eymery et Fruger, 1832, in-12, avec 2 grav.
— Deuxième édition, entièrement refondue. Paris, Dés. Eymery,
1838, in-12 avec 2 grav. et un frontispice gravé, 3 fr. ; — Limoges
et Paris, Ardant, 1852, in-12 avec gravures.   [538]

V. Savant (le) de neuf ans, ou le petit Questionneur. Conversa-
tions familières d'un père avec son fils sur toutes sortes de sujets de
morale, d'instruction et d'amusement, contenant en outre un tableau
géographique et historique des cinq parties du monde, et, en particulier, celui de la France jusqu'en octobre 1832. Paris, Eymery et
Fruger, 1833, in-12, avec 4 grav., 3 fr. 50 c.   [539]

VI. Petit Pierre et Michelette, ou les deux Orphelins. Histoire
véritable à l'usage de la jeunesse. Paris, l'Auteur, Lehuby, 1833,
in-12. — III° édit. Paris, Mlle Dés. Eymery, 1839, in-12, 3 fr. ; —
Limoges et Paris, Ardant, 1852, 1858, in-12, avec 2 grav.   [540]

VII. Psyché (la) des jeunes personnes, ou Exemple des vertus
qu'il faut avoir, des vices qu'on doit éviter ou corriger, et de la conduite qu'il est utile d'observer dans le monde, présentée dans une
série de contes moraux instructifs et amusants. Paris, Eymery,
1834, 1843, 2 vol. in-12, avec 6 grav., 6 fr.   [541]

VIII. Thérèse, ou la petite Sœur de charité. Paris, Eymery et
Fruger, 1832, in-12, avec 4 grav. — II° édition, rev. et corr. Paris,
Mlle Dés. Eymery, 1835, in-12, avec 4 grav. — III° édit. Ibid., 1839,
in-12, avec grav., 3 fr.; — Limoges et Paris, Ardant, 1848, 1851,
1853, 1857, 1859, in-12, avec une grav.   ·   [542]

— Traduit en espagnol : Theresa, ó la Hermanita de la caridad.
Paris, Rosa y Bouret, 1857, in-18.

IX. Bilboche, ou l'Éducation de la nécessité. Paris, M⁽ˡˡᵉ⁾ Dés. Eymery, 1835, in-12, avec 3 grav., 3 fr.   [543]

Réimpr. sous le titre de : *Le pauvre Jacques, ou l'Éducation de la nécessité*. Limoges et Paris, Ardant, 1852, in-12, avec une grav.

X. Petite Madeleine (la), ou le Modèle des jeunes servantes et des bonnes filles. Paris, Désirée Eymery, 1836, in-12, avec 3 grav., 3 fr. 50 c. — IIIᵉ édit., revue. Limoges et Paris, 1863, in-12, avec une grav.   [544]

XI. Père la Pensée (le), ou les Veillées du village. Paris, M⁽ˡˡᵉ⁾ Dés. Eymery, 1837, in-12, 3 fr. 50 c.; — Limoges et Paris, Ardant, 1845, 1855, in-12.   [545]

XII. Siméon, ou le petit Musicien voyageur. Paris, M⁽ˡˡᵉ⁾ Dés. Eymery, 1837, in-12, avec grav., 3 fr. 50 c.; — Limoges et Paris, Ardant, 1846, 1854, 1858, in-12, avec une grav.   [546]

XIII. Ange (l') de la maison. Paris, Dés. Eymery, 1842, in-12, avec 4 vign., 3 fr. 50 c.; et in-18 avec 4 grav., 2 fr. 50 c.; — Limoges et Paris, Ardant, 1845, 1851, 1854, 1859, in-12, avec une vign.; Ibid., 1864, in-8 de 144 pag. avec grav.   [547]

XIV. Anges (les) de la terre personnifiés par leurs vertus et leurs belles actions, publiés avec la coopération de gens de lettres et d'artistes distingués, sous la direction de M. A. E. de Saintes. Paris, M⁽ˡˡᵉ⁾. Eymery, 1848, in-8 orné de lithographies.   [548]

Ce volume a été publié par livraisons de feuilles et demi-feuilles au nombre de trente-trois, à 30 c.

XV. Avec M⁽ᵐᵉ⁾ Alida Savignac : Galerie pittoresque de la jeunesse, d'après les dessins de Victor Adam. Paris, Aubert, M⁽ˡˡᵉ⁾ Eymery, 1843, in-8 de 6 feuill. 1/2, orné de lithogr.   [549]

XVI. Enfant abandonné (l'), ou la Nécessité du travail. Paris, M⁽ˡˡᵉ⁾ Dés. Eymery, 1844, in-12. — IIIᵉ édit. Limoges et Paris, Ardant, 1846, in-12. — Édition revue et corr. Ibid., 1852, 1858, in-12, avec une grav.   [550]

— Traduit en espagnol : El Niño abandonado, ó la Necesidad de trabajar. Paris, Rosa y Bouret, 1857, in-12.

XVII. Jeune (la) fille de Mogador, nouvelle convertie, ou les Soirées africaines, publiées par A. E. de Saintes. Paris, M⁽ᵉⁿ⁾ D. Eymery, 1844, in-8 de 15 feuill. 1/2, avec grav.   [551]

Morceaux de divers auteurs.

XVIII. Quatre (les) petits Savoyards. Limoges et Paris, Ardant, 1846, 1858, in-12, avec une grav. et un frontisp. gravé.   [552]

XIX. Petits (les) Travailleurs, ou Tout ce qui est bien est toujours bon. Paris, Fayé, 1850, in-16 de 48 pag.   [553]

Faisant partie d'une Bibliothèque morale et récréative de l'enfance.

XX. Passe-temps (le) de mon fils. Historiettes instructives et amusantes. Limoges et Paris, Ardant, 1850, in-18 de 4 feuill. plus une vignette.   [554]

XXI. Veillées (les) au village, ou Souvenirs d'un vieux soldat. Ibid., 1861, in-8 de 18 feuill., avec 8 grav.   [555]

Réimprimées dans la « Bibliothèque catholique des communes », publiée par MM. Ardant, sous ce titre :
Guerres (les) de l'Empire racontées par un grenadier de la vieille garde. Nouv. édit., revue et soigneusement corrigée. Limoges, Martial Ardant, 1864, grand in-18, de 141 pag. avec grav.

XXII. Inclination (l') et le Devoir. Histoire instructive. Ibid., 1851, in-18 de 4 feuill. avec une vignette.   [556]

XXIII. Voyages (les) du petit André en Europe, sans sortir de sa chambre. Ouvrage instructif et curieux. Ibid., 1852, in-8 de 9 feuil. 1/3, avec une grav. — En Afrique. Ibid., 1852, in-18 de 4 feuil., avec 2 grav. — En Amérique. Ibid., 1852, in-18 de 4 feuil., avec 2 grav. — En Asie. Ibid., 1852, in-18 de 4 feuil., avec 2 grav. — En Océanie. Ibid., 1854, in-18 de 4 feuill., avec 2 grav. Ibid., 1860, in-18.   [557]

Imprimés d'abord sous le titre de l'Univers en miniature, ou les Voyages, etc., et sous les initiales A. E. D. S. (Voy. ces initiales.) En 1852, on a extrait de la partie d'Europe l'article qui concerne la France, aussi a-t-on publié la France, in-18 de 4 feuilles.

XXIV. Enfant (l') paresseux (1852). Impr. à la suite de « la Lanterne magique », d'Ern. Fouinet.   [558]

XXV. Camoens, suivi de l'Orpheline créole et d'une Notice sur la basilique de Sainte-Geneviève. Limoges et Paris, Ardant, 1852, 1853, in-18 de 4 feuill., avec une lithogr.   [559]

XXVI. Soirées (les) d'un grand-père, ou Choix d'épisodes, d'histoires, de faits, pour former le cœur et l'esprit de la jeunesse. Ibid., 1853, in-12, avec une grav.   [560]

Réimprimées dans la « Bibliothèque chrétienne de l'adolescence et du jeune âge », publiée par MM. Ardant, sous le titre de :
Récits (les) de la famille, ou Choix d'histoires morales. Limoges et Paris, F.-F. Ardant frères, 1864, in-12 de 119 pag., avec grav.

XXVII. Alphonse et Alfred, ou les deux Frères; suivis d'autres épisodes. Ibid., 1854, in-12, avec une grav.   [561]

XXVIII. Irma, ou la Fille d'un vétéran du roi de Prusse; suivie d'autres épisodes. Ibid., 1854, in-12, avec une grav. [562]

XXIX. Michael, ou le Jeune chevrier du Mont-Perdu. Ibid., 1854, 1858, in-12, avec une grav. [563]

XXX. Adèle, ou la Résignation. Ibid., 1854, in-18, avec une grav. [564]

XXXI. Anaïs et Charlotte, ou Amour-propre et Bonté. Ibid., 1854, in-18 de 4 feuill., avec une grav. [565]

XXXII. Petites Études de la Nature, ou Leçons d'un père, suivies d'autres épisodes. Ibid., 1854, in-12, avec une grav. [566]

Réimpr., en 1857, sous le titre d'*Amélie, ou petites Études de la nature*, in-18; — Ibid., 1864, in-12 de 96 pag. avec grav.
Faisant partie de la « Bibliothèque morale, littéraire, pour l'enfance et la jeunesse », publiée par MM. Ardant.

XXXIII. Petits (les) Savoyards. Ibid., 1854, in-12, avec une grav. [567]

Peut être le même ouvrage que celui cité sous le n° 5527.

XXXIV. Pierre, ou le petit Commissionnaire, suivi d'autres épisodes. Ibid., 1854, in-12, avec une grav. [568]

XXXV. Souvenirs d'un grand homme, ou les Tablettes et les Lapins. Ibid., 1854, in-12, avec une grav. [569]

XXXVI. Claire, ou la jeune Écolière. Ibid., 1854, in-12, avec une grav. [570]

XXXVII. Claire, ou la jeune Fille menteuse et babillarde. Ibid., 1854, in-12, avec une grav. [571]

XXXVIII. Élisabeth, ou la jeune Envieuse. Ibid., 1854, in-18, avec une grav. [572]

XXXIX. Enfants (les) obéissants, ou la petite Maman; suivis d'autres épisodes. Ibid., 1854, in-12, avec une grav. [573]

XL. Eugénie, ou l'Utilité du travail; suivie d'autres épisodes. Ibid., 1854, in-18, avec une grav. [574]

XLI. Hélène, ou la Jeune personne colère. Ibid., 1854, in-18, avec une grav. [675]

XLII. Jeune (la) Sauvage, suivie d'autres épisodes. Ibid., 1854, in-12, avec une grav. [576]

XLIII. Maria et Élise, ou les deux Amies de pension. Ibid., 1854, in-18, avec une grav. [577]

XLIV. Trois (les) jeunes Sœurs voyageuses, ou la Présomption, l'Avarice et la Candeur. Ibid., 1854, in-12, avec une grav. [578]

XLV. Enfants (les) de douze ans, mœurs et caractères. Ibid., 1859, in-12. [579]

XLVI. Voyage d'un jeune Virtuose en Italie. Nouv. édit. Ibid., 1864, gr. in-18 de 144 pag., avec une grav.   [580]

Les quarante-six ouvrages que nous venons de citer ne sont pas les seuls que l'ancien libraire Alexis Eymery ait publiés sous le pseudonyme, différemment ortographié, inscrit en tête de cet article ; ce sont seulement ses principaux. Il existe encore une vingtaine de petits opuscules moraux, chacun de 2 feuilles in-32, ainsi que plusieurs contes, soit inédits ou tirés de ses premières publications qui ont été joints à d'autres contes de différents auteurs, formant également des in-18 et in-24 de 2 feuilles d'impression, et qui font partie de la « Bibliothèque religieuse et morale » qu'a fait paraître la maison Ardant, de Limoges.

Voy. l'article suivant.

A. E. D. S. [Alexis EYMERY, de Saintes, ancien libraire, à Paris].

I. Illustres Français, en estampes, ou Vies abrégées des Français qui se sont le plus distingués dans tous les genres par leurs vertus, leur génie, leur courage, leurs talents et leurs belles actions. Paris, Eymery, Fruger, 1832, in-4, oblong avec grav.   [581]

II. Vendéen (le). Épisode (1793). Paris, Moutardier, Eymery, Fruger et comp., 1832, 2 vol. in-8, avec 2 planches, 15 fr.   [582]

III. Amusements (les) de l'Enfance, ou les petits Contes de la grand' mère. Paris, Mlle Désirée Eymery, 1837, in-8 oblong, fig. en noir, 5 fr., colorié, 6 fr.   [583]

IV. Avec V. Adam : les Enfants de la mère Gigogne. Paris, Désirée Eymery, 1838, in-16 de 4 feuilles, plus 24 lithogr.; 1843, in-12, carré, de 5 feuill., avec lithogr.   [584]

Les dessins sont de V. Adam et le texte d'Eymery.

V. Europe (l') et l'Asie, en estampes. Paris, Désirée Eymery, 1838, in-8 oblong de 7 feuilles, plus 10 grav., 6 fr.   [585]

VI. Avec Mme A. S. [Alida Savignac]: l'Univers en miniature, ou les Voyages du petit André sans sortir de sa chambre : Europe, Asie, Afrique, Amérique, Océanie. Paris, Mlle Dés. Eymery, 1838, 6 pet. vol. in-32, avec planches et cartes.   [586]

L'Europe seul forme deux parties ; les autres parties du globe n'en ont qu'une.

Ce petit ouvrage a été réimprimé sous le dernier titre et sous le nom de A. E. de Saintes, 1852, en 1 vol. in-8 et 4 vol. in-18. (Voy. A. E. de Saintes.)

VII. Grandeur (la) et la bonté de Dieu manifestée dans ses œuvres, ou Entretiens sur les beautés de la nature. Limoges et Paris, Ardant, 1847, 1853, in-12, avec une grav.   [587]

Réimprimée dans la « Bibliothèque catholique des communes » que publient MM. Ardant frères, sous ce titre :

Entretiens sur les beautés de la nature, ou la Bonté de Dieu manifestée dans ses œuvres. Limoges, Martial Ardant, 1864, gr. in-18 de 144 pag., avec grav.

— Traduit en espagnol, sous ce titre : *Conversaciones sobre las obras de Dios y las bellezas de la naturaleza.* Paris, Rosa y Bouret, 1858, in-12 de 180 pag., avec une grav.

Voy. l'article précédent.

A. E. F. S. D. C E. — Je cherche le bonheur, ou le Célibat, le Mariage et le Divorce sous le rapport des mœurs, de la société et du bonheur des individus. Avec cette épigraphe :

La nature et l'hymen, voilà les lois premières
VOLTAIRE.

Paris, Moutardier; Desenne, an X (1802), in-8 de 264 pag., 2 fr. 50 c. [588]

A. E. G. —Rêveries d'un jeune homme de dix-sept ans. (En prose.) Paris, Ébrard, 1836, in-32 de 2 feuilles. [589]

A. E. G. — De l'Usure par les escomptes de billets et les comptes de retour. Lyon, de l'impr. de Marle aîné, 1844, in-18 de 36 pag., 40 c. [590]

A. E. G. L. — Du coton-poudre ou fulmi-coton. Paris, Garnier frères, Martinon, 1847, in-12 de 24 pag., 30 c. [591]

A. E. I. O. U. — Lettre à un ami. Châtillon-sur-Seine, de l'impr. de Lebeuf, 1849, in-4 de 4 pag. [592]

Sur cette question résolue affirmativement : « Un curé peut-il exiger que les enfants soient présentés au baptême par la sage-femme? »

ÆMILIA JULIA [Miss Emily CLARCKE, Anglaise].

I. Sapho. Paris, librairie nouvelle, 1857, in-18 jésus de 160 p. [593]

Ouvrage qu'il ne faut pas confondre avec *la Sapho*, publiée l'année suivante sous le nom de Mᵐᵉ la comt. de Chabrillant. Paris, Michel Lévy freres, in-18.

II. Nouveaux Chants d'une étrangère. Paris, L. Hachette et Cᵉ, 1859, in-8 de viij-109 pag. [594]

III. Prince (le) du Liban, tragédie en cinq actes. Paris, librairie nouvelle, 1861, in-12 de 62 pag., 2 fr. [595]

Cette jeune et charmante Anglaise fut, lors de ses débuts littéraires, protégée par M. Alph. de Lamartine, qui l'engagea à supprimer sa *Sapho* comme étant au-dessous de ses moyens.

ÆOLUS [TRUFFORT, Anglais].

Originations of words with a digressional treatise on the scale a e i, leading to a view of the scale of colours. Paris, Bachelier, 1843, in-8 de 12 feuilles. [596]

A. E. R*,** *pseudo-initial.* [LANCIDUAIS].

Recherches sur le hasard et les errements d'une science des événements du trente-et-quarante et de la roulette. Paris, Dentu, 1862, in-8 de 96 pag., 4 fr.   [597]

La couverture imprimée porte pour titre : *Sciences conjecturales. Hasard. Trente-et-quarante et roulette. Étude rationnelle.*

Le même libraire a publié sur le même sujet :

Guide du joueur à la roulette et au trente-et-quarante, ou la Chance vaincue par le calcul, etc.; par M. le comte de X*'*. 1859, in-8 de 48 pag. — IIIᵉ édit., augm., 1864, in-8 de 64 pag.

AÉROMANE (Un) [Antoine-François MOMORO].

Histoire curieuse et amusante d'un nouveau voyage à la Lune, fait par —. 1784, in-8.   [598]

AÉRONAUTE (Un). — Notice sur l'art aérostatique. Toulon, de l'impr. de Mᵐᵉ Vᵉ Baume, 1852, in-12 de 12 pag.   [599]

AÉROPHILE LASMANE. — L'Aérolithe de Juvinas, poeme en trois chants. Valence, Marc-Aurel, 1822, in-18 de 54 pag.   [600]

A. F. et A. F*** [Antoine FAIVRE], de Lyon.

I. Justification du gouvernement des Bourbons.   [601]

Écrit rappelé sur le titre du suivant.

II. Des Droits des souverains et des Devoirs des peuples. Lyon, Lions, et Paris, Pillet, 1815, in-8 de 96 pag., 1 fr.   [602]

III. Solitaire (le) aux prises avec le sens commun, ou Réponse au Coup d'œil sur l'Église de Lyon. Lyon, Guyot, 1825, in-8 de 76 pag.   [603]

C'est la réponse à un écrit qui venait de paraître sous le titre de : *le Solitaire : Coup d'œil sur l'Église de Lyon*, du 15 février 1824 au 15 février 1825. Avec cette épigraphe : Abyssus abyssum invocat. Paris, de l'imprimerie de Boursy, 1825, in-8 de 32 pag.

Il existe une autre réponse, sous le titre de *Réponse au Coup d'œil du solitaire* qui a pris pour devise : Abyssus abyssum invocat. Lyon, de l'impr. de Pitrat, 1825, in-8 de 24 pag.

Elle pourrait bien être encore de M. Faivre.

IV. Lettres de S. *François-Xavier*, apôtre des Indes et du Japon, traduites sur l'édition latine de Bologne en 1795, précédées d'une Notice historique sur la vie de ce saint et sur l'établissement de la compagnie de Jésus. Lyon, et Paris, Perisse frères, 1828, 2 vol. in-8, 8 fr., et sur pap. vélin, 16 fr.   [604]

V. Lettres des missions du Japon, ou Supplément aux Lettres de saint François-Xavier. Lyon, et Paris, Rusand, 1829, in-8 de 36 feuill.   [605]

VI. Soi-disant (le) pasteur de l'église évangélique de Lyon, M. Monnot (lisez Adolphe Monod), mis aux prises avec lui-même

et ses coreligionnaires. Par un catholique romain, M. A. F. Lyon,
de l'impr. de Guyot, 1835, in-8 de 7 feuill., 1 fr. 75 c.   [606]

Cet écrit ultramontain nous semble avoir été provoqué par la publication
suivante :

Récit des conférences qui ont eu lieu en octobre, novembre et décembre 1834 *entre
quelques catholiques romains et l'auteur;* par Adolphe Monod, pasteur de
l'église évangélique de Lyon. Lyon, Laurent, et Paris, Risler, 1835, in-8 de
6 feuillles 1/4, 75 c.

D'un côté, M. Adolphe Monod répondit au catholique romain par la brochure dont voici le titre :

Correspondance entre M. l'abbé Chéney et M. Monod, au sujet du récit des
conférences, imprimé à Lyon, chez Laurent, place Saint-Pierre, en 1835.
Lyon, Guyot, 1836, in-8 de 64 pag. Suite. Lyon, Laurent, 1836, in 8 de
16 pag.

D'un autre côté, un des coreligionnaires de M. Adolphe Monod, M. Nap.
Roussel, prit fait et cause dans cette polémique, et publia : *le Catholicisme
aux abois,* par M. Roussel, pasteur de l'église réformée de Saint-Étienne. Réponse au libelle publié sous le titre de : « le Prétendu pasteur.... » Lyon,
Laurent, 1836, in-18 de 54 pag.

A quoi le catholique romain (l'ultramontain) répliqua par :

VII. Ministre (le) protestant aux prises avec lui-même et ses coreligionnaires. Lyon, Pelagaud, 1836, in-12 de 9 feuill.   [607]

VIII. Traité historique et dogmatique des fêtes principales et
mobiles et des temps de pénitence de l'Église, pour servir de conti-
nuation et de complément aux « Vies des Pères, des martyrs et des
principaux saints » (de Butler, traduites par Godescard). Lyon, et
Paris, Perisse frères, 1844, 2 vol. in-12.   [608]

Formant les tomes XIII et XIV des « Vies des Pères, etc.», édition publiée
dans la même année par les mêmes libraires.

A. F. — Un pas vers le Parnasse, poésies fugitives. Dijon, de
l'impr. de Carion, 1822, in-8 de 7 feuill.   [609]

A. F., ancien conseiller de l'Université.

De la Réaction littéraire, selon M. de Lamartine. (Extr. de « la
France littéraire », livraison d'août 1834.) Paris, r. des Grands-
Augustins, n° 20, 1834, in-8 de 32 pag.   [610]

A. F. — I. Premiers Éléments de géographie, à l'usage des écoles
primaires. 3ᵉ édit. Mirecourt, Fricadel-Dubiez, 1836, in-18 de
2 feuill.   [611]

II. Cours élémentaire de grammaire française, rédigé d'après
une méthode nouvelle qui permet l'emploi de la forme dialogique.
Mirecourt, Fricadel-Dubiez, 1835, in-12 de 5 feuill. 1/3.   [612]

A. F. [Alexandre FERRIER DES TOURETTES].

Description historique et topographique de Bruxelles et de ses environs, avec un Catalogue des tableaux du musée. Bruxelles, 1838, in-12, 1 fr. 50 c.　　　　　　　　　　　　　　[613]

A. F., officier de l'armée d'Afrique.

Notice sur la colonisation de l'Algérie. Bone, de l'impr. de Dagand, novembre 1848, in-8 de 28 pag.　　　　　　　　　[614]

A. F. — Notice sur l'Hôtel de Ville de Paris. Paris, tous les libr., 1854, in-18 de 104 pag., avec une grav.; Paris, Marchand, 1855, in-32, 50 c.　　　　　　　　　　　　　　　　　　　[615]

A. F. — Notice sur Auguste Arnould, auteur dramatique. Paris, de l'impr. de F. Didot, 1855, in-8 de 8 pag.　　　　　　　[616]

A. F., docteur en droit, et avocat à la Cour de Paris.

Conseils aux industriels et aux capitalistes, ou Exposition méthodique et pratique des règles de la société en commandite par actions d'après l'ancien droit. Le Code Napoléon. Le Code de commerce. Le Code pénal. Les lois relatives à l'enregistrement, etc. Suivi des textes principaux qui sont indiqués dans cet ouvrage. Paris, pl. du Marché-S.-Honoré, n° 30, 1858, in-8 de 179 pag. [617]

A. F. — Un hommage à M. (Saint-Albin) Berville. (En vers.) Paris, de l'impr. de Malteste et C⁰, 1859, in-8 de 4 pag.　　[618]

Extrait de l'«Annuaire de la Société philotechnique», dont M. Berville est le secrétaire perpétuel.

A. F. — Plus de paupérisme !... ou Paix définitive, par une solidarité et une mutualité universelle et obligatoires. Un milliard 500 millions par année. Paris, Meyrueis et C⁰, l'Auteur, 1859, in-32 de 16 pag., 30 c.　　　　　　　　　　　　　　[619]

A. F. — I. Nouvelle Grammaire française sur un plan neuf, méthodique et essentiellement pratique, divisée en deux parties : 1° Éléments et orthographe; 2° Syntaxe. (Prem. partie). Partie élémentaire et orthographique. Saint-Étienne, Pasteur, 1864, in-12 de 81 pag.　　　　　　　　　　　　　　　　　　　[619*]

II. Exercices sur la Grammaire élémentaire et orthographique. Saint-Étienne, Pasteur, 1864, in-12 de 89 pag.　　　　[619**]

AFANT DE NOESFELLE (Un). Vaïege en Angleterre à l'occasion de l'expousition universelle de 1851. Metz, de l'impr. lithogr. d'Étienne, 1851, in-8 de 52 pag. lithogr.　　　　　　　[620]

En patois messin.

A. F. B. — Système dévoilé, ou Nouvelle Méthode d'orthographe en 25 leçons. Dôle, de l'impr. de Joly, 1835, in-12 de 48 pag. [621]

A. F. B. — Biographie normande. Dulong.—Rev. de Rouen, t. XII .(1838), p. 208-211.   [622]

A. F. C. — Lettres sur les Hollandais. Londres, 1735, in-8. [622*]

A. F. D. — Réflexions sur la loi sur les élections, par un Français qui, par sa fortune, ne peut être ni électeur ni député. Paris, de l'impr. de Testu, 1816, in-8 de 16 pag.   [623]

A. F. D. [A.-F. DUPARC].

Père Thomas (le), ami du diseur de vérités ; almanach percheron et des départements de l'ancienne Normandie, du pays Chartrain, de la Sarthe, du Loiret, de Loir-et-Cher, années 1847 et 1848. Rouen, Mégard, 1847-48, 2 vol. in-16.   [624]

La deuxième année porte le nom de l'auteur en entier.

Le Diseur de vérités est le titre d'un précédent almanach du Perche, qui a paru de 1838 à 1845, et qui a été rédigé, de 1838 à 1843, par l'abbé Fret.

A. F. D. B. — Un mot à MM. les membres des collèges électoraux de 1815. Paris, Locard et Davi, 1815, in-8 de 8 pag.   [625]

A. F. D. S. P. — Dans la situation où la France se trouve aujourd'hui, convient-il oui ou non d'accorder la liberté de la presse? Paris, Dentu, 1818, in-8 de 44 pag., 1 fr.   [626]

A. F. F. [Alfred et Fréd. FAYOT].

Avis charitables au « Constitutionnel » et au « Courrier français », par l'ermite de Saint-Pancrace, pour servir d'antidote à la Lettre d'un faux jésuite, adressée à M. Bellart; publiés par —. Paris, les march. de nouv., 1825, in-8 de 16 pag., 75 c.   [627]

AFFLIGÉ (Un). — Consolations et conseils de l'expérience, tirés du journal d'—. VIIe édition. Strasbourg, Mme Ve Levrault et fils, 1853, broch. in-18.   [628]

A. F. L. [Adolphe-F.-L. MASSÉ, avocat].

Essais de pomologie, ou Études sur l'art de créer, d'entretenir les jardins fruitiers et les vergers, et de leur faire produire, sans interruption, la plus grande quantité possible des meilleurs fruits. Bourges, 1855, in-8.   [629]

A. F. R. C—L—CHATEAU-VIEUX [A.-F.-R. DE CHOSON DE LACOMBE DE CHATEAU-VIEUX].

Retour (le) au bonheur. Paris, Debray, 1814, in-12.   [630]

L'année suivante, l'auteur a publié un opuscule intitulé : *Honneur et patrie : vive Louis XVIII!* Rouen, l'Auteur, in-8 de 16 pag., qui porte tous ses noms.

A. F. T. (Miss) [Miss Anne-Fraser TYTLER].

I. Grave et gai. Rose et gris. Trad. par mesdames *Louise Sw.*

Belloc et *Adélaïde Montgolfier*, avec autorisation et approbation de l'auteur. Paris, Louis Janet, 1837, 1844, 2 vol. in-16, ensemble de 13 feuill., ornes de 8 lithogr., 6 fr. 50 c. — IIIe édit. Paris, le même, 1855, in-18 de 7 feuill., avec 8 vignettes. — IVe édit. Paris, Magnin, Blanchard et Ce, 1860, in-18 jésus de 247 pag., avec 8 vignettes, 3 fr. [631]

II. Marie et Florence à seize ans; par l'auteur de « Grave et gai, Rose et gris », et faisant suite à cet ouvrage. Trad. de l'angl. Lausanne, Delafontaine, 1852, in-16 de 293 pag., 3 fr. [632]

III. Leila, ou l'Ile déserte; trad. de l'angl. sur la 2e édition. Lausanne, G. Bridel, 1846, 1851, in-18 de 268 pag., 2 fr. [633]

IV. Leila en Angleterre. (Trad. de l'angl.). Lausanne, G. Bridel, 1851, in-18 de 350 pag., 2 fr. [634]

V. Leila dans la maison paternelle. (Trad. de l'angl.). Lausanne, G. Bridel, 1853, in-18 de 326 pag., 2 fr. [635]

Les trois derniers volumes sont ornés de 15 gravures coloriées.

A. F. T. C. [A.-F.-T. CHEVALIER].
Première Lettre à M. le comte Decazes, en réponse à son discours sur la liberté individuelle. Paris, Dentu, 1817, in-8 de 76 pag. [636]

A. F. T. D. F. [le baron Aug.-Fr. THOMAS DU FOSSÉ].
I. Époques des diverses innovations arrivées dans l'Église catholique, apostolique, romaine, soi-disant sainte, toujours une, toujours infaillible, toujours la même. Sans lieu d'impression, ni date, in-8 de 132 pag. [637]

II. Traité des Symboles, ou de l'Invariable et perpétuelle foi et croyance des catholiques romains. Imprimé à Genève, sur les cendres de Michel Servet, 1806, in-8 de 76 pag. [638]

Un abrégé de cette brochure, imprimé à Caen, l'an III de la république française, est intitulé : *Catéchisme des catholiques romains.*

A*** G***. — Esquisses de la Nature, ou Voyage à Margate; trad. de l'anglais, de *Georges Kaete*. Paris, Dentu, an VII (1799), in-8, fig., 3 fr. 75 c. [639]

A. G. [A. GEBHART], éditeur du « Recueil de Traités de paix, d'amitié, etc., conclus entre la République française et les différentes puissances de l'Europe, depuis 1792 jusqu'à la paix générale en 1802 ». Hambourg, 1803, 4 vol. in-8. [640]

A. G. — Réfutation du mémoire intitulé : Mémoire sur la prohibition des mousselines, et sur les malheurs résultant, pour le com-

merce en général, de l'article 10 de la loi du 28 avril 1816. Paris,
de l'impr. de Hocquet, 1816, in-8 de 24 pag.   [641]

> Le Mémoire parut en septembre; la Réfutation est du mois d'octobre.

A.... G......., auteur du « Budget d'un sous-lieutenant ».

I. Budget (le) d'un sous-lieutenant pour l'exercice de mil huit
cent dix-huit, ou les Loisirs d'un officier aux arrêts. (En vers.) Paris,
l'Éditeur, Dentu, Ladvocat, 1817, in-8 de 24 pag.   [642]

> Réimprimé l'année suivante sous ce titre : le Budget d'un sous-lieutenant,
> poëme. Paris, Anselin et Pochard, in-8 de 24 pag.

II. Boutade sur l'imagination considérée dans ses rapports avec
les lettres modernes, depuis la poétique de lord Byron jusques et y
compris les inspirations récentes à l'occasion du sacre de Charles X,
ou Poème satirique contre le romantique. Par l'auteur du « Budget
d'un sous-lieutenant... ». Paris, Mongie, 1825, in-8 de 24 pag.,
1 fr. 50 c.   [643]

III. Mon Bonnet de coton, suivi de Poésies légères. Dieppe, Ma-
rais fils, 1825, in-8 de 28 pag.   [644]

A. G. — Paris et le Village, ou les deux Paysans. Paris, Chaumerot jeune, 1820, 2 vol. in-12, 5 fr.   [645]

A. G. [Athanase GARNIER], ex-vérificateur au garde-meuble de la
Couronne.

Appréciateur (l') du mobilier, ou le Moyen de savoir faire l'esti-
mation et la vérification du mobilier le plus étendu et de former des
devis de toute espèce d'ameublement. Paris, l'Auteur, r. de Cha-
ronne, n° 30; Chaumont jeune, 1821, in-8 de 22 feuill. 3/4, 6 fr. —
2e édit. Ibid., 1822, in-8 de 23 feuill., 7 fr.   [646]

A. G. — Des Évêques, ou Traditions des faits qui manifestent le
système d'indépendance que les évêques ont opposé, dans les différents siècles, aux principes invariables de la justice souveraine du
Roi, sur tous les sujets indistinctement; et la nécessité de laisser
agir les juges séculiers contre leurs entreprises, pour maintenir
l'observation des lois et la tranquillité publique. (Attribué à l'abbé
Chauvelin.) Nouv. édit., avec notes et introduction historique
(signée: A. G.). Paris, de l'impr. de Bouchard, 1825, in-8 de
21 feuilles 1/4, 5 fr.   [647]

> La première édition, de 1753, in-4 et in-12, est intitulée : Traditions des
> faits..... Cet ouvrage contient beaucoup d'assertions hasardées, comme le dé-
> montre l'auteur anonyme de l'*Examen* d'un libelle qui a pour titre : *Traditions
> des faits*, etc., 1754, in-12, réimprimé sous le titre de : *Lettres critiques et his-
> toriques*, 1754, in-12.

A. G. — Gustave de Sydenheim, ou les Illusions d'un honnête homme. Paris, Charles Béchet, Lecointe et Durey, 1826, 4 vol. in-12, 10 fr.   [648]

A*** G*** (de la Charente-Inférieure). — L'Aventurier, ou les Amis d'aujourd'hui, comédie en trois actes (et en prose). Bordeaux, Coudert, 1828, in-8 de 7 feuilles.   [649]

AG....., docteur-médecin [Alexandre GAUTHIER, D. M.] Médecin (le) des campagnes. Traité des maladies que l'on peut guérir soi-même, de celles que l'on doit traiter avant l'arrivée du médecin, de tous les accidents qui exigent de prompts secours, et de la désinfection par le chlore. Paris, Crochard, Audot, 1831, in-12, 3 fr.   [650]

A. G. — La Mort de Sylvain Bailly, maire de Paris, scènes historiques en vers. — Impr. dans la Revue de Rouen, t. III (1834), pag. 19-26.   [651]

A. G. [Adam GUROWSKI]. — Pawla Kolowski (sic), nouvelle polonaise. — Impr. dans la Revue du Nord, en septembre 1835.   [652]

A. G. — I. Documents instructifs, curieux et peu connus, sur l'histoire et les révolutions d'Alger, depuis 427 jusqu'à l'époque actuelle ; précédés d'une Esquisse sur la situation de cette contrée, les mœurs, les habitudes, le commerce, la religion, etc. Paris, Dentu, 1838, in-8 de 48 pag., 1 fr.   [653]

II. Français (les) à Alger. Y resteront-ils? Question précédée d'une Esquisse sur les mœurs, les habitudes, le commerce, la religion, l'histoire et les révolutions de ce peuple, depuis 427 jusqu'à l'époque actuelle. Paris, Dentu, 1840, in-8, de 48 p., 1 fr. 25 c.   [654]

A. G. — Los Odios, novela epica in seis cantos. Original de —. Paris, Girard, 1840, in-12 de 13 feuill. 1/3, 4 fr. 50 c.   [655]

A. G. — Indicateur général, ou Nouveau Conducteur des étrangers dans Paris. Paris, Gauthier, rue du Marché-Neuf, n° 34, 1840, 1841, 1843, in-18 de 8 feuill., avec un plan et 4 grav. 3 fr.; Paris, Derche, 1844, in-18 avec 2 plans et une grav., 3 fr.   [656]

A. G. — Petit Mémoire à consulter, à l'usage des électeurs et des Français indépendants. Clermont-Ferrand, de l'impr. de Thibaud-Landriot, 1842, in-8 de 32 pag.   [657]

A. G. — Le Sentiment naturel. Paris, de l'impr. de Delanchy, 1843, in-8 de 24 pag.   [658]

A. G. — Études historiques sur l'ancien pays de Foix. N° 1. Notice sur la chapelle du Sabar, près de Tarascon. Toulouse, Hénault, 1845, in-8 de 24 pag. [659]

A. G. — Conseils aux ouvriers sur leur attitude au moment des élections pour l'Assemblee nationale. Angers, de l'impr. de Cosnier et Lachèze, 1849, in-18 de 36 pag. [660]

A. G. — Notice biographique sur L.-E.-J. Cordier, du Jura, représentant du peuple. (Extrait du « Patriote jurassien », des 2, 7 et 9 novembre 1849.) Lons-le-Saulnier, de l'impr. de Courbet, 1850, in-8 de 24 pag. [661]

A. G. — Arithmétique pratique des moniteurs, ou Recueil de problèmes à l'usage des écoles primaires et secondaires. Toulouse, de l'impr. de Bayret-Pradel, 1857, in-12 de 192 pag. [662]

A. G. — Robert de Beaucastel, ou le Paladin de saint Louis. Rouen, Megard, 1857, in-12 de 240 pag., avec une grav. [663]

Faisant partie de la « Bibliothèque morale de la jeunesse».

A. G. — Le Dieu du Rhône à Napoléon III, après la nuit du 31 mai 1856. Poésie. (Étrennes aux pauvres de la ville de Condrieu.) Lyon, de l'impr. de Vingtrinier, 1858, in-8 de 16 pag. [664]

A. G. — Notice sur François-Noël-Louis Devèze, vicaire général de la grande aumônerie, chanoine honoraire de Montauban. Ornée de son portrait en photographie. Paris, de l'impr. de Gaittet, 1864, in-32 de 57 pag. [664*]

AGAPIDA (Fray Antonio), *auteur supposé* [Washington IRVING].

Histoire de la conquête de Grenade, tirée de la chronique manuscrite de —, par Washington Irving; traduit de l'anglais par *Jean Cohen.* Paris, Thimothée Dehay, 1829, 2 vol. in-8, 12 fr. [665]

Le nom espagnol du chroniqueur est supposé. Le véritable et seul auteur de cette histoire est Washington Irving.

La même année, on a fait à Paris une contrefaçon de l'original, qui est intitulée : *Chronicle of the conquest of Grenada, from the mss. of Fray Antonio Agapida.* Paris, Baudry ; Galignani, 2 vol. in-12, 12 fr.

AGATHA. — Pétition des Lorettes aux membres du gouvernement provisoire. Paris, de l'impr. lithogr. de...., 1848, in-4 de 2 p. [666]

Cinq couplets. Signé AGATHA, vésuvienne. On lit en note : *Les Vésuviennes,* corps de volontaires libres de la République française.

AGATHOMPHILE (le sieur), Châlonnois.—La Porte françoise en vers burlesques. Pour faciliter l'entrée à la langue latine, suivant l'ordre de toutes les reigles. Ouverte par —. Châlon-sur-Saône, Pierre Cusset, 1656, in-24. [667]

Goujet, qui cite ce livre, t. Ier, p. 73, de sa « Bibliothèque française », ne donne, et je n'ai pu me le procurer ailleurs, aucun renseignement sur le véritable nom de l'auteur, dont celui d'Agathomphile n'est évidemment que le masque.

DUPUTEL, ses *Notices bibliographiques*, p. 6.

AGATHON (le frère), *nom de relig.* [Joseph GONLIEU], 6ᵉ supérieur général des frères des Écoles chrétiennes.

I. Observations (ses) sur les répétitions publiques qui se font à la fin de l'année scolastique dans différentes maisons de l'Institut. (Nouv. édit.) Paris, Moronval, 1826, in-8 de 56 pag.   [668]

II. Douze (les) vertus d'un bon maître, par M. de *Lasalle*, expliquées par le —. (Nouv. édit.) Avignon, Séguin aîné, 1835, in-12; Paris, de l'impr. de Poussielgue, 1838, in-18; Paris, Moronval, 1845, in-18.   [669]

III. Avertissements généraux du frère Agathon, supérieur général, aux directeurs des frères des Écoles chrétiennes, en date du 4 octobre 1787. Paris, Moronval, 1835, in-8 de 16 pag.   [670]

IV. Lettres instructives. Sans lieu, ni date, in-12.   [671]

AGATHOPHRON, Lacédémonien, *édit. dég.* [Constantin-Agathophron NICOLOPOULO, de Smyrne].

Dialogue sur la révolution grecque, par feu *Grégoire Zalik*, publié... aux frais de la généreuse veuve. [En grec moderne.] Paris, de l'impr. de Casimir, 1829, in-18 de 192 pag.   [672]

Nicolopoulo a été plus que l'éditeur de ce volume. Il y a ajouté deux pièces qui servent de préliminaires : 1° une *Épître au célèbre Canaris*, en vers grecs, avec une version en prose française; 2° un *Discours adressé à tous les jeunes Grecs sur l'importance de la littérature et de la philosophie grecques*, en grec. Ce discours forme 82 pag. Il en a été tiré à part un petit nombre d'exemplaires.

A. G. B. Voy. B. (A. G.).

A. G. C. — [A.-G. CHOTIN, à Tournai].

Esquisse historique et monumentaire de Tournai et de ses environs. Tournai, 1842, in-12.   [673]

A. G. C. — Une première année d'arithmétique, contenant, etc. Saint-Calais, Peltier-Voisin, 1843, in-18 de 48 pag.   [674]

A. G. D. [Antoine GALLAND, libraire à Paris].

Antonio, ou les Tourments de l'Amour, et ses douces illusions dans un cœur sensible. Paris, 1797, in-12, fig.   [675]

A. G. D., membre de l'industrie agricole, manufacturière et commerciale.

De la Fortune, des moyens de l'acquérir, de l'accroître et de la conserver. Paris, de l'imprimerie de Poussielgue, 1834, in-24 de 48 pag.   [676]

A. G.... DE B. S. O. — La Philopédie, ou Avis aux époux sur l'art d'avoir des enfants sans passions. Paris, Ferra aîné, 1809, in-12, 2 fr.   [677]

A. G. D. D. D. A. E. G. DE 1789 [Alphonse, comte DIGOINE DU-PALAIS, député aux États-Généraux de 1789].

Réfutation des Mémoires du général Dumouriez. Hambourg et Leipzig, 1794, 2 vol. in-8.   [678]

Dans cet initialisme, le G, seconde lettre, est une faute d'impression, ou il signifie GRAF, comte, etc. L'ouvrage a été probablement imprimé à Constance, ville que l'auteur habitait en 1794.

A. G. E. D. G. [Antoine GODEAU, évêque de Grasse].

I. Idée (l') du bon magistrat en la vie et en la mort de M. de Cordes, conseiller au Chastelet de Paris. Paris, 1645, in-12. [679]

II. Hymne de sainte Geneviève, patronne de la ville de Paris. Paris, Le Petit, 1652, in-4.   [680]

AGENAIS (Un). — Appel d'— à ses compatriotes et à la presse indépendante. Agen, impr. de Quillot, 1846, in-8 de 32 pag.   [681]

AGENT D'ASSURANCES (Un). — Un Mot de comparaison entre les compagnies d'assurance mutuelle et les compagnies à primes fixes. Paris, Mme Ladvocat, 1837, in-8 de 16 pag.   [682]

Pour les compagnies à primes.

AGENT DE CHANGE (Un). — Lettre d'— à ses confrères. Paris, de l'impr. de Bailleul, 1818, in-8 de 20 pag.   [683]

AGENT DIPLOMATIQUE (Un). — I. De l'Orient et de son état actuel. — Imprimé dans la « Revue des Deux Mondes », IVe série, t. x, 1837.   [684]

II. Des Rapports de la France et de l'Europe avec l'Amérique du Sud. — Ibid., t. xv, 1838.   [685]

AGENT DIPLOMATIQUE DANS LE LEVANT (Un). — La Principauté de la Valachie sous le hospodar Bibesco. Bruxelles, 1847, in-8. [686]

AGENT SUPÉRIEUR DE L'ADMINISTRATION DES DOUANES (Un) [HAINS].

Premier et dernier Mot sur le premier et le deuxième cahier d'un pamphlet intitulé : « Examen des budgets pour l'année 1818, des directions générales et administrations des finances » (de M Salverte, ancien administrateur des domaines), par—, qui se nommera quand les auteurs de l'Examen des budgets, etc., se seront fait connaître. Paris, de l'impr. d'Égron, 1818, in-8 de 56 pag.   [687]

Cet écrit lui-même a été l'objet d'une critique qui a paru sous ce titre : Examen des budgets, pour l'année 1818, des directions générales et administratives des finances. Troisième cahier : réponse à un écrit intitulé : Premier et dernier mot, etc. Paris, Dentu, 1818, in-8 de 16 pag.; plus, un Supplément au troisième cahier. Paris, de l'impr. de Bailleul, 1818, in-8 de 4 pag. Ces deux derniers opuscules sont de M. SALVERTE.]

A. G. F. B. — Les Fédérés de tous les temps traités comme ils le méritent. Lyon, de l'impr. de Boursy, 1815, in-8 de 12 pag.   [688]

A. G. L. — Livre de lecture, à l'usage de la jeunesse belge. Première partie. Mons, Manceaux-Hoyois; Bruxelles, Tircher et Manceaux, 1862, in-12 de 200 pag., 80 c.   [688*]

A. G. L. B. D. P. D. M. P. [Achille-Guillaume LEBÈGUE DE PRESLE,). M. de Paris].

Manuel du naturaliste pour Paris et ses environs. Paris, 1766, in-8.   [689]

L'auteur y traite en général de tous les objets qu'embrasse une topographie médicale.

A. G. L. D. — Du Corps municipal de Lisieux. Lisieux, 1850, in-18.   [690]

A.. G... N., ancien officier.

Examen analytique et raisonné des principales brochures qui ont paru depuis la mort de Napoléon. Paris, Chanson, 1821, in-8 de 28 pages, 1 fr.   [691]

Reproduit presqu'aussitôt sous ce titre : *A la mémoire du héros malheureux, ou Analyse raisonnée des principales brochures....* Paris, de l'impr. du même, 1821.

AGNÈS et **AGNÈSE** (Modeste), patentée, exerçant au Palais-Royal, *aut. supp.* [Émile-Marco de SAINT-HILAIRE].

I. Réclamation adressée à S. Ex. Mgr Delavau, préfet de police. Paris, les march. de nouv., 1822, in-8 de 12 pag.   [692]

II. Biographie des nymphes du Palais-Royal et autres quartiers de Paris, par Modeste Agnèse, l'une d'elles; contenant, etc., suivie des mœurs, coutumes et usages des courtisanes chez les anciens, de l'origine de la Femme, etc., revue et mise en ordre par l'auteur de la « Biographie dramatique » [publiée sous le nom de « Guillaume le Flaneur »]. Paris, de l'impr. de Hardy, 1823, in-18 de 6 feuill. 1/2, avec une grav. color.   [693]

AGNEZ [Guillaume REY, médecin].

Dissertation sur la peste de Provence. 1721, in-12.   [694]

AGNOSTUS [J. DU HAMEL, professeur de l'Université].

Agnoiæ amplissimæ, magnificentissimæque oligomatum reginæ panegyricus. *Parisiis*, 1715, in-12.   [695]

La traduction française se trouve à la suite du texte latin.

En lisant cet ingénieux ouvrage, on voit que Du Hamel avait déjà prononcé une harangue : *De Eloquentiæ præstantiâ.*

AGRÉDA. Voy. MARIE DE JÉSUS.

AGRÉGÉ DE L'UNIVERSITÉ (Un). — Tablettes chronologiques, utiles à l'étude de l'histoire et la révision des matières historiques des différents examens, y compris celui du baccalauréat. Versailles, impr. de Montalant, 1860, gr. in-16 de 34 pag.   [696]

AGRICOL (Magne) [le sieur Jos.-Pierre de HAITZE].

Histoire de saint Benezet, entrepreneur du pont d'Avignon. Aix, veuve David, 1708, in-12.   [697]

AGRICOLA (le P. F.), de la Mère de Dieu, *nom de religion*, carme déchaussé, missionnaire et ancien maître des novices.

Religieuse (la) instruite et dirigée dans tous les états de la vie par des entretiens familiers. Ouvrage très-utile, non-seulement aux religieuses, mais encore aux religieux, aux personnes dévotes et à tous les fidèles qui veulent servir Dieu avec zèle et arriver à la perfection de leur état. Paris, Victor Sarlit, 1857-59, 2 vol. in-12, 5 fr.   [698]

AGRICULTEUR (Un) [THIERS-NEUVILLE, Belge].

I. Calendrier perpétuel du jeune fermier, ou Manuel du petit cultivateur belge. Liége, Renard, 1852, in-18 de viij-248 pag.   [699]

II. Manuel du fermier belge, ou Guide du jeune cultivateur. Ibid., 1864, in-18 de 230 pag.   [699*]

Peut-être une nouv. édition du livre précédent sous un titre différent. L'un et l'autre du même nombre de pages.

AGRICULTEUR (Un). — De la Culture du lin dans les départements pyrénéens. Bayonne, de l'impr. de Mme veuve Lamaignière, 1854, in-8 de 36 pages.   [700]

AGRICULTEUR DU DÉPARTEMENT DE L'AUBE (un). — Aux bons habitants des campagnes. Troyes, de l'impr. de Bouquot, 1815, in-8 de 8 pag.   [701]

AGRICULTEUR DU GATINAIS (Un) [J.-Phil. LAPIE, dit de LA FAGE, agronome, ancien libraire à Paris; né à Charleville en 1752].

Moyens (des) de s'enrichir par l'agriculture. Paris, Audeboud, 1803, et Paris, Aubry, 1804, in-12].   [702]

AGRICULTEUR DU MORVAN (un). — Avenir du Morvan. Château-Chinon, de l'impr. de Fauron, 1852, in-8 de 16 pag.   [703]

AGRICULTEUR PATRIOTE (Un) [Chr.-Guil. de LAMOIGNON DE MALESHERBES].

Idées d'— sur le défrichement des terres incultes, et sèches et maigres, connues sous le nom de landes, garrigues, gatines, friches, etc. 1791, in-8. [704]

Réimprimé dans le tome X des «Annales d'agriculture française», de Texier (1802).

AGRICULTEUR PROVENÇAL (Un). — Premiers Éléments d'agriculture, par demandes et par réponses. Lyon et Paris, Perisse frères, 1842, in-12 de 12 feuill. [705]

AGRICULTEUR RHÉNO-FRANÇAIS (Un) [François HELL, député à l'Assemblée nationale].

Vœu d'—. 1791, in-8. [706]

AGRICULTEURS (Deux). — Un Mot à tous les partis. Nîmes, de l'impr. de C. Triquet père et fils, s. d., in-8 de 44 pag. [707]

AGRONOME (Un) [P.-C. VARENNE DE FENILLE, ancien receveur général].

Notion des municipalités de Joyeux, Birieux, Cordieux, etc., sur l'abolition des étangs en Bresse; suivie des Observations d'— sur cette motion. Bourg, impr. de Philipon, 1790, in-8 de 44 pag. [708]

L'année suivante, Varenne de Fenille publia un second écrit sur le même sujet, mais qui porte son nom : *Nouvelles Observations sur les étangs.* Bourg, de l'impr. de Philippon, 1791, in-8 de 75 pag.
Il existe une *Réponse* aux premières *Observations.* Voy. l'article suivant.

AGRONOME (Un). —Réponse aux Observations d'un agronome sur les étangs. Avec cette épigraphe : *Sanabilibus ægrotamus malis.* Lyon, Faucheux, 1791, in-4 de 24 pages, texte compacte. [709]

Ce mémoire, parfaitement écrit, est contraire au desséchement.

AGRONOME (Un). — Essai sur un Code rural. Sans indication de lieu, ni date, in-4 de viij et 123 pag. [710]

AGRONOME (Un) [le baron J.-B. ROUGIER DE LA BERGERIE].

Almanach du cultivateur, ou l'Année rurale de la France. Années 1819 et 1820. Paris, Audot, 1818-20, 2 vol. in-18, avec les portr. d'Olivier de Serres et de Bernard de Palissy. [711]

AGRONOME DU CANTON DE PENNE (Un).—Cidre, dit vin de pommes ou de poires. manière de le préparer selon la méthode de Normandie. Villeneuve-sur-Lot, impr. de Leygues, 1855, in-8 de 36 pag., 50 c. [712]

Entretiens agricoles et économiques.

AGRONOME DU JURA (Un). — Scènes de grande route. Lons-le-Saulnier, de l'impr. de Gauthier, 1857, in-16 de 30 pag. [713]

AGRONONOME QUI A CULTIVÉ (Un).— Livret du cultivateur, contenant l'exposition de la manière de passer du système de la culture en trois saisons à celui des quatre soles, et d'obtenir ainsi les plus grands avantages des terres labourables, et surtout de celles situées dans les plaines privées de friches, bois, prairies naturelles et pâturages quelconques; avec un tableau figuré de deux rotations quadriennales, complètes et successives, très-utile et commode pour faire valoir. Évreux, J.-A. Despierres, dit Lalonde père, 1822, in-12 de 60 pag. avec un tableau, 1 fr. 25 c. [714]

AGRNY-YRNY (Un). — Le Franc-Maçon tel qu'il doit être, ou Avis fraternels à tous les maçons qui éclairent les quatre points cardinaux de l'Occident à l'Orient et du Nord au Midi. Jérusalem (Hollande), 2901, in-12. [715]

Cet ouvrage est divisé en deux parties : la première, intitulée *le Faux maçon* et l'autre, *le Vrai maçon.*

A. G. S. [Antoine-Guillaume-Bernard SCHAYES, archéologue belge]. Promenade au parc de Wespelaer, ou Description historique, topographique et pittoresque de ce jardin célèbre. Louvain, 1833, in-12. [716]

A.... H. [Aug. HUS], ex-bibliothécaire de l'Université de ....., né à T...., d'un père et une mère français.

I. Dulysiade (la). Essai. Poème en trois chants. Paris, Le Normant, 1808, in-8 de 38 pag. [717]

II. De la Littérature de MM. de Pradt, Fiévée et Villiers, suivie d'un Portrait littéraire, et précédée d'une Épître dédicatoire à Momus-Potier. Paris, Beauchamp, 1816, in-8 de 8 pag. [718]

A. H. [Alexandre HOPE, fils d'un banquier hollandais], rimailleur et fécond auteur dramatique dont aucune pièce n'a pas même été reçue à la lecture. [719]

Pour la liste de 52 opuscules, soit poétiques ou dramatiques, de cet écrivain, voyez notre *France littéraire*, t. XI, p. 187, article HOPE (A.).

A*** H***. — I. L'Infâme, roman historique. Paris, Jules Berrier, etc., 1834, in-8, 7 fr. 50 c. [720]

II. Flagellants (les), roman historique. (De l'impr. de Berrier, à Argenteuil.) Paris, les march. de nouv., 1836, in-8 de 27 feuill. [721]

III. Conte historique. (De l'impr. de Berrier, à Argenteuil.) Paris, les march. de nouv., 1837, in-8 de 23 feuill. 3/4. [722]

A. H. — Fables. Première partie. Paris, les march. de nouv. 1837, in-8 de 48 pag.   [723]

A. H. — Note sur la direction à donner aux lignes de chemins de fer du nord-ouest, et sur les offres faites au ministère des travaux publics pour l'exécution de ces lignes. Paris, Fournier, 1845, in-6 de 16 pag., avec une carte.   [724]

A. H., avocat, paysan de la Mayenne.

I. Bugeaudiade (la), poème héroïque en quatre chants. Laval, de l'impr. de Godbert, 1846, in-8 de 86 pag.   [725]

II. Guizotine (la), poeme. (De l'impr. de Godbert, à Laval.) Paris, tous les libr., 1847, in-18 de 3 feuill. 3/6, 75 c.   [726]

A. H. — Notice historique et biographique sur l'archevêque de Paris (Mgr Affre). Paris, Vente, 1848, in-fol. de 2 pag.   [727]

A. H. — Dialogue républicain. Éducation politique du peuple. 27 mars 1848. Paris, de l'impr. de Bonaventure, 1848, in-8 de 16 pag.   [728]

A. H., *pseudo-initialisme* [Alexandre DELHASSE], auteur d'articles dans le « Journal de Spa et du canton » (1849). Ces initiales indiquaient le nom d'Alexandre Havard.   [729]

A. H. — Méthode élémentaire et pratique de plain-chant. Nancy, Mme Ve Raybois, Thomas, 1849, in-8 de 24 pag.   [730]

A. H. — I. Almanach du soldat. Paris, Christophe, 1854, in-32 de 3/8 de feuill., 1 fr.   [731]

II. Estomac (l'), hygiène de tout le monde. Paris, le même, 1854, in-32 de 5/8 de feuill., 15 c.   [732]

A. H. et J. L. (les Pasteurs). — La Main et le Cœur. Traduit librement de l'angl. et donné en étrennes aux enfants de Grougis, d'Elbeuf et de Fresnoy-le-Grand. Paris, de l'impr. de Meyrueis et Ce, 1858, in-12 de 34 pag.   [733]

A. H. (Mlle), ancienne institutrice.

Notice sur la vie et la mort édifiantes de Mlle Eudoxie Morgan décédée à Camon, le 19 novembre 1857. Publiée en faveur de l'œuvre des vieux ménages. Amiens,   pr. Caron et Lambert 1858, in-18 de 104 pag.   [734

A. H. — I. Les Bienfaits portent bonheur. Traduit de *Schmid*. Rouen, Mégard et Ce, 1858, 1863, in-18 de 105 pag., avec une grav. 1863, 1864, in-16 de 96 pag. avec grav.   [735]

II. Petits Bergers (les), ou les Avantages de l'instruction. Trad. de *Schmid*. Ibid., 1858, in-18 de 105 pag., avec une vign.   [736]

Petits ouvrages qui font partie d'une « Bibliothèque morale de la jeunesse », publiée par les mêmes libraires.

A. H. — La Festou de Nostrou-Dame de Casteou, en vers prouvençaou. 2° édit., corrigeade e augmentade par l'outour. Tarascon, de l'impr. d'Aubanel, 1858, in-8 de 16 pag.   [737]

A. H. — La Persévérance, ou la Jeune fille sous la conduite de Marie. IX° édit. Dijon, Pellion; Paris, Lhuillier, Perisse frères, et Lyon, Gauthier, 1858, in-32 de 384 pag.   [738]

AHASVERUS [Didier ROTH, D. M.], auteur d'articles de littérature médicale, dans les « Archives et Journal de la médecine homœopathique ».   [739]

AHASVERUS [J.-B. JOUVIN, l'un des principaux rédacteurs du « Figaro ».]

Profils révolutionnaires. — Impr. dans le journal « la Mode », du 3 septembre au 15 novembre 1848.   [740]

Ces profils sont ceux de : 1° Arm. Marrast (3 septembre). — 2° Louis Bonaparte (25 septembre).— 3° Les Arago, Jules Bastide (15 octobre).— 4° Flocon, Jules Favre, L. Blanc, Marc Caussidière, Ach. Vaulabelle, Recurt, Ulysse Trélat, M. Sénart, Ch. Lagrange, Proudhon et M. Joly père (25 octobre). — 5° George Sand (15 novembre).

AHASVERUS-ISAAC LAQUEDEM. — Almanach du Juif-Errant, pour 1845. Paris, Krabbe, 1844, in-18 de 108 pag., 50 c.   [740*]

Il existe aussi un *Almanach historique, critique, politique et anecdotique du Juif errant,* pour 1845. Angers, Lebossé, et Paris, Legrand, 1844, in-16, 50 c.

A. H. D. B. — Orléans, Vierzon, Bourges. Résumé et impressions de voyage sur le chemin de fer du Centre. Orléans, Gatineau, 1848, avec 8 vignettes et une carte.   [741]

A. H. DE L. — Le Contraire de ce que l'on devrait voir. Paris, Hivert, mai 1839, in-12 de 26 pag., 50 c.   [742]

Sur les pensionnats.

A. H. G. — Esquisse rapide des conquêtes et progrès des Turcs; comment ils se sont établis en Europe : y resteront-ils? Paris, l'Auteur, 1821, in-8 de 24 pag., 1 fr.   [743]

A. H. G. [A. HUVÉ, de Strasbourg].

Nouvelle marche irrégulière sur le jeu de la roulette, précédée d'une Réfutation des diverses manières les plus usitées de jouer ce jeu, etc. Liége, V° Thonnard, 1854, in-32 de 50 pag., avec une planche, 1 fr.   [744]

A. H. L. — La Cyropédie de *Xénophon;* livre premier, texte grec, revu sur l'édition allemande de Weiske, avec arguments et analyses en français; notes critiques, géographiques, historiques, et une table analytique des matières. Paris, Aug. Delalain, 1825, in-12 de 3 feuill. 2/3, 1 fr. 50 c.   [745]

A. H. L. — Examen de théorie des candidats qui aspirent au brevet de capitaine au long cours ou de maître au cabotage. — Machines à vapeur. — Aide-mémoire rédigé conformément au programme annexé au décret du 26 janvier 1857, suivi de l'ordonnance du 17 janvier 1846, relative aux bateaux à vapeur qui naviguent sur mer. Paris, Paul Dupont, 1858, in-8 de 124 pag., 4 fr.   [746]

AHLVAN (Claude) [Mme Henriette-Etiennette-Fanny REYBAUD]. Habitation (l') de Kernadec. Nouvelle.   [747]

Imprimée dans la « Revue nouvelle », t. VI et VII (1846), et réimprimée sous le titre de *Sidonie* en 1852.

AHMED FRENGUY, renégat flamand. Voy. **HADGI MEHEMMED EFENDI.**

A. H. P. (Mme).— I. Prières, confessions et pénitence d'un jeune converti; publiées par —. Paris, Franç. Janet et fils, 1818, in-18 avec 2 grav. et un titre gravé, 1 fr. 80 c., et sur pap. vélin, 3 fr. [748]

II. Histoire des dames, sœurs et filles de charité; par —, auteur du « Jeune converti », des « Enfants martyrs », etc. Paris, Delaunay, Petit, etc., 1824, in-8 de 9 feuill., avec 2 planches, 3 fr. 50 c.   [749]

Les Enfants martyrs n'ayant point été annoncés dans la « Bibliographie de la France », sous ce titre, au moins, nous ne pouvons donner aucune espèce d'indication sur cet ouvrage.

A. H. S. — Les Aberrations de M. Thiers. — Projet de réforme financière propre à venir au secours de l'Etat, de la propriété et du commerce dans la situation présente. Divers projets de décret dans un intérêt général. Paris, tous les libr., 1848, in-8 de 4 ff., 1 fr. [750]

A. I. C. — Étrennes aux dames, ou Réponse à une diatribe que M. Dusotchoix (Dusaulchoy), surnommé le Franc-Parleur, lança contre les femmes, et inséra dans le feuilleton de la « Gazette de France » du 9 décembre 1817. Vitry, de l'impr. de Farochon, 1818, in-12 de 12 pag.   [751]

AIDE DE CAMP DU GÉNÉRAL MIEROSLAWSKI (Un) [Louis MIEROSLAWSKI lui-même].·

Relation de la campagne de Sicile en 1849. Paris, Garnier frères, Dutertre, 1849, in-8 de 64 pag.   [752]

L. Mieroslawski est à la Pologne ce qu'est Mazzini à l'Italie : un homme fatal à la cause qu'il a embrassée.

Cette *Relation* a été écrite par L. Mieroslawski pour se justifier d'accusations portées contre lui. Elle est signée, à la fin, des initiales de son prétendu auteur, J. J.

AIDE DE CAMP DU GÉNÉRAL ROGER-VALHUBERT (Un) [le comte M*** D*********].

Précis de la vie du général (Roger-) Valhubert. Avranches, Vᵉ Tribouillard; E. Tostain, et Paris, Le Dentu, 1832, in-8 de 60 pag., avec une fig.   [753]

L'avant-propos est signé : Cᵗᵉ M*** D*********.

A. I. D. S. DE B.— Maximilien Sforce, nouvelle historique. Paris, Bossange, 1811, in-12.   [754]

AIGLEMONT (d'). Voy. **FLACHAT SAINT-SAUVEUR.**

AIGNAN (Étienne), de l'Académie française, *éditeur supposé* de l'ouvrage suivant :

Œuvres de *J. Racine*, avec les notes de tous les commentateurs et des Études sur Racine. Paris, Dupont, Bossange frères, 1824, 6 vol. in-8, 33 fr., et, sur pap. vélin, tiré à 25 exempl., 66 fr.   [755]

Cette édition *variorum*, pour laquelle Aignan se fit donner par M. Dupont la somme de 4,000 fr., n'est qu'une pure réimpression de l'excellent travail d'Aimé Martin sur notre célèbre tragique. Aimé Martin a toujours considéré cette édition comme la troisième de son Racine, et il en parle dans une pièce préliminaire d'une autre postérieure, qui ferait la quatrième, publiée en 1827, 7 vol. in-8.

Ce n'est pas la première accusation de plagiat qui ait été portée contre Aignan. Quand, en 1812, il publia la seconde édition de la traduction de « l'Iliade », qui avait paru pour la première fois en 1809, les journaux accusèrent avec beaucoup d'amertume Aignan d'en avoir emprunté la plus grande partie à Rochefort. Il paraît qu'il a littéralement pris à ce dernier 1,200 vers de sa traduction.

AIGREMONT (d'), *aut. supp.* [le chev. de LA VALLIÈRE].

Pratique et Maximes de guerre. Paris, Loyson, 1652, in-12. [756]

Deux ans plus tard parut l'édition originale du livre du chevalier de La Vallière, sous le titre de *Maximes de guerre*. Paris, Loyson, 1654, petit in-8.

L'éditeur, l'abbé La Vallière, se plaint que cet ouvrage, dédié au cardinal Mazarin, qui en possédait le manuscrit, ait été imprimé sous un autre nom et avec une autre dédicace, mais il ne nomme pas le voleur.—Ce voleur était le sieur d'Aigremont. — Le livre du sieur d'Aigremont est absolument le même que celui du chevalier de La Vallière, imprimé d'abord en 1654, et de nouveau en 1673, sous le titre de : *Maximes et Pratique de la guerre*. Paris, Loyson.
                                                A.-A. B—r.

AIMÉ DE NEVERS [Aimé LAISNÉ], tour à tour sabotier, garçon marchand de vins, rue de Sèvres, à Paris; arracheur de dents, dentiste et marchand d'accordéons. La Cour d'assises de Paris le condamna sévèrement en octobre 1847 pour outrage à la pudeur. Les membres de la Société des dentistes de Paris s'empressèrent, sitôt

l'arrestation du coupable, d'adresser une déclaration aux journa-
listes qui établissait qu'Aimé de Nevers n'était muni d'aucun di-
plôme, et qu'il n'avait aucun droit à prendre le titre de dentiste. On
a sous son nom :

Almanach (l') du dentiste, pour 1846 Paris, Boulanger, 1845,
in-32 de 64 pag., 10 c.   [757]

AIMON (Jacques), *traducteur supposé* [VOLTAIRE]. Voy. **OBERN.**

AISSÉ (Mlle), *apocr.* [Mme Guénard, baronne BROSSIN DE MÉRÉ]
Mémoires historiques de —. Paris, Léopold Collin, 1807, 2 vol.
in-12, 3 fr. 50 c.   [758]

A.... J.... [le comte Achille DE JOUFFROY].
Des Idées libérales des Français en mai 1815, dédié aux électeurs.
Paris, de l'impr. de Mame, 1815, in-8 de 76 pag.   [759]

A. J. — Lettre à M. le comte C***, pair de France, sur les
280,000,000 de francs que la France doit encore verser aux puissances étrangères. Paris, Delaunay, 1818, in-8 de 16 pag. —Seconde
Lettre au même..... dont la France sera encore débitrice aux puissances étrangères à l'époque du 30 novembre 1818. Paris, le même,
1818, in-8 de 16 pag.   [760]

La première lettre est entièrement anonyme; elle a donné lieu à la publication de la suivante :
Réponse de M. le comte ***, pair de France, à M. A. J., sur les 280,000,000
de francs que la France doit encore payer aux puissances étrangères. Paris,
Delaunay, 1818, in-8 de 16 pag.

A. J. — Mémoire en faveur des jeux publics et contre le système
actuel de leur admininistration. Paris, Mongie aîné, 1818, in-8 de
56 pages.   [761]

A. J. (M). — (1822-26). Voy. **M. A. J.**

A. J. — Du Pouvoir des sciences sur le bonheur des hommes.
(En prose.) Paris, de l'impr. de Cabuchet, 1825, in-8 de 16 p. [762]

A. J., directeur des « Veillées militaires, etc. ».
Biographie du lieutenant général comte Antoine Drouot, com-
mandant en chef de l'artillerie de la garde impériale. Paris, rue
Dauphine, n° 26, 1847, in-8 de 12 pag.   [763]

A. J., ancien major d'infanterie.
Biographie du contre-amiral Lacrosse, et combat du vaisseau
« les Droits de l'Homme » (an v de la République française) (Extr.
de l'Almanach militaire pour 1850.) Montmartre, de l'impr. de Pilloy,
1850, in-8 de 8 pag.   [764]

A. J. A. S. — Reflexiones piadosas sobre diferentes puntos espirituales, dispuestas para las almas que desean crecer en el amor divino; por S. *Alfonso Liguori*, y traducidas al castellano, por —. Revista y corrigida por D. *Joaquin Roca y Cornet*. Paris, Rosa y Bouret, 1854, in-32.   [765]

AJASSON DE GRANDSAGNE (le vic. J.-B.-F.-E.), *traducteur supposé* [MM. Valentin PARISOT et Louis LISKENNE].

Histoire naturelle de *Pline*, traduction nouvelle (avec le texte en regard), par —, annotée par MM. Beudant, Brongniart, G. Cuvier, Daunou, Éméric David, Descuret, Doé, E. Dolo, Dusgate, Fée, L. Fouché, Fourier, Guibourt, El. Jobanneau, Lacroix, Lafosse, Lemercier, Letronne, Louis Liskenne, L. Marcus, Mongès, C.-L -F. Panckoucke, Val. Parisot, Quatremère de Quincy, P. Robert, Robiquet, H. Thibeau, Thurot, Valenciennes, Hipp. Vergne. (Précédée d'une Notice sur la vie et les ouvrages de Pline, et de témoignages des anciens et de quelques modernes sur Pline second, par *Louis Marcus*). Paris, C.-L.-F. Panckoucke, 1829-30, 20 vol. in-8, 140 fr.   [766]

Cette traduction, dont Ajasson de Grandsagne n'a même pas revu les épreuves, fait partie de la Bibliothèque latine-française de M. Panckouke.

A. J. B. [A.-J.-B. BOUVET DE CRESSÉ, instituteur à Paris], membre des ancienne et nouvelle universités de France.

Précis de l'histoire générale des Jésuites, depuis la fondation de leur ordre, le 7 septembre 1540, jusqu'en 1826. Paris, A. Payen, 1826, 2 gros vol. in-18, 8 fr.   [767]

Une note de ce livre fut incriminée par l'autorité, qui fit poursuivre Bouvet de Cressé. Ce dernier offrit au tribunal de la changer et fit faire un carton. Voy. la « Bibliographie de la France », année 1826, pag. 800.

A. J. B., colon de Sainte-Lucie.

Notice sur l'île Sainte-Lucie, moyens d'abolir l'esclavage, sans indemnité et sans interruption de travail, indépendance prochaine des Antilles avec la liberté du commerce et de la conscience. Paris, Poussielgue-Rusand, 1841, in-8 de 80 pag.   [768]

A. J.B. B. DE C. [A.-J.-B. BOUVET DE CRESSÉ, instituteur à Paris].

Agriculture et Jardinage, enseignés en douze leçons. Paris, Audin, etc., 1827, in-12 de 25 feuill., 7 fr.   [769]

A. J. B. D. [A.-J.-B. DEFAUCONPRET, ancien notaire à Paris].

I. Caverne (la) d'Astolpho, histoire espagnole, trad. de l'anglais. Paris, Béchet, 1816, 2 vol. in-12, 5 fr.   [770]

II. Juanna et Tiranna, ou Laquelle est ma femme? par l'auteur de «Véronique, ou l'Étranger mystérieux ». Paris, Béchet, 1816, 4 vol. in-12, 10 fr.   [771]

III. France (la), par lady *Morgan*, ci-devant miss Owenson. (Traduction abrégée de l'anglais.) Strasbourg et Londres, Treuttel et Würtz, 1817, 2 vol. in-8. — II⁰ édit., revue, corrigée et augmentée, avec des notes critiques, par le traducteur. Paris et Londres, Treuttel, et Würtz, 1817, 2 vol. in-8. — III⁰ édit. Paris, Strasbourg et Londres, les mêmes, 1818, 2 vol. in-8, 11 fr.   [772]

La « Biographie des hommes vivants attribue cette traduction à M. Lebrun des Charmettes, que ne semblent pas désigner les lettres initiales A. J. B D. du frontispice de la 2⁰ édition. La 1ʳᵉ édition parut la même année sans lettres initiales de traducteur.

La même année où parut la 1ʳᵉ édition de cette traduction, il fut publié une critique de l'ouvrage sous ce titre :

Observations sur l'ouvrage intitulé « la France », par lady Morgan. Par l'auteur de « Quinze jours » et de « Six mois à Londres » (M. Defauconpret). Paris, H. Nicolle, 1817, in-8.

Un peu plus tard, un compatriote de lady Morgan William Playfair, en a publié une seconde dont nous avons une traduction française sous ce titre :

La France telle qu'elle est, et non la France de lady Morgan, par W. Playfair ; ouvrage traduit de l'anglais par l'auteur des « Observations sur la France » de lady Morgan (M. Defauconpret). Paris, H. Nicolle, 1820, in-8.

IV. Rob Roy. Par l'auteur des « Puritains d'Écosse, etc. » [*W. Scott*], roman trad. de l'angl., et précédé d'une Notice historique sur Rob Roy Mac Gregor Campbell et sa famille. Paris, H. Nicolle, 1818, 4 vol. in-12, 9 fr.   [773]

A. J. B * ** **D. V.** [A.-J. BÉARD, D. V.].

Réveil (le) de J.-J. Rousseau, ou Particularités sur sa mort et son tombeau. Genève, et Paris, Hardouin, 1763, in-8 de 59 pag.   [774]

A. J. D. — Poeme sur le chemin royal de la Croix, érigé dans la paroisse de Sus-Saint-Léger, le 22 juillet 1849. Arras, M. Théry, 1851, in-8 de 64 pag.   [775]

A. J. D. — Lectures graduées, à l'usage des écoles primaires. Liége, Grandmont-Donders, 1854, 2 cah. in-18.   [776]

A. J. DE GR. — [J.-B.-F.-E. AJASSON, VIC. DE GRANDSAGNE].

I. Avec V. P. [Valentin Parisot] : Philosophie des Sciences. Paris, rue Saint-André-des-Arts, n° 30, 1836, in-18 de 5 feuill. 1/3. [777]

II. Avec le même : Nouveaux Discours sur les révolutions du Globe, par —, et suivi d'un article sur les changements de température du Globe, depuis les temps historiques, etc., par *F. Arago*. Paris, même adresse, 1836-37, 2 vol. in-18, avec 10 gravures et une carte.   [778]

Ces deux petits ouvrages font partie du « Complément de la Bibliothèque populaire ».

III. Avec J. Adhémar : Traité élémentaire d'arithmétique géné-

rale, avec les principales applications au commerce et à la banque.
Paris, rue de Bussy, n° 15, 1841, in-18 de 6 feuill.   [779]

Autre petit volume faisant partie d'une « Bibliothèque des sciences et des arts ».

A. J. D. L. (le F.∴). — Discours sur l'établissement de la F.∴. ma-
'çonnerie en Angleterre et en France, prononcé en L.∴. Paris, de
l'impr. de Cabuchet, 1825, in-8 de 16 pag.   [780]

A. J. F. — Réfutation du Rapport de M. Thiers sur le projet de
fortifier Paris. Paris, de l'imprimerie de F. Didot, 1841 in-8, de
36 pages.   [781]

A. J. F. — Jubilé universel, pour l'année 1854. (Souvenir.) (En
vers.) Montpellier, de l'impr. de Cristin, 1854, in-8, de 4 pag.   [782]

A. J. J. [Jean-Jacques ANSELME, conseiller à la Cour d'appel de
Savoie].

Coup d'œil sur quelques monuments des plus remarquables de la
cathédrale de la ville de Saint-Jean-de-Maurienne. Chambéry, impr.
du Gouvernement, 1858, in-16 de 24 pag.   [783]

A. J. L. [Alexandre-Joseph LE ROY DE BACRE].

Avec M. Saint-Ange Martin : M. David, comédie anecdotique
en un acte et en prose. Représ. sur le théâtre de la Porte-Saint-
Martin, le 13 nov. 1820. Paris, Quoi, 1820, in-8, 1 fr. 25 c.   [784]

A. J. L. M. Y. J. (Don). — Tablas de logaritmos para los numeros
y los senos ; por *J. de Lalande.* Traduccion castellana por—. Paris,
Lecointe et Laserre, 1843, in-18 d'une feuill. —Edicion esterotipica.
Paris, Lasserre, 1847, in-18 d'une feuille.   [785]

A. J. P. (Dom) [Dom Antoine-Joseph PERNETTY, bénédictin, abbé
de Burgel, bibliothécaire du roi de Prusse].

I. Merveilles (les) du Ciel et de l'Enfer, et des terres planétaires
et astrales, par *Emmanuel de Swedenborg*, d'après le témoignage
de ses yeux et de ses oreilles. Berlin, Decker, 1784, 2 vol. gr.
in-8.   [786]

II. Vertus (les), le pouvoir, la clémence et la gloire de Marie,
mère de Dieu. Paris, 1790, in-8.   [786]

A. J. S. — Histoire des moustaches et de la barbe, considérées
comme signes de courage, de force, d'autorité, de noblesse, marques distinctives de rang, d'opinion, d'esprit. Guerre, combats,
rixes, accidents et anecdotes auxquels ont donné lieu la barbe et les
moustaches. Paris, les march. de nouv., 1835, in-8 de 16 pag. [787]

A. J. S. D. [Jean-René SIGAUD DE LA FOND, professeur de physique].

Dictionnaire des merveilles de la Nature. Paris, rue et hôtel Serpente, 1781, 2 vol. in-8. — Sec. édit. Ibid., 1783, 2 vol. in-8. — Nouv. édit., revue, corrigée et considérablement augmentée par l'auteur. Paris, Delaplace, an X (1802), 3 vol. in-8, 15 fr.   [788]

A. J. S. D. R. L. G. F. — La Poule noire, ou la Poule aux œufs d'or, avec la science des talismans et anneaux magiques ; l'art de la nécromancie et de la cabale, pour conjurer les esprits aériens et infernaux, les sylphes, les ondins, les gnomes; acquérir la connaissance des sciences secrètes ; découvrir les trésors, et obtenir le pouvoir de commander à tous les êtres, et déjouer tous les maléfices et sortiléges, d'après la doctrine de Socrate, etc., etc., etc. Paris, de l'impr. de Brasseur aîné, 1820, in-18 de 4 feuill. 1/2, 75 c.   [789]

A. J. T. C. — Choix d'un directeur de conscience. Examen succinct des principales questions qui se rapportent à cette importante matière, en forme de dialogue. Marseille, de l'impr. de Mme Marius Olive, 1859, in-16 de 23 pag.   [790]

A. J. U. — Manuel de la guerre d'Orient, comprenant : le récit des précédents, des renseignements topographiques et statistiques sur le théâtre de la guerre, le tableau des forces belligérantes, l'examen abrégé de l'histoire, des mœurs, de l'organisation et de la politique de la Russie et de la Turquie, etc. Avec une belle carte coloriée des différents théâtres de la guerre. Bruxelles, à « l'Écho de Bruxelles », 1854, in-18 de 224 pag.   [791]

A. K. [Dom Gabriel GERBERON, bénédict. de la congr. de S.-Maur].

Juste (le) discernement de la créance catholique d'avec les sentiments de protestants et d'avec ceux des pélagiens touchant le mystère de la prédestination et de la grâce du Sauveur, mis en franç. par C. B. P. — Entretien de Dieu-Donné et de Romain, par G. de L., mis en franç. par A. K. Cologne, Jacques de Valé, 1691, 3 part., in-12.   [792]

., **A. K.** — Lyriques modernes de l'Allemagne. — Impr. dans la « Revue du Nord », t. IV (1836), pag. 20-27.   [793]

AKAKIA (Roger). Il paraît que FLÉCHIER a écrit quelque chose sous ce pseudonyme. Voy. D'Alembert, « Éloges », t. II, pag. 407 [794]

AKAKIA (1) (le docteur), médecin du pape, *aut. supp.* [VOLTAIRE].

Diatribe du docteur Akakia, médecin du pape; Décret de l'Inquisition et Rapport des professeurs de Rome au sujet d'un prétendu

(1) *Akakia* comme on le sait, est la traduction en grec de *Sans Malice*, nom du premier médecin de François Ier.

président (Maupertuis). Rome (Berlin), 1752, in-8; Rome (Leipzig), 1753, in-8. [795]

Cette plaisanterie a été souvent réimprimée. C'est un badinage innocent sur un livre ridicule du président d'une académie (Moreau de Maupertuis, président de l'Académie de Berlin), lequel parut à la fin de 1752.

Dans son édition de Voltaire, Beuchot a inséré cet ouvrage au XXXIX° vol., t. III des Mélanges. Il a mis en tête cet avertissement : Sous le titre d'*Histoire du docteur Akakia et du natif de Saint-Malo*, parut en 1753 une brochure de 44 pages. C'était la réunion de quelques opuscules publiés séparément, savoir : 1° *Diatribe du docteur Akakia* (comprenant le *Décret de l'Inquisition*, le *Jugement des professeurs* et l'*Examen des lettres*) ; 2° la *Séance mémorable* ; 3° le *Traité de Paix* ; 4° la *Lettre du docteur Akakia*, etc. En réunissant ces pièces, on y ajouta un petit préambule, et, entre chacune d'elles, quelques phrases en forme de *N. B.* C'est sous le titre, très-convenable à leur réunion, d'*Histoire du docteur Akakia*, que ces pièces ont été reproduites dans diverses éditions du « Siècle politique de Louis XIV ». L'ouvrage se composant ainsi de plusieurs opuscules, dont le premier est de 1752, et les autres de 1753, j'y ai mis le double millésime 1752-53. Ces opuscules, à chacun desquels j'ajouterai quelques notes, furent composées à l'occasion de la querelle de Maupertuis avec Kœnig, sur laquelle on peut, dans la Correspondance de Voltaire, consulter la « Réponse à un académicien de Berlin », du 18 septembre 1752.

C'était une chose extraordinaire qu'un philosophe assurât qu'il n'y a d'autre preuve de l'existence de Dieu qu'une formule d'algèbre ; que l'âme de l'Homme, en s'exaltant, peut prédire l'avenir ; qu'on peut se conserver la vie trois ou quatre ans en se bouchant les pores. Plusieurs idées non moins étonnantes étaient prodiguées dans ce livre.

Un mathématicien de La Haye ayant écrit contre la première de ces propositions, et ayant relevé cette erreur de mathématique, cette querelle occasionna un procès dans les formes, que le président lui intenta devant la propre académie qui dépendait de lui, et il fit condamner son adversaire comme faussaire.

Cette injustice souleva toute l'Europe littéraire : c'est ce qui donna naissance à la *Diatribe* que nous citons. C'est une continuelle allusion à tous les passages du livre dont le public se moquait. On y fait d'abord parler un médecin, parce que, dans ce livre, il était dit qu'il ne fallait pas payer son médecin quand il ne guérissait pas.

Cette *Diatribe* virulente avait amusé Frédéric, lorsque Voltaire la lui lut en manuscrit ; mais ce prince, qui estimait avec raison Maupertuis, défendit à Voltaire de faire imprimer cette pièce satirique. Celui-ci ne tint aucun compte de la défense du roi ; il livra l'ouvrage à la presse. Frédéric, irrité, fit saisir l'édition et la fit brûler sur la place des Gendarmes, à Berlin, par la main du bourreau, le 24 décembre 1752, à dix heures du matin ; ensuite il alla trouver Maupertuis et lui dit : « Je vous apporte les cendres de votre ennemi ». Voltaire était alors à Berlin, mais il ne tarda pas à demander la permission d'en sortir pour aller prendre les eaux à Plombières. Il fit imprimer sa *Diatribe* à Leipzig, en y passant. Cela révolta de nouveau Frédéric, qui fit courir après l'auteur ; il fut arrêté à Francfort, et y séjourna tristement un mois sous la garde d'un M. Freytag, homme peu accommodant de sa nature. On trouve le récit de cette lamentable aventure racontée au long dans « l'Histoire littéraire de Voltaire », par le marq. de Luchet, Cassel, 1781, 6 vol. in-8, t. V, p. 245 92.

AKERLINO (le docteur), *auteur supposé* [ROUSSEAU JACQUIN, de Metz, imprimeur à Paris].

Prusse (la) galante, ou Voyage d'un jeune Français à Berlin. (Supposé) trad. de l'allem., par —. Coïtopolis (Paris), 1801, in-12 de 166 pag., avec un frontispice libre gravé.   [796]

> Roman érotique, qu'il ne faut pas confondre avec celui intitulé : *la Prusse galante, ou Voyage d'un jeune homme a Berlin*, trad. de l'allem. Paris, de l'impr. de Jacquin, sans date (1800), in-8 de vj et 169 pag.
>
> Quoique présenté aussi comme une traduction, il n'en a pas moins été, comme l'autre, écrit en français, par le baron Cl.-Franç.-Ét. Dupin, trad. en allem. et impr. en 1803.
>
> Le volume publié par Jacquin, sous le nom d'Akerlino, est plutôt une imitation chargée qu'une contrefaçon de celui du baron Dupin. Jacquin, qui voulait paraître etranger à cette publication érotique, la laissait attribuer à l'un des ouvriers de son imprimerie.   A.-A. B-r.

AKIB (le rabbin), *écrivain hébreu supposé* [VOLTAIRE].

Sermon prononcé à Smyrne, le 20 novembre 1761, trad. de l'hébreu. 1761, in-8.   [797]

> Entre le titre et le texte, dans une édition de 1765, qui fait partie du t. III des *Nouveaux Mélanges*, on a ajouté cette phrase : « On la croit de la même main que la *Défense de Milord Bolingbroke*.
>
> Ce sermon est postérieur au 21 septembre 1761, jour de l'exécution de Malagrida à Lisbonne. Cependant on en trouve la mention dans une lettre de Voltaire à Mme de Fontaine, du 1er février 1761; ce qui prouve seulement que cette lettre, telle qu'elle a été imprimée, est une de celles qu'on a composées de fragments de plusieurs; mais, le 26 janvier 1762, Voltaire écrivait à d'Argental qu'il était difficile *a présent* de se procurer du *Sermon du rabbin Akib;* ce qui prouve qu'il y avait déjà quelque temps que la distribution en avait été faite. Je crois, dit Beuchot, pouvoir assigner le dernier trimestre de 1761 pour époque de la publication du *Sermon*.

AL..., *pseudo-initialisme* [Nic. FRÉRET, de l'Académie des inscriptions].

Mérope, tragédie du marquis de *Maffei*, trad. de l'ital. en français par —, avec le texte. Paris, 1718, in-12.   [798]

AL*** (M. d') [Jean LEROND D'ALEMBERT, de l'Acad. française].

Lettre de — à M. le marquis de C***, sur madame Geoffrin. S. d., in-8 de 16 pag.   [799]

A. L. (M.) [Agathange LE ROY], docteur en médecine, apothicaire-major des hôpitaux militaires, et des camps et armées du roi, pendant la guerre de 17..

Essai sur l'usage et les effets de l'écorce du garou, vulgairement appelé le saint-bois, employé extérieurement contre les maladies rebelles et difficiles à guérir; ouvrage à la portée de tout le monde. Paris, Didot le jeune, 1767, in-12.   [800]

Réimprimé en 1794, avec le nom de l'auteur.

A. L. et L. B. — Réflexions sur la critique de l'ouvrage de M. Richerand, contre les erreurs populaires en médecine. Paris, Allut, 1810, broch. in-8, 1 fr. [801]

A. L. [André-Jos. Ghislain LE GLAY], docteur en médecine.

Almanach de santé. Avec cette épigraphe : « Il n'y a rien que les hommes aiment mieux à conserver et qu'ils ménagent moins que leur propre santé ». La Bruyère. Cambrai, de l'impr. de Berthoud, 1816, pet. in-12 de 114 pag. [802]

A. L. — Pulkriska et Léontino, ou le Crime et la vertu. Paris, Tiger, 1818, in-18 de 108 pag., 50 c. [803]

A. L. [A. LEMERCIER, cultivateur].

Richesse (la) du cultivateur, ou les Secrets de Jean-Nicolas Benoît. Paris, 1821, in-12 de 72 pag. [804]

Extrait du « Calendrier du bon cultivateur, par Mathieu de Dombasle ».

A. L., ancien régent au collége de Lisieux.

Vœux (les), satire de *Juvénal*, traduction nouvelle. Paris, de l'impr. d'Égron, 1821, in-8 de 32 pag. [805]

A. L. [L.-Fr. L'HÉRITIER], auteur d'articles sur la police, imprimés dans « l'Aristarque » (1824-27), lesquels, répétés par toutes les feuilles quotidiennes, amenèrent l'expulsion de Vidocq. [806]

A. L. — Les Funérailles du Pallikare. (En prose.) Paris, de l'impr. de Lebègue, 1827, in-8 de 16 pag. [807]

A. L. [Adalbert POMMIER-LACOMBE, magistrat, né en Bresse].

I. Extraits du « Courrier de l'Ain », numéro du 20 septembre 1828. Bourg, Dufour, 1828, in-8 de 14 pag. [808]

Compte rendu des « Byroniennes », de M. Eug. Gromier.

II. Lettre modérée de M. — à M. F. F., 24 octobre 1828. Bourg, Dufour, 1828, in-8 de 15 pag. [809]

III. Dame (la) de Rossi. En vers. Sans date (1842), in-8 de 8 pag. [810]

Voy. notre note sur M. Pommier-Lacombe dans le t. XI de « la France littéraire ».

A. L. [Amable LEMAITRE], auteur d'articles signés de ces initiales dans le « Feuilletoniste de Troyes », le Progressif de l'Aube », le « Propagateur de l'Aube », le « Journal de Nogent ». [811]

A. L. — Manuel de prononciation anglaise, d'après des règles claires et faciles. Pau, de l'impr. de Veronèse fils, 1833, in-16 de 2 feuill. 1/2, 1 fr. 75 c. [812]

A. L., ancien officier adjoint à un état-major général divisionnaire. Château d'Augerville. Notices, remarques. Paris, de l'impr. de Lihard, 1836, in-plano d'une demi-feuille. [813]

A. L. — Petit Traité de l'éclairage par le gaz hydrogène carbonné. Arras, de l'impr. de Degeorge, 1832, in-32 de 3/4 de feuill. [814]

A. L. — Tarif général des douanes maritimes et des frontières de la république mexicaine dont la mise en vigueur est fixée au 1er novembre 1842. Trad. par —. Bordeaux, de l'impr. de Laplace, 1842, in-12 de 4 feuill. [815]

A. L., chanoine d'Angers. — Psaumes de *David*, traduction fidèle, d'apres le texte hébreu universellement admis. Liége, Wurth, 1842, in-18 de xlviij-188 pag. [816]

A. L. [Alphonse LE ROY, professeur à l'Université de Liége].
Quelques Mots sur l'histoire des comètes à propos de celle qui nous est apparue. Liége, Desoer, 1843, in-12 de 27 pag. [817]

Sous les mêmes initiales, M. le professeur Le Roy a donné beaucoup d'analyses critiques à la « Revue de Liége » ainsi que des articles à des recueils et journaux de Liége.

A. L. [J.-G.-A. LUTHEREAU, ancien fondateur et directeur de la « Revue de Paris et de la Province »].
Lettre sur une estampe de 1418 (représentant S. Christophe). — Impr. en feuilleton dans « l'Émancipation » (de Bruxelles) du 31 décembre 1844. [818]

A l'occasion de l'article du baron de Reiffenberg sur cette estampe de 1418, lequel avait été reproduit par « l'Artiste » et la « Revue encyclopédique ».
Le baron de Reiffenberg a répondu quelques mots à M. A. L. dans son « Bulletin du Bibliophile », t. II (1846), p. 66.

A. L. [Auguste LEPLAT, villageois de la Normandie].
Avec M. Antony Deschamps : l'Amiral Dupetit-Thouars. — M. Guizot. — M. Pritchard. — La reine Pomaré. Suivi de diverses poésies. Paris, Cazel, 1844, in-8 de 24 pag. [819]

A. L [A. LEPLIEUX, avocat à Rouen, né dans l'arrondissement de Pont-Audemer (Eure)].
I. Coup d'œil d'un provincial sur la rue de Poitiers, précédé d'une petite Revue rétrospective pour jeter quelque clarté dans les prochaines élections. Paris, impr. Schneider, 1847, in-16 de 21 pag. [820]

II. Un Mot aux Rouennais à propos de la république et des élections.... Rouen, impr. de Berdalle, 1848, in-8 de 18 pag. [821]

A. L., *éditeur supposé* [le marq. de CLINCHAMPS], a donné une nouvelle édition des « Noelz » du comte d'Alsinoys [Nicolas Denisot], précédée d'une Notice par l'éditeur. (Le Mans, 1847, in-18) (Voy. Alsinoys). [822]

A. L. — Réflexions sur la situation du crédit public et sur les moyens de l'améliorer. Paris, de l'impr. de Chaix, 1848, in-8 de 8 pag. [823]

A. L. [A. LABIE, auteur dramatique].

Lettre à M. Émile Barrault. — Toute la vérité sur Louis-Napoléon. Paris, Alex. Pierre, 1848, in-fol. d'une demi-feuill. [824]

A. L. — Galerie des grotesques. N° I. Le général Croquemitaine. Paris, de l'impr. de Malteste, 1849, in-32 de 8 pag. [825]

Douze couplets avec un avis signé A. L.

A. L., de Paris. — Finances de l'Espagne. Résumé des diverses considérations soumises à M. le ministre des finances, pour la fondation d'une loterie en rentes publiques d'Espagne. Paris, de l'impr. de Thunot, 1849, in-4 de 72 pag. [826]

Espagnol-français.

A. L. — Effusions poétiques. Paris, de l'impr. de Maulde, 1850, in-8 de 11 feuill. [827]

Publication au profit des malheureux et particulièrement de l'enfance délaissée.

A. L. [Albert LACROIX, littérateur belge, l'un des propriétaires de la librairie internationale à Bruxelles et à Paris].

Un pamphlétaire belge. Joseph Boniface [Louis Defré, avocat à Bruxelles]. [828]

Impr. dans la Revue trimestrielle de Bruxelles, t. VI (1855), p. 274-77.

A. L. — I. Épître à Claudius sur l'homœopathie. Paris, de l'impr. de Dubuisson et Cᵉ, 1857, in-8 de 8 pag. [829]

II. Stances à un curé de campagne. Paris, de l'impr. de Dubois et Vert, 1857, in-8 de 4 pag. [830]

A. L. [A. LAURENT, ancien entrepreneur de vidanges, à Mons, aujourd'hui négociant à Bruxelles].

Tir à la carabine. Traité sur le jeu de domino, réflexions sur les jeux de récréation et sur le 30 et 40. Mons, Masquillier et Lamir, 1858, in-12 de 224 pag. [831]

Le faux-titre porte : *Essai sur les jeux d'agrément.*

Il y a des exemplaires qui portent l'indication : A Bruxelles, chez l'Auteur.

A. L. — Observations sur les difficultés soulevées par la compagnie de navigation des États-Unis contre le Paraguay. Paris, de l impr. de Bourdier et C°, 1859, in-8 de 16 pag.   [832]

A. L. — Droits d'importation en France sur les rubans étrangers. Saint-Étienne, impr. de V° Théolier, 1860, in-8 de 11 pag.   [833]

A. L. — Le Budget de la guerre et la question financière. Bruxelles, A. Decq, 1861, in-8 de 46 pag , 1 fr.   [834]

A. L. A. F. [Antoine-Laurent-Apollinaire FÉE].

Pélage, tragédie en 5 actes. Paris, Delaunay, 1818, in-8, 2 fr. [835]

ALAIN, masque que l'on croit celui de Marc-Antoine LEGRAND.

Épreuve (l') réciproque, comédie en un acte et en prose. Paris, Jacq. Lefebvre, 1711, in-12.   [836]

A. L. B. [Vict.-Laur.-Suzanne-Moïse ANGLIVIEL DE LABEAU- MELLE, mort général au service du Brésil].

I. De la Réforme radicale de la loi des élections. Paris, Dondey- Dupre, Delaunay, 1819, in-8 de 35 pag., 75 c.   [838]

II. Sept Chapitres sur les changements proposés sur la loi des élections. Paris, les mêmes, 1820, in-8 de IV et 144 pag.   [839]

III. Lettres sur divers sujets de politique et de morale, adressées à M. Clausel de Coussergues, membre de la chambre des dépu- tes, etc. Paris, Brissot-Thivars, 1820, in-8 de 32 pag.   [840]

IV. De l'Excellence de la guerre avec l'Espagne. Paris, de l'impr. de David, 1823, in-8 de 80 pag.. 1 fr. 50 c.   [841]

V. Encore un mot sur l'excellence de la guerre d'Espagne. Paris, de l'impr. du même, 1823, in-8 de 40 pag , 1 fr.   [842]

ALB (Camille) [M™ Constance DUNKA DE SAJO, Roumaine].

I. Frère (le) blanc. (Extrait du journal « le Pays »). Paris, de l'impr. de Schiller, 1861, in-16 de 64 pag.   [842*]

II. Eléna. Phanariotes et Roumains. Paris, Dentu, 1863, in-18 jésus de 167 pag.   [843]

ALBANÈS (A. d') [Jean-Alexandre HAVARD, ancien employé de l'Assistance publique, frère du libraire-éditeur de ce nom].

I. Essai philosophique et littéraire sur le roman de « Paul et Virginie ». — Impr. en tête d'une édition de ce roman. (Paris, G. Havard, 1843, in-18.)   [844]

II. Avec M. G. Fath (pseudon.). Les Nains célèbres depuis l'an- tiquité jusques et y compris Tom-Pouce, illustré de 10 vignettes, par E. de Beaumont, et gravées par Lavieille. Paris, G. Havard, 1846, in-12, 3 fr.   [845]

Charmante publication, imprimée avec luxe.

III. Mystères (les) du collége. Paris, le même, 1849, in-18, avec vign. sur bois. [846]

IV. Notice sur la vie et les ouvrages de Louvet de Couvray. — Impr. à la tête d'une édition illustrée de son roman de « Faublas ». (Paris, G. Havard, 1849, in-4). [847]

V. Notice sur La Fontaine. — Impr. à la tête d'une édition illustrée de ses Fables (Paris, G. Havard, 1850, in-4.) [848]

Rédacteur principal du « Panorama de la littérature et de l'Illustration » qui a paru en 1841, M. A. d'Albanès a fourni au premier volume de ce recueil les articles suivants : Une Métamorphose, — Une double distraction, — Autour du poêle, scènes de mœurs bureaucratiques, — le Lendemain de la Saint-Sylvestre, où Ça nous vient de Rome, — la Femme d'un ministre, — Une Fille trompée (poésie, en douze strophes), — Une Modestie célèbre (saint Vincent de Paul), — Toussaint Louverture, — De la Célébration du Dimanche, par P.-J. Proudhon, — Un Ange endormi.

VI. Avec MM Havard (le même) et Perron :Condamnation par les faits du pouvoir temporel des papes. Paris, Dentu, 1860, in-8. [849]

VII. Avec le même : Du Manuel-Annuaire de santé, par F. V. Raspail, ou Dictionnaire de certains termes et mots employés dans ce Manuel. Paris, Havard, 1861, gr. in 18 de iv-104 pag., 50 c. [850]

Pour faire croire à une collaboration, l'auteur a, sur ces deux derniers ouvrages, joint à son pseudonyme son véritable nom. Pour une nouvelle variante, voy. l'article suivant.

ALBANÈS-HAVARD (d') [Jean-Alexandre HAVARD, le même que le précédent], éditeur de « Voltaire et Mme Du Châtelet, révélations d'un serviteur attaché à leurs personnes », manuscrit et pièces inédites publiées avec commentaires et notes historiques. Paris, Dentu, 1863, in-18 jésus de xxiij-254 pag., 3 fr. [851]

M. Havard croyait ce manuscrit inédit, mais il ne l'était pas.

ALBANIE (Stiepan-Annibale d') [l'imposteur Stephano ZANNOWICH].

Stiepan-Annibale d'Albanie à Frédéric-Guillaume de Prusse, ou l'Alcoran des princes destinés au tróne. Saint-Pétersbourg, 1783, in-8. [852]

Il existe des exemplaires de la même date qui portent pour titre : l'Alcoran des princes, par le prince d'Albanie. Saint-Pétersbourg.

L'ouvrage, avec ce dernier titre, a été attribué, à tort, par quelques bibliographes, à J.-B. Cloots.

ALBANO (le chev. Gaston d') [Mlle CHEVALIER DE MONTRÉAL, née à Paris le 20 avril 1829], poete et musicienne, auteur d'un grand nombre de romances, dont plusieurs sont gravées, et souvent avec la musique de l'auteur des paroles. Ses romances ont été réunies et

forment aujourd'hui trois « Albums ». (Paris, Chaillot, éditeur de
musique.) Cette demoiselle est aussi auteur de vers imprimés dans
divers journaux et recueils, et d'un chant qui a remporté la médaille
de bronze au concours de 1848.

I. Aux chefs de la dernière insurrection polonaise, un cri de
guerre, ode à la Pologne. Paris, de l'impr. de Schneider et Langrand,
1847, très-grand in-8 de 16 pag. sur pap. vélin.   [853]

Le titre que nous donnons n'existe que sur la couverture imprimée.

II. A Notre-Dame-des-Bois. Ode pour le jour de sa consécration
(juillet 1849). Paris, de l'impr. de Guiraudet, 1850, in-8 de 4 pag.
                                                             [854]

III. Femmes (les) de la sainte Bible. Harmonies sacrées (poésies
et musique) du chev. Gaston d'Albano. Couronné par le ministère
de l'Instruction publique. Paris, Chaillot, rue Saint-Honoré, n° 354,
1851-57, 2 vol. gr. in-8 avec gravures, 24 fr.   .   [855]

Ces harmonies sont au nombre de vingt.

IV. Suzanne, cantate à quatre voix avec chœur, poésie. Paris, de
l'impr. Guiraudet, 1856, in-8 de 4 pag.   [856]

ALBANO, noble portugais [Simon BLOCQUEL, de Lille].

Phylactères, ou Préservatifs contre les maladies, les maléfices et
les enchantements; exorcismes ou conjurations, ensemble. les pratiques et croyances populaires les plus répandues. Ouvrage rempli
de renseignements curieux, publié par —. Lille, de l'impr. de Blocquel-Castiaux, 1848, in-18.   [857]

ALBANUS (Ægidus), nom traduit [Gilles de WITTE].

I. Refutatio prodroma libelli cui titulus est : Breve memoriale...
de statu et progressu jansenismi in Hollandiâ. Delphis, 1698, in-4.
                                                             [858]

Ce livre contient tout le système du parti.

II. Augustinus Yprensis vindicatus, atque à damnatione roma-
norum pontificum, Urbani VIII, Innocentii X, Alexandri VII et
Clementis XI, ereptus et erutus : sive Apologeticus perillustris ac
reverendissimi domini Cornelii Jansenii, etc. In quo controversiæ
jansenaniæ prima clementa et principia statuuntur, etc. Per Ægi-
dium Albanum, nuper in civitate metropoliticâ Mechliniensi deca-
num et pastorem ecclesiæ collegiatæ et parochialis beatæ Mariæ
trans-Diliam, anno afflictæ gratiæ 70. Æræ vulgaris, 1711, in-4 de
516 pag.   [859]

Les Jésuites tonnèrent contre cet ouvrage. Voici ce qu'on lit sur lui dans la
« Bibliothèque des livres jansénistes » du P. Colonia, édition augmentée par le
P. Patouillet, 1752, t. Iᵉʳ, p. 132 :

« C'est ici une criminelle apologie de Jansenius et de sa doctrine : il faut
« donc s'attendre à y trouver toutes les erreurs de celui qu'on entreprend de
« justifier; mais comme si ce n'en était pas assez, on y en ajoute encore de
« nouvelles, qui ne méritent pas moins tous les anathèmes de l'Église. Nous
« n'en citerons qu'un exemple. A la page 112, chap. XXIII, l'auteur établit
« (et il en fait la matière d'un chapitre entier) que *tout chrétien est obligé par*
« *un précepte divin de croire fermement qu'il est du nombre des prédestinés.*
« N'est-ce pas donner un démenti formel à saint Paul, qui veut que nous tra-
« vaillions à notre salut avec crainte et tremblement? N'est-ce pas inspirer,
« n'est-ce pas même ordonner aux fidèles une fausse sécurité, qui ne peut
« que produire en eux l'orgueil et la présomption, tarir la source des bonnes
« œuvres, détruire la vigilance chrétienne, et enfanter le plus honteux quié-
« tisme et le plus affreux libertinage? »

III. Augustini Yprensis vindicati Vindiciæ uberiores, sive Epis-
tolæ D. Fenelon, archi-episcopi Cameracencis ad D. Paschasium
Quesnellium, et Responsionis ab hoc ad D. Fenelonium datæ, quâ
parte Denuntiationem bullæ clementinæ invadunt, excussio à de-
pulsio Anno Domini 1711, in-4. [860]

C'est une suite à la *Denuntiatio solennis bullæ vineam Domini Sabaoth,* publiée
sous le voile de l'anonyme, en 1709, par de Witte. Fénelon a écrit une *Lettre*
très-vive contre cette dénonciation. Voy. le t. XIII de ses Œuvres.

IV. Augustini Yprensis vindicati vindiciarum uberiorum pars
altera, sive Epistola apologetica ad amicum provincialem, adversùs
responsum D. Paschasii Quesnellii *denuntiationem* à me factam
clementinæ constitutionis, denuo (ut minus dicam), immitissimè
arrodantis. 30 martii 1712. [861]

Réponse à la lettre que le P. Quesnel avait publiée contre l'écrit précédent.

ALBENS (le vicomte d'), feuilletoniste du journal « le Pays », dans
lequel il a publié, entre autres nouvelles : *le Quatrième larron,* en
1862. [862]

ALBERONI (le cardinal Jules), *apocr.* [MAUBERT DE GOUVEST].
Testament politique du —, recueilli de divers mémoires, etc., de
S. E., par M. A. M., trad. de l'italien par le C. de R. B. M. Lau-
sanne, Bousquet, 1753, in-12. [863]

Le *Testament politique du cardinal Alberoni* est apocryphe ; mais qui l'a composé? On l'attribue à deux personnes : Maubert de Gouvest et Durey de
Morsan. Voici une première version que nous lisons dans les « Études sur
l'histoire littéraire de la Suisse française, particulièrement dans la seconde
moitié du XVIIIe siècle », par E.-H. Gaullieur. Genève, 1856, in-8, p. 213 :
….. Un ex-capucin, Maubert de Gouvest, né à Rouen en 1721, échappé de
son couvent en 1745, après s'être réfugié en Hollande, en Allemagne, où il
fut secrétaire d'Auguste III, électeur de Saxe et roi de Pologne, vint en 1753
à Genève, et de là à Lausanne. Il s'était échappé de la forteresse de Kœnig-
stein, après des aventures très-romanesques. Il apportait en Suisse un manuscrit intitulé : *Testament politique d'Alberoni,* conçu sur le même plan que les

testaments de Richelieu, de Mazarin, de Colbert, de Louvois, qui avaient eu beaucoup de succès en leur temps. C'était la forme historique alors à la mode. Maubert lut son ouvrage à quelques hommes de lettres de Lausanne, qui encouragèrent l'auteur à le publier. Les circonstances de sa vie ajoutaient à l'intérêt qu'on lui témoignait. Le libraire Bousquet acheta le manuscrit deux cents livres, qui furent employées en partie à habiller le pauvre auteur ; le reste lui servit pour aller à Berne se faire agréger dans l'Église réformée. Mais craignant que l'on ne pût dire qu'il avait vendu sa religion, Maubert refusa les cinquante écus qu'on donnait d'ordinaire aux néophytes. Voltaire fit l'éloge du Testament d'Alberoni. « J'ai cru d'abord, dit-il, qu'il avait été pu-
« blié par l'abbé de Montgon, parce qu'il y entre un chapitre sur l'Espagne,
« dans lequel le ministre est peint avec des traits où il pourrait lui-même se
« reconnaître. Ce chapitre est beaucoup plus vrai que toutes les rapsodies
« auxquelles on a donné le nom de testament. Je souhaiterais à l'auteur qu'il
« eût été couché sur celui du cardinal Alberoni pour quelque bonne pen-
« sion. Personne ne se serait douté que ce livre est d'un « ex-capucin, qui fait
« des Testaments pour gagner sa vie ».
   Voici une autre version :
   Qui est l'auteur du « Testament politique du cardinal Alberoni » ? se demande Auguis dans un écrit que nous aurons occasion de citer souvent, et intitulé : *Préface envoyée de Berlin*. Et il ajoute : Le général Morgan m'a dit qu'en 1782 ou 1783, il en avait vu à Rome plusieurs pages, écrites de la main même de ce cardinal. Ce fait est peu croyable. Ce qu'on lit au sujet de ce Testament politique dans le « Journal encyclopédique » du mois de mai 1767 ne mérite pas, selon moi, plus de confiance. On raconte qu'un M. Durey de Morsan, que le dérangement de sa fortune avait forcé de voyager, s'était d'abord réfugié à Neuchâtel, avait été ensuite à Madrid, où il avait ramassé beaucoup de matériaux et un grand nombre d'anecdotes sur l'administration et sur la vie privée du cardinal Alberoni, qu'il avait traduit en français ces différents mémoires, et que, pour les rendre plus intéressants, il avait imaginé de faire parler Alberoni lui-même, et qu'il avait dévelopé dans toute son étendue, sous le titre de *Testament du cardinal Alberoni*, le genie de ce fameux ministre ; que, dans un voyage que M. Durey de Morsan fit en Hollande, il lia connaissance avec Maubert de Gouvest, espèce d'aventurier qui ne manquait pas de talent ; que, lui ayant montré son travail sur Alberoni, Maubert le pria de le lui laisser lire à tête reposée, et lui dit, après l'avoir lu, que c'était un ouvrage qui pouvait lui rapporter beaucoup ; que néanmoins il ne lui en donna que la misérable somme de 20 écus, et que, lorsqu'au bout de six mois l'ouvrage parut sous les initiales de Maubert, il eut l'impudence de s'en dire l'auteur. C'est M. Durey de Morsan qui raconte lui-même aux auteurs du « Journal encyclopédique » les détails de cette aventure. Durey de Morsan était fils du receveur général des finances Durey d'Harnoncourt. Ce père, riche de 5 millions, ne donnait à dépenser à son fils, après son cours d'études, que la modique somme de 600 livres ; il eut un tort encore plus grave envers ce fils, celui de lui donner de mauvais exemples sous le rapport des mœurs. Le fils contracta des dettes, et, en peu de temps, ses créanciers, ou plutôt d'infâmes usuriers, lui demandèrent 110,000 livres, ce qui l'obligea de s'éloigner pour éviter leurs poursuites.   P. R. A.-s.

   « Voltaire, dit A.-A. Barbier, connaissait beaucoup Durey de Morsan, et il n'ignorait pas sans doute que le « Testament politique d'Alberoni » était plus son ouvrage que celui de Maubert ; c'est donc avec connaissance de cause qu'il a dit du bien de ce Testament. La note d'A.-Ant. Renouard à ce sujet, dans son édition de Voltaire, t. XLIII, p. 542, n'est point approfondie ».

Le fragment de Voltaire relatif à ce Testament, reproduit par E.-H. Gaullieur, et rappelé plus haut, détruit les conjectures d'A.-A. Barbier.

ALBERT [Albert DECOMBE], célèbre danseur, alors maître de ballets à l'Académie royale de musique.

.I. Cendrillon, ballet-féerie en trois actes. Représ. sur le théâtre de l'Académie royale de musique, le 3 mars 1823. Paris, Roullet, 1823, in-8. [864]

II. Avec M. de Saint-Georges : la Jolie fille de Gand, ballet-pantomime en trois actes et en neuf tableaux. Représ. sur le théâtre de l'Académie royale de musique, le 22 juin 1842. Paris, Vᵉ Jonas, Mich. Lévy frères, Tresse, 1842, 1845, in-8 de 24 pag.. 1 fr. [865]

ALBERT. — Avec M. Francis E*** : Cadet Roussel, ancien habitué du théâtre de la Gaîté, à « Marguerite d'Anjou » (drame lyrique, trad. de l'italien par T. Sauvage), pot-pourri en trois actes, précédé d'un prologue. Paris, Duvernois, 1826, in-32 de 32 pag., 25 c. [866]

ALBERT (le docteur Charles). Voy. CHARLES ALBERT.

ALBERT [Auguste-François THIERRY], artiste et auteur dramatique.

I. Avec MM. F. Labrousse et Alph. Brot : Juliette, drame en trois actes et six tableaux. Représ. sur le théâtre de l'Ambigu-Comique, le 4 mars 1834. Paris, Marchant, 1834, in-8 de 32 pag. [867]

Il y a des exemplaires de la même année sur les titres desquels le nom de M. Labrousse a disparu.

II. Avec M. F. Labrousse : Prêtez-moi cinq francs, drame en trois actes. Représ. sur le théâtre de la Gaîté, le 19 juillet 1834. Paris, le même, 1834, in-8 de 24 pag., 30 c. [868]

III. Avec le même : Fleurette, ou le premier amour de Henri IV, drame en trois actes. Représ. sur le théâtre de l'Ambigu-Comique, le 11 mars 1835. Paris, le même, 1835, in-8 de 24 pag, 40 c. [869]

IV. Avec le même : Toniotto, ou le Retour de Sibérie, drame en quatre actes. Représ. sur le théâtre du Cirque-Olympique, le 19 novembre 1835. Paris, de l'impr. de Dondey-Dupré, 1835, in-8 de 28 pag. [870]

V. Avec le même : le Corsaire noir, drame en quatre actes. Représ. sur le théâtre de l'Ambigu-Comique, le 16 août 1837. Paris, Nobis, 1837, in-8 de 44 pag., 40 c. [871]

VI. Avec le même : le Chevalier du Temple, drame en cinq actes.

Représ. sur le théâtre de l'Ambigu-Comique, le 14 avril 1838. Paris, Barba, Delloye, Bezou, 1838, gr. in-8 de 28 pag. à 2 colon.   [872]

Faisant partie de « la France dramatique au xix⁰ siècle ».

VII. Avec le même : la Nuit du meurtre, drame en cinq actes. Représ. sur le même théâtre, le 8 août 1839. Paris, les mêmes, 1839, gr. in-8 de 40 pag. à 2 colon.   [873]

Faisant partie de « la France dramatique au xixᵉ siècle ».

VIII. Avec M. Clairville : le Mari de la reine, vaud. en un acte. Représ. sur le théâtre de l'Ambigu-Comique, le 3 sept. 1840. Paris, Henriot, Tresse, 1840, in-8 de 12 pag , 30 c.   [874]

IX. Avec M. Anicet Bourgeois : Madeleine, drame en cinq actes. Représ. sur le théâtre de l'Ambigu-Comique, le 7 janvier 1843. Paris, Marchant, 1843, in-8 de 40 pag , 50 c. — Autre édition. Paris, Barbré, 1859, in-4 de 16 pag., à trois colon., avec une vignette. 20 c.   [875]

X. Avec M. Dennery [Adolphe Philippe] : le Porteur d'eau, vaudeville en deux époques. Représ. sur le théâtre du Vaudeville, le 6 mars 1845. Paris, de l'impr. d'Appert, 1845, in-8 de 16 pag.   [876]

XI. Avec M. Benj. Gastineau : l'Orpheline de Waterloo, drame en trois actes. Représ. sur le théâtre Beaumarchais, le 6 février 1847. Paris, Marchant, 1847, in-8 de 32 pag , 50 c.; Saint-Quentin, de l'impr. de Cottenest, 1858, in-4 de 20 pag. à deux colon.   [877]

Tirée de « l'Orpheline de Waterlo », de M. B. Gastineau Cette pièce a été jouée sur plusieurs autres théâtres de province que celui de Saint-Quentin, elle a même été représentée sur celui de Mascara (Afrique).

XII. Avec M. Anicet-Bourgeois : Notre-Dame des Anges, drame en cinq actes et sept tableaux. Représ. sur le théâtre de l'Ambigu-Comique, le 15 février 1848. Paris, Mich. Lévy frères, 1848, in-18 angl., de 2 feuill. 2/3.   [878]

XIII. Notice Biographique sur Alexis Singier, ancien directeur des théâtres de Lyon, vice-président de l'Association des artistes dramatiques. Paris, de l'impr de Duverger, 1848, in-8 de 16 p. [879]

Cette Notice porte pour nom d'auteur : A. T. [Thierry] Albert.

XIV. Avec M. Fabrice Labrousse : Bonaparte, ou les Premières pages d'une grande histoire, pièce militaire en vingt tableaux. Représ. sur le théâtre National (anc. Cirque), le 2 février 1850. Paris, Marchant, 1850, in-8 de 52 pag., 50 c.   [880]

XV. Avec M. Antony Béraud : Entre l'enclume et le marteau, com.-vaud. en un acte. Représ. sur le théâtre des Folies-Dramatiques, le 18 juin 1850. Paris, boulevard Saint-Martin, n° 12, 1850, in-8, 50 c.   [881]

XVI. Avec M. Fabrice Labrousse : la Prise de Caprée, ou les Français à Naples, drame militaire, en trois actes et en douze tableaux. Représ. sur le théâtre National (anc. Cirque), le 1er mai 1852. Paris, Michel Lévy frères, 1852, in 18, format angl., 1 fr.; 1864, in-4 de 24 pag. à 2 colon., 20 c. [882]

XVII. Avec le même : Pougatscheff, épisode de l'histoire de Russie, mélodrame en trois actes et quatorze tableaux. Représ. sur le théâtre National [anc. Cirque), le 21 juin 1853. Paris, Dechaume, 1853, in-8, 60 c. [883]

XVIII. Avec le même : le Consulat et l'Empire, pièce militaire en quatre actes et vingt-deux tableaux (de 1799 à 1806). Représ. sur le théâtre impérial du Cirque, le 1er août 1853. Paris, boulevard Saint-Martin, n° 12, 1853, in-4, illustré, 20 c. [884]

XIX. Avec M. de Lustières [M. Lafon, commandant de la gendarmerie de la Garde] : le Drapeau d'honneur, ou les Français à Lahore, pièce militaire en cinq actes et vingt et un tableaux. Représ. sur le théâtre impérial du Cirque, le 10 février 1855. Paris, Dechaume, 1855, in-8, 60 c. [885]

XX. Avec le même : l'Armée d'Orient, drame militaire. Représ. sur le même théâtre. Paris, Michel Lévy frères, 1855, 1857, in-4 de 32 pag. à deux colonn., avec vignette, 20 c. [886]

Voyez aussi le pseudonyme LUSTIÈRES.
M. Albert [Thierry] a pris part à la rédaction de la Nouvelle Galerie des artistes dramatiques vivants... Paris, boulev. Saint-Martin n° 12, 1854, et ann. in-4 avec portraits.

ALBERT [BÉNARD, alors juge de paix à Longjumeau].
Cent et une (les) charades de M. Delignolles, mêlées de riens critiques, littéraires et politiques. (Le tout en vers.) Paris, Ledoyen, 1837, 2 livraisons in-8 ensemble de 68 pag. [887]

ALBERT (Just) [J.-B.-Ch. DUBOUL].
Feuilles au vent, fantaisies poétiques. Paris, Ch. Gosselin, 1845, in-8 de 18 feull. 1/4. • [888]

ALBERT (d'Angers). — L'Ancienne et la nouvelle Clef des Songes, ou l'Art et les moyens de faire toute interprétation cabalistique concernant les songes, visions, oracles, rêves, apparitions, etc., avec 30 fig. allégoriques. Paris, Lebailly, 1850, 1852, 1853, 1854 (deux tirages), 1856, in-18 de 3 feuill. [889]

ALBERT LE GRAND (le P. Fr.) [de KÉRIGOUEL, de Morlaix], religieux, prêtre de l'ordre des Frères prédicateurs, profès du couvent de Rennes, naïf et crédule hagiographe breton.

I. Vies des saints de la Bretagne armorique. Nantes, 1637, in-4. [890]

— Les mêmes. 2ᵉ edit., revue, corrigée et augmentée de plusieurs Vies, par messire *Autret de Missirien*. Rennes. 1659, in-4. .

Malgré les changements qu'a faits ce gentilhomme dans la seconde édition, on la regarde encore comme un ouvrage ou l'on trouve, selon l'expression de l'abbé Travers, pour quelques grains d'or, beaucoup de sable.

— Les mêmes, avec des notes et observations historiques et critiques, par M. *Dan.-Louis Miorcec de Kerdanet*, de Lesseven, avocat et docteur en droit; revues par M. *Graveran*, chanoine honoraire, curé de Brest (mort évêque de Quimper). Brest, Anner, et Paris, Pesron, 1838, in-4 de 105 feuill. 1/4. 21 fr.

II. Vie de saint Brieuc. Saint-Brieuc, Guyon frères, 1859, in-12 de 21 pag. [891]

Tiré de l'ouvrage précédent.

On a encore du P. Albert-le-Grand : *la Providence de Dieu sur les justes*, ou l'histoire admirable de saint Budoc, archevêque de Dol ; — *Admirable providence de Dieu sur un pauvre homme* miraculeusement delivré du naufrage. Rennes, 1640, in-4 ; — *Vita S. Hærvei* et *Vita S. Majani* (dans le recueil des Bollandistes).

A notre grand étonnement, nous n'avons pas trouvé d'article sur le P. Albert-le Grand dans la très-estimable « Biographie bretonne », publiée par M. P. Levot ; mais M. Miorcec a donné une note sur lui dans ses « Notices sur les écrivains de la Bretagne », p. 135, et M. Le Jean, une appréciation de ses « Vies des saints de Bretagne », dans le chapitre *hagiographes* de son livre intitulé : « la Bretagne, son histoire et ses historiens » (1850, in-8), p. 393 et suiv.

Ni l'un ni l'autre n'a connu le véritable nom du P. Albert-le-Grand.

ALBERTINE (Mˡˡᵉ), de l'Opéra, connue en 1838 par la passion qu'elle inspira à un grand personnage de la Cour de Louis-Philippe, liaison qui causa son départ pour Londres. Mˡˡᵉ Albertine s'appelait du nom vulgaire COQUILLART. Elle est morte à l'hôpital en 1849.

ALBERTS aîné, *anagramme* [Adolphe BARTELS], écrivain politique, a signé de cet anagramme des articles dans « le Télégraphe » (de Bruxelles). [892]

ALBERTUS. — Avec Robertus. De la Présidence. Les deux Gaspards. Paris, de l'impr. de Cosson, 1848, in-12 de 2 feuill. [893]

ALBESTROPHE (la comtesse d'), *aut. supp.* [la comtesse Palamède de MACHECO].

Mémoires de —, mère de la duchesse d'Albany (Charlotte Stuard). Paris, Delaunay ; Maradan, 1819, in-12. [894]

Réimprimés en 1820, à la suite du roman du même auteur, intitulé : *le Comte de Saint-Hérem*, 2 vol. in-12.

ALBIGEOIS [CAPUS, dit], l'ami des arts, compagnon cordonnier-bottier.

I. A Bourguignon, le modèle des vertus, compagnon cordonnier-bottier du devoir, martyr de son dévouement pour son compagnonnage. Poeme en huit chants et en vers, suivi de plusieurs chants compagnoniques. Toulon, l'Auteur, rue des Savonnières, n° 15, 1851, in-8 de 64 pag. [895]

II. Réponse à la « Vérité au tour de France », suivie de plusieurs chansons compagnoniques et poésies diverses. Bordeaux, de l'impr. de Causserouge, 1855, in-8 de 32 pag. [896]

La Vérité au tour de France est un opuscule de 16 pag. impr. l'année précédente à Paris, chez Pinard, et qui contient un nouveau règlement proposé au nom de la Société des compagnons du devoir cordonniers-bottiers de la ville de Paris.

ALBIN (Sébastien) [Mme Hortense Lacroix, sœur de l'architecte Eugène Lacroix, et filleule de la reine Hortense, mariée, en 1834, à M. Sébastien-Melchior CORNU, peintre distingué. Familière avec la littérature allemande, cette dame a publié sous le nom littéraire que nous rappelons les ouvrages suivants] :

I. Ballades et Chants populaires (anciens et modernes) de l'Allemagne. Traduction nouvelle. Paris, Charles Gosselin, 1841, in-18. 3 fr. 50 c. [897]

II. Gœthe et Bettina. Correspondance inédite de *Gœthe* et de madame *Bettina d'Arnim*. Traduit de l'allem. Paris, Ch. Gosselin, 1843, 2 vol. in-8, 15 fr. [898]

III. Essai sur l'histoire des arts en Italie. (Ext. du t. XVIII de « l'Encyclopédie moderne. ») Paris, de l'impr. de F. Didot, 1848, broch. in-8. [899

Sous le nom de Séb. Albin, Mme Cornu a fourni à la « Revue du Nord », publiée par J.-E. Boulet, de Metz, plusieurs articles, parmi lesquels nous avons remarqué les suivants : 1° *J.-P. Hebel* (Notice et traduction, en prose de quatre de ses poésies, (t. IV, 1836, p. 294-310); — 2° *Les Artistes allemands a Rome* (ibid., p. 476-89); — 3° *Théodore Kœrner et ses poésies lyriques* (t. V, 1837, p. 25-41); — 4° *De la Littérature hongroise* (ibid., p. 171-80). On trouve d'autres articles de cette dame dans le « Dictionnaire de la Conversation », la « Revue indépendante », la nouvelle « Encyclopédie moderne », etc.

ALBINS (M. d') [L. Gabriel MICHAUD, libraire].

I. Opinion d'un Français sur la détention de M. T. de B., fille de Louis XVI, ci-devant roi des Français. Paris, 1795, in-18. [900]

II. Adieux (les) de Marie-Thérèse-Charlotte de Bourbon, almanach pour l'année 1796, contenant la Vie de la fille de Louis XVI et un grand nombre d'anecdotes sur la prison et l'échange de cette princesse. Basle, Tourneisen (Paris, Gueffier), 1796, in-18.

Sous le n° 40 de son Nouv. Dict. des ouvr. anon. et pseudon. M. Edm. de Manne donne, par erreur, à cet Almanach la date de 1798.

III. Almanach pour l'année 1797. Paris, 1797, in-18, avec un portr.   [901]

ALBOIZE [Jules-Édouard ALBOIZE DE PUJOL (1)], auteur dramatique et historien; mort en 1852.

I. COMPOSITIONS DRAMATIQUES.

I. Avec M. Dulac : Shylock, drame en trois actes, imité de *Shakespeare.* Paris, Bezou, 1830, in-8, 2 fr.   [902]

II. Avec MM. Brazier et Dulac : Une nuit de Marion Delorme, vaud. en deux actes. Paris, Barba, 1831, in-8, 1 fr. 50 c.   [903]

III Avec M. Ch. Desnoyer : le Russe, ou Un conseil de guerre. (Épisode de novembre 1831) Drame en deux actes, mêlé de couplets. Paris, Malaisie; Barba, 1832, in-8, 1 fr. 50 c.   [904]

IV. Avec M. Mallian : la Jolie fille de Parme. Drame en trois actes et en sept tableaux, précédé d'un prologue. Paris, Marchant, 1832, in-8 avec une fig. lithogr., 2 fr.   [905]

V. Avec M. Charles Desnoyer : l'Ile d'amour, ou le Bal et la Mort, drame en trois actes, mêlé de couplets, précédé d'un prologue. Paris, Marchant, 1832, in-8, 2 fr.   [906]

VI. Avec M. Ernest Desprez (c'est-à-dire M. Vaulabelle) : la Tireuse de cartes, mélodrame en trois actes. Paris, Barba, 1833, in-8, 2 fr.   [907]

VII. Avec M. Ch. Desnoyer : le Mariage par ordre. Épisode de l'histoire de Russie. Drame-vaudeville en deux actes. Paris, Barba, 1833, in-8, 2 fr.   [908]

VIII. Avec M. Ch. Desnoyer : Caravage (1599). Drame en trois actes. Paris, Barba, 1834, in-8 de 60 pag., 1 fr. 50 c.   [909]

Cette pièce a été insérée la même année dans le « Théâtre parisien » et il en a été fait deux éditions. Paris, Barba, in-8 de 24 pag., 30 c., et, en 1840 et 1841, réimpr. dans « la France dramatique au xixᵉ siècle ». Paris, Barba, Delloye.

IX. Avec M. Em. Vanderburch : la Nappe et le Torchon, drame-

1) Alboize de Pujol a fait imprimer toutes ses pièces sous le premier de ses noms, tandis que pour ses ouvrages il a constamment pris les deux. On a donc fait erreur dans les tables des auteurs de la « Bibliographie de la France » d'en faire deux écrivains distincts.

vaudeville en trois actes. Paris, Marchant, 1834, in-8 de 48 pag., 1 fr. [910]

La même année, le libraire en a publié une édition populaire, in-8 de 24 p., 30 c.

X. Avec M. Ferd Langlé : le Testament de Piron, comédie-vaud. en un acte. Paris, Barba, 1835, in-8, 20 c. [911]

XI. Avec M. Jaime (Rousseau) : Rigolletti, ou le Dernier des fous, vaud. en un acte. Paris, Barba, Bezou, Pollet, 1836, gr. in-8 à 2 col., 30 c. [912]

Cette pièce fait partie de la « France dramatique au xixe siècle ».

XII. Avec M. Ferd Langlé : le Réveil d'une grisette, comédie-vaud. en deux actes. Paris, Barba, 1836, in-8 de 24 p., 60 c. [913]

XIII. Avec M. Paul Foucher : Christiern de Danemarck, ou les Masques noirs. Drame en trois actes. Paris, Marchant, 1836, in-8 de 24 pag., 40 c. [914]

XIV. Avec M. Paul Foucher : el Gitano, ou Villes et Montagnes. Drame en cinq actes. Paris, Marchant, 1836, in-8 de 32 pages, 40 c. [915]

XV. Avec MM. Théaulon et Harel : la Guerre des servantes, drame en cinq actes et en cinq tableaux. Paris, Barba, 1837, et 1838, in-8, 75 c. [916]

XVI. Avec M. Chabot de Bouin : le Matelot à terre. Croquis de marine en un acte. Paris, Marchant, 1837, in-8, 20 c. [917]

XVII. Avec M. Paul Foucher : l'Officier bleu. Drame en trois actes, et en deux époques (1785-1792). Paris, Marchant, 1837, in-8, 40 c. [918]

XVIII. Avec M. Antony Béraud : Lélia. Drame en trois actes, en prose, précédé d'un prologue et d'un épilogue. Paris, Marchant, 1838, in-8, 40 c. [919]

XIX. Idiote (l'), drame en trois actes et en prose, précédé d'un prologue. Paris, Barba, Delloye et Bezou, 1838, gr. in-8 de 36 pag., 60 c. [920]

XX. Céline la créole, ou l'Opinion, drame en cinq actes et en prose. Paris, Barba, Delloye, Bezou, 1838, gr. in-8, de 50 pag. à 2 col., 60 c. [921]

XXI. Avec M. B. Lopez : le Tribut des cent Vierges, drame en cinq actes. Représ. sur le théâtre de la Gaîté, le 22 juin 1839. Paris, J. N. Barba, Bezou, 1839, gr. in-8 à 2 col. [922]

Ces trois dernières pièces font partie de « la France dramatique au xixe siècle ».

XXII. Avec M. Paul Foucher : les Chevaux du Carrousel, ou le Dernier jour de Venise, drame en cinq actes Représ. sur le même théâtre, le 14 sept. 1839. Paris, Marchant, 1839, in-8 de 32 pages, 50 c. [923]

XXIII. Avec M. Ferd. Langlé : la Jacquerie, opéra en quatre actes. Représ. sur le théâtre de la Renaissance, le 10 octobre 1839. Paris, Marchant, 1839, in-8 de 20 pag., 40 c. [924]

XXIV. Avec M. Roland Bauchery : l'Enfant de la pitié; drame-vaud. en trois actes. Représ. sur le théâtre de la porte Saint-Antoine, le 25 février 1840. Paris, Henriot, Mifliez, Barba, 1840, in-8 de 28 pag., 40 c. [925]

XXV. Avec M. Paul Foucher : la Guerre de l'indépendance, ou l'Amérique en 1780, drame en cinq actes. Représ. sur le théâtre de la Gaîté, le 2 juin 1840. Paris, Henriot, Tresse, 1840, in-8 de 32 p., 50 c. [926]

XXVI. Avec M. Paul Foucher : la Croix de Malte, drame en trois actes. Représ. sur le théâtre de l'Ambigu-Comique, le 7 juillet 1840. Paris, Henriot, Tresse, 1840, in-8 de 24 pag., 40 c. [927]

XXVII. Avec M. Anicet-Bourgeois: Jacques Cœur, l'argentier du roi, drame en quatre actes; précédé de l'Abbaye de Jumièges, prologue en un acte et deux tableaux. Représ. sur le même théâtre, le 4 mai 1841. Paris, Marchant, 1841, in-8 de 36 pag., 50 c. [928]

XXVIII. Avec M. Paul Foucher : Gabrina, ou la Chambre du berceau, drame en trois actes. Représ. sur le théâtre de la porte Saint-Martin, le 5 octobre 1841. Paris, Tresse, 1841, gr. in-8 de 32 p. à 2 col. [929]

Faisant partie de « la France dramatique au XIXᵉ siècle ».

XXIX. Avec le même : la Voisin, drame en cinq actes. Représ. sur le théâtre de la Gaîté, le 28 décembre 1841. Paris, Marchant, 1842, in-8 de 36 pag., 50 c. [930]

XXX. Avec le même : la Salpétrière, drame en cinq actes. Représ. sur le théâtre de la Gaîté, le 21 juillet 1842. Paris, le même, 1842, in-8 de 32 pag., 50 c. [931]

XXXI. Avec le même : Redgauntlet, drame en trois actes, précédé d'un prologue. Représ. sur le théâtre de l'Ambigu-Comique, le 19 février 1843. Paris, le même, 1843, in-8 de 24 pag., 40 c. [932]

XXXII. Avec le même: Marguerite Fortier, drame en quatre actes, précédé de « la Veille de Noel », prologue. Représenté sur le théâtre de la Gaîté, le 25 avril 1843. Paris, Marchant, 1843, in-8 de 40 pag., 50 c. [933]

XXXIII. Avec MM. Michel Masson et L. Bourdereau : Un Secret de famille, drame-vaud. en trois actes. Représ. sur le théâtre des Folies-Dramatiques, le 12 août 1843. Paris Marchant, 1843, in-8 de 28 pag., 50 c. [934]

XXXIV. Avec M. Paul Foucher : Lucio, ou le Château de Valenza, drame en cinq actes et six tableaux Représ. sur le théâtre de la Gaîté, le 14 octobre 1843. Paris, le même, 1843, in-8 de 32 p., 50 c. [935]

XXXV. Avec le même : la Famille Grandval, drame en trois actes. Représ. sur le théâtre de la Gaîté, le 6 juillet 1844. Paris, Henriot, Tresse, 1844, in-8, de 24 pag., 50 c. - [936]

XXXVI. Avec le même : les Deux perles, comédie en deux actes, mêlée de chants. Représ. sur le théâtre du Vaudeville, le 14 sept. 1844. Paris, les mêmes, 1844, in-8, de 24 pag., 50 c. [937]

XXXVII. Avec MM. Ch. Lafont et Élie Sauvage : la Tour de Ferrare, drame en cinq actes et en six tableaux. Représ. sur le théâtre de la Gaîté, le 30 avril 1845. Paris, Marchant, 1845, in-8 de 36 pag., 50 c. [938]

XXXVIII. Avec M. Paul Foucher : Agnès Bernau, drame en cinq actes. Représ. sur le théâtre de la Gaîté, le 7 juin 1845. Paris, Beck, Tresse, 1845, in-8 de 34 pag., 60 c. [939]

XXXIX. Avec M. Mallian : le Château des sept tours, drame en cinq actes, précédé de « les Français en Égypte », épisode de 1799 (prologue). Représ. sur le même théâtre, le 25 juin 1846. Paris, Michel Lévy frères, 1846, in-18 angl. de 3 feuill., 60 c., ou 1854, 1857, in 4 à 2 col , avec une grav., 20 c. [940]

XL. Avec M. Bernard Lopez : la Taverne du Diable, drame en cinq actes et en six tableaux. Représ. sur le même théâtre, le 9 sept. 1848. Paris, les mêmes, 1848, in-18 angl. de 2 feuill. 1,2, 60 c. [941]

XLI. Avec M. Gérard [Gérard Labrunie, connu sous le nom de Gérard de Nerval] : les Monténégrins, opéra-comique en trois actes. Représ. sur le théâtre de l'Opéra-Comique, le 31 mars 1839. Paris, les mêmes, 1848, in-18 angl., 1 fr. [942]

XLII. Avec M. Bern. Lopez : les Beautés de la Cour, com.-vaud. en deux actes. Représ. sur le théâtre des Variétés, le 10 avril 1849. Paris, Beck, Tresse, 1849, in-8 de 28 pag., 60 c. [943]

XLIII. Paysan (le), opéra-comique, en un acte. Représ. sur le théâtre de l'Opéra-Comique, le 16 octobre 1850. Paris, Beck, Tresse, 1850, in-8 de 12 pag., 60 c. [944]

XLIV. Avec M. Saint-Yves [Deaddé] : Marie Simon, drame en cinq actes. Représ. sur le théâtre de l'Ambigu-Comique, le 27 sept.

1852. Paris, Mich. Lévy frères, 1852, in-18, format angl., 1 fr.; ou 1854, in-4, illustré, 20 c. [945]

XLV. Avec M. Andrel: Tabarin, opéra-comique en deux actes. Représ. sur le théâtre Lyrique (anc Opéra National), le 27 décembre 1852. Paris, Beck, Tresse, 1853, in-8, 60 c. [946]

XLVI. Organiste (i'), opéra-comique en un acte. Représ. sur le théâtre Lyrique (anc. Opéra National), le 17 mai 1853. Paris, boulevard Saint-Martin, n° 12, 1853, in-8, 1 fr. [947]

En société avec M. Ch. Desnoyer, M. Alboize est encore auteur de la *Traite des Noirs*, drame en cinq actes, représenté sur le théâtre de Franconi en 1835, mais dont il n'a été imprimé que le programme (1835, in-8 de 4 pag.).

II. VARIA.

XLVII. Cazilda. Histoire contemporaine. Paris, Renault, Lecointe et Pougin, etc., 1832, 5 vol. in-12, 16 fr. [948]

Ce roman imprimé avec le nom de M. Émile-M. de Saint-Hilaire est d'Alboize de Pujol.

XLVIII. Avec MM. Arnould et Aug. Maquet: Histoire de la Bastille, depuis sa fondation, 1374, jusqu'à sa destruction, 1789; ses prisonniers, ses gouverneurs, ses archives; détail des tortures et supplices usités envers les prisonniers, révélations sur le régime intérieur de la Bastille; aventures dramatiques, lugubres, scandaleuses, évasions, archives de la police. Paris, rue Notre-Dame-des-Victoires, n° 26, 1843-44, 7 vol. in-8, avec gravures, 42 fr. [949]

XLIX. Avec M. Aug. Maquet: le Donjon de Vincennes, depuis sa fondation jusqu'à nos jours. Paris, même adresse, 1844-45, 2 vol. in-8, avec gravures. [950]

Faisant suite à l'ouvrage précédent.

L. Avec M. le même: Prisons de l'Europe, Bicêtre, la Conciergerie, la Force, le For-l'Évêque, Saint-Lazare, le Châtelet, la Tournelle, etc.; la Tour de Londres, Pignerolles, le Spielberg, etc Paris, même adresse, 1844-46, 8 vol. in-8. — Édition illustrée de vignettes sur bois par Belin et Barrias. Paris, boulev. Saint-Martin, n° 12, 1852, in-4 de 34 feuill., 3 fr. 50 c. [951]

La dernière édition fait partie de la « Collection de la Bibliothèque de ville et de campagne ».

LI. Avec M. Charles Élie: Fastes des gardes nationales de France. Paris, Goubaud et Laurent Olivier, 1848-49, 2 vol. in-8, avec 24 grav. en taille-douce et grav. sur bois, 28 fr. [952]

Reproduit en 1849, avec de nouveaux frontispices, portant: 2ᵉ édition, et pour vendeur, le seul nom de Goubaud.

Ces quatre derniers ouvrages sont des spéculations de l'éditeur, qui n'ont rien ajouté à la réputation des auteurs dont elles portent le nom.

Le nom de M. Alboize se lit aussi parmi ceux des rédacteurs des « Causes célèbres, ou Fastes du crime (1842-43,. »

ALBONNUS, membre d'aucune académie [J.-A. BONNOMET].

I. Gayant, poéme humoristique. Douai, Obez, 1841, in 8 de 28 p.
— Sec. édit., revue et augmentée d'une post-face. Douai, le même, 1842, in-8 de 36 pag., 1 fr. — III⁰ édit. Ibid., 1845, in-8 de 28 pag.   [953]

Il reste toujours quelque chose des *Kermesses flamandes*. La fête de Douai de 1841 a produit un poëme, mais un poëme qui se sent un peu de son origine, un poëme burlesque. Certes, on ne trouvera pas dans cette joyeuse publication l'érudition qu'on rencontre dans la dissertation sur *Gayant* de M. le conseiller Quenson, mais cette bluette n'est dépourvue ni d'esprit ni de gaieté, et dans elle se réveille cette grosse verve que les Anglais appellent *humour*. C'est sans doute ce qui lui a valu cette épithète d'*humoristique* de nouvelle invention. Cet opuscule, plus heureux que les gros livres, a eu deux éditions en moins d'un mois ; c'est là un succès qui doit flatter l'auteur et l'encourager à composer des œuvres plus importantes et plus sérieuses.

A.-D. [Arth. Dinaux].

La parade de Gayant est une de ces fêtes de Douai, appelées Kermesses. Elle est ancienne. Outre le poëme de M. Bonnomet et la dissertation de M. le conseiller Quenson, il existe encore une *Notice historique sur le géant de Douai et sa procession*. Douai, de l'imp. d Adam, 1840, in-8 de 144 pag.

II. Nouvelle Épître à Gayant. Douai, Obez, 1845, in-8 de 8 p. [954]

Dédiée à M. Olivier B. (Barbier), trésorier de la Bibliothèque impériale, second fils du bibliothécaire de l'empereur Napoléon Iᵉʳ.

III. Triomphe (le) d'Euripide, poëme, par Alfred Bonnomet; précédé de stances à M Bulos, par Albonus. Paris, de l'impr. de Bailly, Divry et Cᵉ, 1857, in-8 de 16 pag.   [955]

ALBRET (le comte D. G. d') [le comte Jean-François (dit Henry) DU GOUT D'ALBRET], né en 1815, mort le 11 avril 1854.

Harmonies catholiques. Paris, Vaton, 1854, in-8 de 21 feuill. 1/4, 5 fr.   [956]

ALBUMAZZAR DE CARPENTRI. — La Clef d'or, ou l'Astrologue fortuné divin; contenant une liste générale de tous les arts, songes et visions nocturnes, avec les noms des choses et les numéros à qui elles se rapportent pour s'en servir aux tirages de la loterie de France ; trad. de l'ital. d'—, etc. Nouv. édit., augmentée des nombres sympathiques, des payans de chaque numéro et de leurs adversaires, par M. Peregrinus. Avignon, J.-A. Joly, 1815, 1820, in-12, 1 fr. 50 c.   [957]

ALBUS [Franç.-Xav.-Aug. LEBLANC].

Épître philosophique à mon ami B. sur les tortillements de la

gent orgueilleuse, avide et bigote. Deuxième édition. Paris, Levavasseur, 1829, in 8 de 40 pag.   [958]

A. L. C. [Franç.-Alex. AUBERT DE LA CHESNAYE-DES-BOIS].

Dictionnaire militaire, ou Recueil alphabétique de tous les termes
propres à la guerre, sur ce qui regarde la tactique, le génie, l'artillerie, la subsistance des troupes et de la marine. Sec. édition. Paris, Gissey, 1745-46, 3 vol. in-12. — Nouv. édition, revue, corr. et
cons. augm. par M. E** (Egger). Dresde, Walther, 1750, 2 vol.
in-8. — IVe édit Paris, 1759, 3 vol. in-8.   [958*]

A. L. C. — Le Royaliste et le Napoléoniste. Paris, de l'impr.
d'Eberhart, 1815, in-8 de 16 pag.   [959]

A. L. C. (1824). Voy. A. C.

A. L. C , directeur général de l'administration projetée.

Régénération de l'art théâtral en province. Projet de la centralisa-
tion de l'exploitation des théâtres de France, excepté ceux de Paris.
Montmartre, de l'impr. de Pilloy, 1859, in-8 de 7 pag.   [960]

ALCÉE DU GÉROILE, anagr. [Claude LE GOYER].

Description d'un monstre né à Saragosse, etc., ensemble le combat merveilleux de deux oiseaux. Paris, 1558, in-12.   [961]

ALCESTE [Amédée ACHARD], auteur de Lettres parisiennes très-
remarquables, imprimées en feuilletons hebdomadaires dans « l'Assemblée nationale ». La première de ces lettres, imprimée dans le
n° du 14 avril 1849, et plusieurs des suivantes parurent signées :
« Alceste »; mais ce pseudonyme n'ayant pas tardé à devenir le secret de la comédie, l'auteur les signa plus tard de son véritable
nom. Toutes ces lettres sont adressées à des personnes célèbres dans
la politique et la littérature selon le sujet dont l'auteur avait à s'oc-
cuper.   [962]

ALCESTE [Louis BELMONTET, poëte, membre du Corps législatif].

I. Quarante (les) mortels de l'Académie française dans cent ans.
Ire juvénalide. Batignolles-Paris, de l'impr. de Hennuyer, 1863, in-8
de 8 pag.   [963]

On promettait quinze satires, mais il n'y a eu que la première de publiée

II. Revenants (les), juvénalide. Paris, de l'impr. du même, 1864,
in 8 de 8 pag.   [964]

Ce sont deux diatribes contre l'Académie française.

ALCIBIADE. — Lettre d'— à Glycère, etc. Rome et Paris, Jorry,
1764, in-8 de 38 pag.   [965]

ALCIBIADE BRICOLLE [H. M.]. — Mélanges et Rêvasseries, par—

Traduits par M. H. M. (En vers) Nîmes, de l'impr. de Baldy, 1835,
in-8 de 8 pag.   [966]

Opuscule qui a donné lieu à la publication du suivant :
Petite Leçon de prosodie française, par Alcide Nicol, adressée à M. H. M.,
en réponse de (sic) sa Parodie intitulee Mélanges et Rêvasseries, par Alcibiade
Bricolle. Nîmes, de l'impr. de Baldy, 1855, in 8 de 8 pag.

ALCOFRIBAS (feu maître), abstracteur de quintessence [Fr. RABE-
LAIS].

I.   Vie (la) très-horrifique du grand Gargantua, père de Pantagruel.
Lyon, 1542, in-16.   [967]

Premier et second livre du fameux roman de Rabelais.

II.   Grandes Annales, ou Chroniques très-véritables des gestes
merveilleux du grand Gargantua et Pantagruel, son fils, 1542,
in-8.   ·   [968]

Il y a des éditions antérieures, sans date, avec ce pseudonyme écrit
ALWFRYBAS.

ALCOFRIBAS NASIER [Fr. RABELAIS].
Horribles (les) et espouentables faictz et prouesses du très re-
nomme Pantagruel roi des Dipsodes, filz du grant géant Gargantua.
Composez nouuellement par —. On les vend à Lyon chez Claude
Nourry dit le Prince en la maison de Nostre-Dame de Confort, s. d.,
petit in-4 goth. de 64 ff. non chiffrés, à longues lignes.   [969]

Edition la plus anciennement connue du Pantagruel de Rabelais. M. J. Ch.
Brunet en fixe la date à 1532.

— Le même ouvrage, sous ce titre Pantagruel. Jesus Maria. Les
horribles et espouuentables faitz et prouesses du tres renomme
Pantagruel, roy des Dipsodes, filz du grant geant Gargantua. Compose nouuellement par —. Augmente et corrige fraichement par
maistre Jehan Lunel, docteur en theologie. M D. XXXIII. On les
vend à Lyon, en la maison de Francoys Juste, demourant deuant
Nostre-Dame de Confort, s. d., gr. in-16 goth , format allongé, de
95 ff. chiffrés et 6 non chiffrés.

— Le même ouvrage, sous ce titre : Pantagruel, roi des Dypsodes,
restitue à son naturel, auec ses faictz et ses prouesses espouentables. M. D. XLII. On les vend à Lyon, chez Francoys Juste, in-16
goth., de 147 ff.   \

Nous n'avons point la prétention de faire connaître, à l'occasion de ces deux
pseudonymes, toutes les éditions anciennes des parties de Rabelais : ce travail
a été très-bien fait par l'auteur du « Manuel du libraire », et par son homo-
nyme, M. Gust. Brunet, de Bordeaux. Nous n'avons voulu que rappeler deux
pseudonymes dont Rabelais a fait usage.

ALCOPIDAS (maître), abstracteur de quintessence, rue Trousse-Vache, maison du rataconneur de bobelins.

Mademoiselle Rose Permet, romance vertueuse et historique. Paris, de l'impr. de Poulet, 1818, in-18 de 4 pag. [970]

Rabelais, l'abstracteur de quintessence, a pris le nom d'Alcofiibas et non d'Alcopidas.

A. L. C. P. [A. LECLERC, prédicateur à Dieppe].

Actes de la conférence entre le R. P. Véron de la comp. de Jésus et le sieur de la Balle, ministre de Luneréet Lindebeuf, en présence de plusieurs sgrs. catholiques.... Rouen, chez Nic. Le Prevost, 1618, pet. in-8 de 72 pp. et 8 ff. prélim. [971]

ALCRIPE (Philippe), sieur de Neri en Verbos, *anagr.* [Philippe LE PICARD, moine bernardin de l'abbaye de Mortemar, près de Lyons-la-Forêt (Eure)].

Nouvelle (la) Fabrique des excellents tracts de vérité, livre pour inciter les reveurs tristes et mélancholiques a viure de plaisir. Paris, Jean de Lastre 1579, in-16. [972]

Les aventures qui y sont racontées se passent pour la plupart en Normandie. Voy., sur cet ouvrage, les «Mélanges d'une grande bibliothèque», par le marquis de Paulmy, t. XX, p. 1, et les « Mélanges tirés d'une petite bibliothèque », de Ch. Nodier, in-8, p. 365.

— Le même ouvrage. A Rouen, chez Thomas Mallard, libraire, tenant sa boutique deuant la porte du Palais, à l'homme arme, sans date, in-16 de 126 feuillets et 3 pour la table.

L'édition de 1579 est si rare que M. Brunet n'en a jamais rencontré un exemplaire. La reimpression, qui paraît être de la fin du xvie siècle, pour n'être pas aussi rare, se trouve néanmoins très-difficilement. La Bibliothèque impériale la possède.

— Le même ouvrage. Rouen, chez Loys Coste, libraire, demeurant a la rue Escuyère a l'enseigne des Trois Croisettes, s. d., in-16 de 126 feuillets et 2 pour la table.

Mauvais papier, mauvaise impression. (Musée britannique.)

— Le même ouvrage. Rouen, 1639, in-12.

— Le même ouvrage. Nouv. édition, reveue, corr. et augm. Imprimée cette année (Rouen, de l'impr. de Viret, vers 1730), pet. in-12 de 220 pag., 6 à 9 fr.

Le catalogue de Bellanger, par Gabr. Martin, n° 2221*, en fixe la date a l'année 1732. On doit trouver entre les pages 14 et 15 nn carton de 4 ff. contenant un avis de l'éditeur au lecteur.

Cette édition est assez peu correcte, dit l'auteur du « Manuel du libraire ».

Lacroix du Maine, en indiquant la « Nouvelle Fabrique des excellents tracts de vérité » sous le titre de *Nouvelle Fabrique des excellents traités de vérité*, a commis une erreur qu'il est d'autant plus à propos de signaler ici, qu'elle n'a été remarquée ni par de La Monnoye, dans sa note sur Philippe d'Alcripe, ni par Rigoley de Juvigny, dernier éditeur de la « Bibliothèque française ».

Ce recueil de facéties, que Ch. Nodier cite (« Mélanges tirés d'une petite bibliothèque », p. 363) au nombre des livres les plus difficiles à trouver, et dont l'auteur, qui s'est déguisé sous l'anagramme de son nom, s'appelait LE PICARD, parut, pour la première fois, à Paris, en un volume in-16, chez Jean de Lastre, en 1579. La dernière réimpression a été faite à Rouen dans le cours du XVIIIe siècle. Elle est peu commune, n'ayant été imprimée qu'à un petit nombre d'exemplaires. On la doit aux soins d'Adrien l'ARCHEVÊQUE ou Larchevesque, docteur en médecine, membre de l'Académie de Rouen bibliothécaire de M. de Pontcarré, premier président au parlement de Normandie, né à Gonneville en Caux, mort à Rouen, le 6 avril 1746, à l'âge de soixante-quatre ans Bibliophile passionné, il avait réuni une riche bibliothèque dont le catalogue a été imprimé à Rouen en 1740. Son goût pour les livres le porta à donner une nouvelle édition de la facétie publiée sous le nom de Philippe d'Alcripe; mais Adr. l'Archevêque ne s'est pas borné au rôle d'éditeur : le volume se termine par onze contes de sa façon, à l'imitation de ceux de Le Picard, et qu'il a publiés, comme pour y servir de suite, sous le titre d'*Addition à la Nouvelle Fabrique*.

Il existe une Notice sur Adrien l'Archevêque, par Guérin, dans les « Mémoires de l'Académie de Rouen », t. Ier (1744-50), p. 254.

La grande rareté des anciennes éditions de *la Nouvelle Fabrique* avait donné à celle publiée par Adr. l'Archevêque, en 1730 ou 1732, une importance qu'elle a perdue depuis la publication de la suivante :

— Le même ouvrage. Nouv. édition, revue avec soin, et augmentées des Nouvelles de la terre de Prestre Jehan. (Publiée par les soins de *Gratet-Duplessis*.) Paris, Jannet, 1853, in-16, 4 fr.

Faisant partie de la « Bibliothèque elzevirienne », et dont il y a des exemplaires en papier fort et quelques-uns sur papier de Chine.

Dans l'avant-propos de cette jolie réimpression, M Gratet-Duplessis a signalé les emprunts que Moulinet, le compilateur du petit livre intitulé : « Facétieux Devis », a faits à *la Nouvelle Fabrique*.

Les *Nouvelles de la terre de Prestre Jehan* ajoutées à cette dernière édition ne seraient-elles pas les onze contes d'Adrien l'Archevêque ?

Le véritable nom de l'auteur de *la Nouvelle Fabrique des excellents tracts de vérité* a fini par être découvert; nous avons dit au commencement de cet article ce qu'était cet écrivain. Restait encore non expliquée la qualification que Le Picard a ajoutée à son pseudonyme : *Sieur de Neri en Verbos*, qui jusqu'à ce jour a été traduite de deux diverses façons. Un bibliophile vient tout récemment d'en donner une traduction, qui nous semble très-rationnelle, par la lettre suivante, qui a été imprimée dans le « Bibliophile belge », t. XIX (1863), p. 105-6.

Le pseudonyme Philippe Alcripe, seigneur de Neri en Verbos.

Bruxelles, le 20 mars 1863.

Monsieur l'éditeur,

Je ne prétends pas me hausser au niveau des grands réformateurs. Pourtant, — je ne sais si je me flatte, mais je me flatte de né pas descendre au

tombeau sans avoir fait disparaître du monde une erreur trop longtemps ac-
créditée. Si j'osais j'en ébranlerais bien d'autres.

M. P. Jannet, dans sa «Bibliothèque elzevirienne,» a donné une nouvelle
édition de « la Nouvelle Fabrique des excellents traits de vérité, par Philippe
d'Alcripe, sieur de Neri en Verbos».

Après avoir reconnu que l'auteur appartient au pays de sapience, « on ne
« saurait, dit l'avant-propos, être aussi affirmatif, en ce qui concerne son véri-
« table nom. Un quatrain énigmatique, placé à la fin du livre, semble indiquer
« le nom de Philippe le Picard, que l'on peut aussi retrouver, par voie d'ana-
« gramme, dans le pseudonyme *Philippe d'Alcripe*; et cette conjecture, forti-
« fiée par plusieurs exemples analogues, tres-communs au XVIᵉ siecle, n'est
« pas dépourvue de vraisemblance. Quant au titre de *Seigneur de Neri en
« Verbos*, que l'on a interprété *Seigneur de vert bois*, ou *Seigneur de rien en pa-
« roles*, je laisse à de plus hardis ou de plus habiles le mérite de résoudre cette
« importante question ».

La deuxième interprétation a généralement prévalu. M. Duquesne (libraire
de Bruxelles) l'adopte dans un dernier catalogue, et il peut se justifier par la
complicité de A.-A. Barbier, mieux que cela, de Quérard, qui eux-mêmes invo-
quent le témoignage du savant La Monnoye sur La Croix du Maine. M. Brunet,
lui, a montré une certaine prudence. Il accepte la solution de Neri, mais ne
pouvant percer les nuages qui enveloppent *Verbos*, il l'a supprimé.

Moi, instinctivement, l'interprétation de *Verbos* m'avait toujours choqué. Je
trouvais étrange que M. d'Alcripe désignât sa seigneurie par un mot français
et un étranger d'un usage assez restreint, qu'il n'usât que pour une moitié
des ressources de l'anagramme. Je ne concevais pas qu'un écrivain, pour modeste qu'il fût, se qualifiât de seigneur de rien en *paroles*. Et je ne veux pas
faire parade de ma hardiesse ni de mon habileté, je n'ai bravé aucune difficulté, je n'ai pas exercé le travail de ma pensee, ce fut un éclair qui m'éclaira.

Ce qui probablement avait induit en erreur les précédents œdipes, c'est que
la première lettre de *Verbos*, dérangeait toutes les combinaisons, tant qu'on
n'y voyait qu'un *v*. Mais on ne réfléchissait pas qu'à l'époque ou l'on peut re-
porter l'âge de l'auteur, ce signe représentait l'*u* voyelle et l'*u* consonne. Or
en le prenant pour la voyelle, on trouve tout naturellement le mot *bourse*, qui
présente un sens fort naturel, et s'accorde parfaitement avec les vieilles que-
relles des gens de lettres contre les injustices de la fortune.

Cette conjecture sera encore justifiée par ces vers de « la Description de la
république de Neri en Verbos » qui termine le livre :

> Quand toute la misère icy j'assemblerois
> Que le vieil escrean chassa de son village,
> De Neri en Verbos, tous les temps en mon aage
> L'infortune et malheur assez je ne dirois

Si vous croyez, monsieur l'éditeur, que cette découverte puisse intéresser
vos lecteurs, publiez-la dans votre Bulletin, mais en bien célant mon nom.
J'ai trop peur de la gloire. J'espère pourtant que ce malheureux *Verbos* dis-
paraîtra du catalogue de M. Duquesne, supplanté par *bourse*, d'autant plus
qu'elle prime l'Église, et que tous les monarques baisent l'ergot du « paron
rouche égu ».

ALCUINUS (J.), *anagr.* [Joannes CALVINUS].

Institutio christianae religionis, nunc vero demùm suo titulo
respondens. Argentorati, 1539, in-fol.   [973]

Vandelinus Rihelius mit en circulation deux sortes d'exemplaires; le plus grand nombre portaient sur le frontispice le nom de Calvin; quelques-uns seulement eurent celui d'Alcuin ; mais dans tous, l'intitulé de la dedicace est conçu en ces termes: *Potentissimo illustrissimoque monarchæ,magno Francorum regi principi ac domino suo*, ALCUINUS.

La bibliothèque de Sorbonne possédait un exemplaire avec le nom d'*Alcuin* sur le frontispice. V. Christ. Sigismundi Liebii, diatribe de pseudonyme J. Calvini. Amstel., 1723, in-8, p. 26.   A. A. B—R.

A.-L. D. [A.-L. DELAROCHE, éditeur des Vies de Plutarque].

I. Beautés ou Morceaux choisis des œuvres de *Plutarque*, recueil des plus belles réflexions de ce philosophe sur des sujets qui intéressent les hommes de tous les âges, et principalement la jeunesse, avec des notes; par —, auteur des «Trésors de l'Histoire ». Paris, Leprieur, 1817,2 vol. in-12, 6 fr.   [974]

Réimprimées sous le titre de : *Beautés des Œuvres morales de Plutarque*, ou Recueil de morceaux choisis, contenant les plus belles réflexions de ce philosophe. Paris, Belin-Leprieur, 1835, 2 vol. in-12.

Les Trésors de l'Histoire ont paru en 1802, avec le nom de l'auteur. Voy. notre « France littéraire », t. II, p. 440.

II. Principaux (les) événements du règne de Louis XIV. Paris, Égron, Audot, 1821, in-12, 3 fr.   [975]

A. L. D. — Tables du géomètre, recueil de calculs faits, à l'usage spécial des géomètres. IIe édit. Noyon, au bur. du « Journal des géomètres », 1863, in-16 de 73 pag.   [975*]

AL..... D'A...... [Alexandre d'ALFONCE, ex-officier supérieur polonais au service de France, mort général au service de Pologne, vers 1837].

Journal historique des opérations militaires de la 7e division de cavalerie polonaise, faisant partie du 4e corps de la cavalerie de réserve, sous les ordres de M. le général de division Sokolnicki, depuis la reprise des hostilités au mois d'août 1813, jusqu'au passage du Rhin au mois de novembre de la même année, rédigé sur les minutes autographes, par un témoin oculaire. Paris, de l'impr. de Bailleul, 1814, in-8 de 80 pag.   [975**]

Signé : Al..... d'A......

ALDEPHE [Franç.-Marie PUTHOD DE MAISONROUGE].
Vrai (le) patriote. (Paris), 1789, in-8.   [976]

Nous n'avons pas cité cet opuscule que nous ne connaissions pas alors, dans l'article PUTHOD DE MAISONROUGE que nous avons fait insérer dans le « Supplément de la Biographie universelle ».   Note de J. Lamoureux.

ALDIBORONTOPHOSCOPHORNIO (le révérend Claude), nez à Béthune,

commentateur imaginaire des Trois Messéniennes, par M. Potier.
Paris, 1824, in-12 de 36 pag. (Voy. Potier.)   [977]

ALDINO-ALDINI [le marq. A. de LAUZIÈRES], ancien rédacteur du
« Courrier franco-italien ».   [978]

ALDEGONDE (Mlle)[Mlle Aldegonde-Jeanne PELISSIÉ], ex-artiste des
Variétés, décédée à la fin de juin 1857, à l'âge de soixante et onze
ans.   [978*]

ALEMBERT (J. LEROND D'), *apocr.* [l'abbé CANAYE].
Discours préliminaire, imprimé à la tête de l'Encyclopédie. [979]

C'est au moins l'opinion de Mercier, abbé de Saint-Léger. Néanmoins ce
morceau a été réimprimé dans les Mélanges, ainsi que dans les diverses éditions des Œuvres de d'Alembert, avec la critique qui en avait été faite, et la
réponse de d'Alembert.

ALÉTAPHILE [Claude-François-Xavier MERCIER, de Compiègne].
Fragments dramatiques, faisant suite aux « Soirées d'automne »
(du même auteur). Paris, Mercier, s. d. (1795), pet. in-12 de
136 pag.   [980]

Ce volume contient deux comédies : *Raton vengé*, ou le Poëte puni, en trois
actes et en vers; *C'est un ange*, ou Notre manière de voir, en un acte et en
prose. En tête du volume on trouve un morceau (en vers) intitulé *Un an de la
vie d'Alétaphile*, fragment pour servir de préface, et à sa suite une *Histoire
d'Alétaphile*.

ALETHEOPHILUS (Urbicus) [Gilles de WITTE].
I. Controlator Pseudo-Ecclesiasticus, sive Rapsodia rustica con-
futata. 1690, in-4 de 35 pag.   [981]

Contre un sermon d'un moine maronite dans lequel il avait avancé des faits
très-pernicieux sur la pénitence.

II. Pica Ranstensis, seu Rejectio Disquisitionis historico-theolo-
gicae Hieronymi Haerts P. in Ranst. 1690, in-4 de 7 pag.   . [982]

Sur le même sujet.
G. de Witte a publié en faveur du jansénisme plus de trente ouvrages, sous
vingt masques latins. Tous ses ouvrages sont depuis longtemps oubliés ; car la
dernière édition du Dictionnaire des livres jansénistes, par le P. Colonia,
avec des augmentations du P. Patouillet (Anvers, 1752, 4 vol. in-12), ne cite
que les principaux écrits de ce défenseur des doctrines de Jansénius, et garde
le silence sur les moins importants, parmi lesquels on doit ranger les n°s 981
et 982. Feller dans son Dictionnaire historique, et les auteurs de la Biographie
universelle n'ont pas cru devoir en citer plus que n'avaient fait les PP. Colonia
et Patouillet; mais on trouve la liste complète des ouvrages de Gilles de Witte,
tant avec son nom, qu'anonymes, et sous ses vingt pseudonymes, dans un
volume intitulé · *Idée de la vie et des écrits de G. de Witte*, Amsterdam, 1756,
pet. in-12. Ce volume est attribué à l'abbé Pierre LE CLERC, sous-diacre de
l'église de Rouen. Il forme, non le deuxième volume, comme l'a dit A.-A. Bar-

bier, sous le n° 21131 de son Dictionnaire des ouvrages anon. et pseudon., mais le troisième d'un ouvrage dont la publication est due à ce même abbé Le Clerc, et qui a pour titre : « le Renversement de la religion et des lois di-« vines et humaines par toutes bulles, et brefs donnés depuis près de 200 ans « contre Baïus, Jansénius, les Cinq propositions, pour le Formulaire et contre « le P. Quesnel, etc., etc. » Rome (Rouen), 1756, 2 vol. pet. in-12. On trouve dans ces deux volumes des traductions françaises de plusieurs pièces latines de Gilles de Witte.

ALETHÈS (Irénée), professeur en droit dans le canton d'Uri, *aut. supp.* [VOLTAIRE].

.Lettre sur les panégyriques. La Haye, Frédéric Straatman, 1767, in-8. [983]

Cette pièce est d'avril ou mai 1767. Madame Du Deffand en parle dans sa lettre à H. Walpole, du 23 mai. Le même jour, d'Alembert en accusait réception à Voltaire. Catherine II en remercia l'auteur dans sa lettre du 18-19 mai.

ALETHINUS (Theophilus), *édit. pseud.* [Joannes CLERICUS].

Dionysii Petavii opus de theologicis dogmatibus cum notulis Theophili Alethini. Antwerpiae (Amst.), 1700, 6 vol. in-fol. [984]

ALETHOCRITE (V*/**). — Avec M. G*** : Exposition de Nantes en 1825. Nantes, de l'impr. de Hérault, 1825, in-8 de 44 pag. [985]

En prose, mêlée de vers.

Cet opuscule donna lieu à une critique qui parut sous le titre de : « Quelques mots sur une brochure ayant pour titre : Exposition de Nantes » (en prose, mêlée de vers). Nantes, de l'impr. de Mellinet-Malassis, 1825, in-8 de 8 pag., à laquelle les auteurs critiqués répliquèrent par une « Réponse aux détracteurs de la brochure intitulée : « Exposition de Nantes en 1825 ». Nantes, Hérault, 1825, in-8 de 16 pag.

ALETHOF (Ivan), secrétaire de l'ambassade russe, *aut. supp.* [VOLTAIRE].

Russe (le) à Paris, petit poëme en vers alexandrins, composé à Paris au mois de mai 1760. {Suivi de notes.} Sans lieu d'impression, ni date, in 8 de 16 pag. [986]

Réimprimé depuis parmi les *Contes en vers, Satires et Poésies mêlées* de l'auteur.

ALÉTHOPHILE [le P. Jean COURTOT, de la congrégation de l'Oratoire].

Lettre d'un ecclésiastique à un bachelier de ses amis. 1663. [987]

ALÉTHOPHILE. — Éphéméride, ou Coup d'œil d'un jour. Paris, de l'impr. de Pillet aîné, 1831, in-8 de 8 pag. [988]

ALETHOPHILUS (Christianus) [HENRICUS A S. IGNATIO, carmelitanus].

Artes jesuiticae in sustinendis pertinaciter novitatibus Cle-

menti IX atque orbi universo denuntiatae. Argentorati, 1710, in-12.
[989]

ALETHOPHILUS (Sebastianus) [Samuel SORBIÈRE].

I. Epistola de thoracis lacteis.   [990]

Imprimée avec Joannis Pecqueti Experimenta nova anatomica. Parisiis, 1654, in-4.

II. Seb. Alethophili ad Franciscum Lignerium epistola de Vitandâ in scribendo acerbitate. 1657, in-4.   [991]

ALETOPHILUS CHARITOPOLITANUS [Joan. COURTOT].

Manuale Catholicorum hodiernis Controversiis amicè componendis maximè necessarium. Charitopoli, 1651, in-18; 1663, in-8.   [992]

Ouvrage brûlé par la main du bourreau.

ALETHOWITZ. Voy. **LEGOPANOF.**

ALÉTHOPHILE (S.) [Franç.-Guill. QUÉRIAU, avocat].

Examen du systéme de M. Newton sur la lumière et les couleurs. Euphronople, et Paris, Vente, 1766, in-8.   [993]

ALÉTOPHILE [Louis de LAUS DE BOISSY, membre de plusieurs académies].

Addition à l'ouvrage intitulé les « Trois siècles de notre littérature », ou Lettre critique adressée à M. Sabatier, de Castres, soi-disánt auteur de ce Dictionnaire. Amsterdam, et Paris, J.-F. Bastien, 1773, in-8 de 68 pag.   [994]

Dans cet opuscule, publié immédiatement après l'apparition de la première édition des « Trois siècles de la littérature », on en disputait déjà la propriété à l'abbé Sabatier.

ALÉTOPOLIS (l'évêque d'). Voy. **HUMBLE ÉVÊQUE D'A.....** (l').

ALEXANDER, Anglo, theologo vetustissimo [CARPENTIER].

Summa, seu destructorium vitiorum. Nurembergae, 1496 ; — Venetiis, 1582, in-4; — Parisiis, 1621, in-fol.   [995]

Ce théologien n'est pas si ancien, puisqu'il cite saint Thomas et Holcolt. On l'a quelquefois confondu avec Alexandre de Alès. G. Cave et C. Oudin nous apprennent qu'il se nommait Carpentier, qu'il était fils d'un menuisier, et que sa modestie lui fit celer son nom de famille. (*Note de l'abbé Bouillot.*)

ALEXANDER PATRICIUS ARMACANUS [Cornelius JANSENIUS].

Mars gallicus, seu de justitiâ armorum et fœderum regis Gallicae, libri duo. 1635, in-fol.; — 1636, in-4 ; — 1637, in-12.   [996]

Mars (le) françois, ou la Guerre de France, en laquelle sont examinées les raisons de la justice prétendue des armes et des alliances du roi de France...; traduite de la troisième édition (par *Ch. Hersent*). 1637, in-8.

Il existe une refutation de cet ouvrage de Corn. Janséuius, qui a paru sous ce titre :

Vindiciae gallicae adversùs Alexandrum Patricium Armachanum theologum (à Daniele de Priezac). Parisiis, 1638, in-12, et dans les Mélanges de l'auteur. Paris, 1638, in-4. — Cette réfutation a été traduite en français, et publiée sous ce titre : *Défense des droits et prérogatives des roys de France contre Alexandre-Patrice Armacan, théologien,* escrite en latin sous le titre de : *Vindiciae gallicae* (par Daniel de Priezac), et fidèlement traduite en françois (par J. Baudoin). Paris, Rocolet, 1639, in-8.

ALEXANDRE. — Pièces fugitives sur la carrière du théâtre et sur celle des lettres. Dediées aux mânes de Lekain. Amsterdam, et Paris, Moureau, 1779, in-8. [997]

ALEXANDRE [Alexandre-Fursy GUESDON], connu plus tard sous le pseudonyme de Mortonval.

Petit (le) Jacquot, opéra en un acte. Représenté pour la première fois, le 8 thermidor an IX, sur le théâtre Montansier. Paris, Mme Masson, 1801, in-8, 1 fr. [998]

ALEXANDRE (Mme) [Mme Alexandre FRIEDELLE, aut. dram.].

I. Amélie, ou le Protecteur mystérieux, mélodr. en trois actes. Représ. sur le théâtre de la Gaîté. Paris, 1807, in-8. [999]

Imprimé sous le nom de M***.

II. Avec Augustin H. [Hapdé] : Barbe-bleu, ou les Enchantements d'Alcine, tableau en trois actions (pant.), précédé de la Grotte d'Alcine, prologue mêlé de chants. Paris, Barba, 1811, in-8. [1000]

III. Lévite (le) d'Éphraïm, ou la Destruction des Benjamites, pantomime en trois actes. Paris, J.-N. Barba, 1813, in-8, 40 c. [1001]

IV. Avec M. *Scribe :* les Empiriques d'autrefois, com.-vaud. en un acte. Représentée sur le théâtre de Madame, le 11 juin 1825. Paris, Pollet, 1825, in-8 de 40 pag., 1 fr. 25 c.; ou Paris, Baudouin frères ; Pollet, 1829, gr. in-32, 1 fr. [1002]

Le nom de Madame Friedelle sur cette dernière pièce, à laquelle elle est étrangère, est une honorable supercherie de M. Scribe.

Scribe avait connu autrefois Mme Friedelle : elle vint dans un jour de détresse le prier de faire recevoir au Gymnase *les Empiriques d'autrefois.* A la lecture, Scribe trouva la pièce mauvaise, et la refit, sans que l'auteur primitif s'en doutât. La pièce ne réussit pourtant point à Paris; mais Scribe voulant être utile à Mme Friedelle, sans blesser sa susceptibilité, lui fit croire qu'elle obtenait beaucoup de succès en province, et Scribe chaque mois lui comptait des droits d'auteur imaginaires.

ALEXANDRE (le sieur FRANÇOIS, dit), professeur de grammaire à l'École vétérinaire d'Alfort.

I. Mémoire pour lui. Paris, de l'impr. de Poulet, 1811, in-4 de 53 pag. [1003]

II. Encore une Grammaire ou les Vrais principes de la langue française. Quatre parties, dont les trois premieres forment autant de classes bien distinctes, la quatrième partie consacrée à plusieurs objets qui se lient à l'ensemble de l'ouvrage, avec les homonymes et un modèle d'analyse grammaticale. Paris, Boucher, Denay, l'Auteur, 1822, in-12, 1 fr. 25 c.   [1004]

Cette Grammaire a obtenu une 5ᵉ édition en 1826, qui a été publiée sous le titre de *Grammaire classique de la langue française*. Paris, Brunot-Labbe, Boucher, in-12, 1 fr. 25 c.

ALEXANDRE [Alex. BARGINET, de Grenoble].

Avec Philippe [Phil. Roustan] : l'Intrigue à l'auberge, ou les deux Élisa, comédie en un acte et en prose, mêlée de couplets. Représentée sur le théâtre de la Gaîté, le 10 octobre 1820. Paris, Fages, 1820, in-8, 75 c.   [1005]

ALEXANDRE [Alexandre BASSET, déjà cité p. 69].

I. Avec M. Théodore (Pernot) : Veuve et garçon, com.-vaud. en un acte. Représ. sur le théâtre de l'Ambigu-Comique, le 14 décembre 1824. Paris, Quoy, 1825, in-8 de 48 pag.   [1006]

II. Avec MM. Émile [de Rougemont] et Étienne [Arago] : le Cousin Frédéric, ou la Correspondance, com.-vaud. en un acte. Représ. sur le théâtre du Vaudeville, le 7 février 1829. Paris, Bezou, 1829, in-8 de 36 pag., 1 fr. 50 c.   [1007]

III. Avec MM. Duvert et Lauzanne : Heur et malheur, vaudev. en un acte. Représ. sur le théâtre nation. du Vaudeville, le 19 avril 1831. Paris, Barba, 1831, in-8 de 40 pag. — Deuxième édit., avec les changements survenus pendant les représentations. Paris, Barba, Delloye, 1837, gr. in-8 à 2 col.   [1008]

La deuxième édition fait partie de « la France dramatique au XIXᵉ siècle ».

IV. Enfants (les) du pasteur, drame en un acte, mêlé de couplets. Représ. sur le théâtre des Nouveautés, le 9 octobre 1831. Paris, Bezou, 1831, in-8 de 28 pag., 1 fr. 50 c.   [1009]

ALEXANDRE [Alexandre-Jean-Jacques TARDIF].

Avec D. Laffillard et Gombault : Croisée à louer, ou un Jour à Reims, tableau mêlé de vaudevilles. Représ. en mai 1825 sur les théâtres de la banlieue (théâtres Sevestre). Paris, Duvernois, 1825, in-8 de 28 pag.   [1010]

ALEXANDRE [Alexandre-Joseph LE ROY DE BACRE].

Avec MM. L. Ponet [Portelette] et Franconi jeune : le Vieillard, ou la Révolution, mélodrame en deux actes. Représ. sur le théâtre du Cirque-Olympique, le 17 décembre 1825. Paris, Duvernois, 1825, in-8 de 36 pag. [1011]

ALEXANDRE [Franç.-Victor-Armand DARTOIS DE BOURNONVILLE].

I. Avec M. Francis [Le Roi, baron d'Allarde] : Tom-Rick, ou le Babouin, pièce en trois actes, imitée de l'angl. Représ. sur le théâtre de la Porte-Saint-Martin, le 16 octobre 1832. Paris, Quoy, 1832, in-8 de 40 pag. [1012]

II. Avec M. Dumersan : la Femme du peuple, drame en deux actes, mêlé de couplets. Représ. sur le théâtre du Vaudeville, le 1er décembre 1835. Paris, Marchant, 1836, in-8 à longues lignes, de 48 pag. (2 fr.), et à 2 colon. de 16 pag. [1013]

Les auteurs de « la Littérature française contemporaine » veulent que le collaborateur de Dumersan, qui s'est caché pour cette dernière pièce sous le nom d'Alexandre, soit un des frères Dartois. Nous n'osons ni infirmer ni affirmer.

ALEXANDRE. — Avec M. Gustave Balthasar : l'Aveugle de Bagnolet, souvenir de 1815, com.-vaud. en un acte. Représ. sur le théâtre Saint-Marcel, le 14 juillet 1839. Paris, Marchant, 1839, in-8 de 16 pag. [1014]

Plusieurs autres auteurs dramatiques se sont dissimulés sous ce prénom parmi lesquels nous citerons Ant. BÉRAUD, BERNOS, CHAPONNIER, LABORDE, MARTINEAU, le vic. de SÉGUR, VÉRY, dont les participations sont mentionnées dans les volumes de notre « France littéraire » aux vrais auteurs. (Voy. plus haut la note à l'article Achille.)

ALEXANDRE d'Arles (le P.), *nom de religion*, capucin.

Histoire de la fondation du monastère de la Miséricorde de la ville d'Arles. Aix, 1707, in-12. [1015]

ALEXANDRE LÉON. — Souvenirs d'Espagne. — L'Escurial. — Impr. dans « la Liberté de penser », 15 avril 1848. [1016]

ALEXIS (le seigneur), Piémontois [Guillaume RUSCELLI].

Secrets (les) du —, divisez en six livres. Anvers, 1564, in-8 et in-12; et augmentez d'un livre de distillation non par cy-devant imprimé. Lyon, Guillaume Rouille, 1572, in-12, avec gravures sur bois. [1017]

ALEXIS (Léon d') [le cardinal de BÉRULLE].

Traité des énergumènes, suivi d'un Discours sur la possession de Marthe Brossier, contre les calomnies d'un médecin de Paris. Troyes, 1599, in-8. [1018]

L'ouvrage du docteur Marescot, médecin à Paris, a paru sous le voile de l'anonyme et sous le titre de : *Discours sur le fait de Marthe Brossier, prétendue démoniaque.* Paris, Mamert Patisson, 1599, in-8.

ALEXIS (le P.), *nom de religion* [Alexis-P. CAQUET], augustin ; né à Paris, le 13 janvier 1715.

I. Dissertations et Lettres canoniques sur les élections et l'autorité des supérieurs dans l'ordre des capucins, et sur le recours des ecclésiastiques séculiers et réguliers, tant inférieurs que supérieurs, aux puissances séculières, et aux lettres de cachet respectivement ; ouvrage apologétique, divisé en deux parties. Cologne (Avignon), 1754, in-12.   [1019]

II. Généalogie de la maison de Roquelaure. Paris, 1762, in-12.

III. Généalogie de la maison de La Fare. Paris, 1766, in-8. [1020]

ALEXIS (le révérendissime Père en Dieu), archevêque de Novogorod-la-Grande [VOLTAIRE].

Mandement (son). 1765, in-8 de 21 pag. — Autre édition, 1765, in-8 de 15 pag.   [1021]

Cet opuscule est d'octobre 1765. L'édition, en 21 pages, qui est probablement la première, a de nombreuses fautes, qui ont été reproduites jusqu'en 1831. Les « Mémoires secrets » du 6 novembre 1765 parlent d'une édition de 12 pages : peut-être n'est-ce qu'une transposition de chiffres, et a-t on mis 12 au lieu de 21 : Beuchot n'avait jamais vu cette édition.

A la fin du mois d'août, ou dans les premiers jours de septembre 1765, parurent les *Actes de l'Assemblée générale du clergé de France*. Ces Actes contenaient : 1º Condamnation de plusieurs ouvrages contre la religion (entre autres, l'Essai sur l'Histoire générale, le Dictionnaire philosophique, la Philosophie de l'Histoire de Voltaire) ; 2º Exposition sur les droits de la puissance spirituelle ; 3º Déclaration sur la constitution *Unigenitus* et la Lettre encyclique de Benoît XIV, du 16 octobre 1756. A la suite de ces trois pièces on avait reproduit la Réclamation du clergé de 1760 et la Déclaration de 1762. Un arrêt du parlement de Paris, du 4 septembre 1765, ordonna la suppression des Actes du clergé.

Une Lettre circulaire de l'Assemblée du clergé de France, datée du 27 août, et qui devait accompagner l'envoi des Actes, fut déférée au parlement, qui, le 5 septembre 1765, condamna à être lacéré et brûlé au pied du grand escalier cet écrit en deux feuilles, sans nom d'auteur, ni d'imprimeur, ni lieu d'impression, etc. Cet arrêt du parlement du 5 septembre fut exécuté le lendemain 6, en présence de moi ; Dagobert-Étienne Isabeau, l'un des trois principaux commis pour la grand'chambre.

La Lettre circulaire était signée : Ch.-Ant., archev., duc de Reims, président, etc.

C'est à l'occasion de tout cela que fut fait le *Mandement du révérendissime frère en Dieu Alexis.*

Sur les remontrances du clergé, un arrêt du conseil, du 15 septembre 1765, cassa les arrêts du parlement des 4 et 5.

Il y eut condamnation sur condamnation : 1º condamnation par le clergé de quelques livres philosophiques ; 2º condamnation des « Actes du clergé » par le parlement, qui n'était pourtant pas pour les philosophes ; 3º condamnation par arrêt du conseil des arrêts du parlement et des « Actes du clergé » ; objets dont la postérité s'inquiète peu.

ALEXIS [Alexis-Étienne-Pierre-Henri ARNOULT].

Amour et mauvaise tête, ou la Reputation, comedie en trois actes, mélée d'ariettes. Repiésentée pour la premiéie fois, sur le théâtre de l'Opéra-Comique, le 17 mai 1808. Paris, Frechet, 1808, in-8 1 fr. 50 c. [1022]

ALEXIS [Alexis DECOMBEROUSSE, fécond auteur dramatique].

I. Avec M. Benjamin A*** [Antier] : le Pauvre de l'Hôtel-Dieu, melodrame en trois actes, à grand spectacle. Représ. sur le théâtre de la Gaîté, le 16 août 1826. Paris, Quoy, 1826, in-8 de 60 pag., 1 fr. 50 c. [1023]

II. Avec M. Antony Béraud et *** [Gustave Drouineau] : le Fou, drame historique en trois actes. Représ. sur le théâtie de l'Ambigu-Comique, le 12 mars 1829. Paris, Palais-Royal, galerie de Chartres, 2 et 3, 1829, in-8 de 98 pag., 2 fr. [1024]

III. Avec MM. Merville et H. Leroux : la Maîtiesse, comedie-vaudeville en deux actes. Représ. sur le théâtre de Madame, le 6 mai 1829. Paris, Bezou, 1829, in 8 de 48 pag., 2 fr.; 1830, in-32 de 64 pag., 1 fr. [1025]

IV. Avec M. Benjamin A*** [Antier] : le Fils de Louison, melodrame en trois actes. Représ. sur le théâtre de la Gaîté, le 19 décembre 1829. Paris, Quoy, 1830, in-8 de 80 pag., 2 fr. [1026]

V. Avec M. Benjamin A*** [Antier] et Théodore N*** [Nezel] : Joachim Murat, drame historique en quatre actes et neuf tableaux. Représ. sur le théâtre de l'Ambigu-Comique, le 12 février 1831. Paris, Quoy, 1831, in-8 de 96 pag., 2 fr. [1027]

VI. Avec M. Benjamin A*** [Antier] : l'Incendiaire, ou la Cure et l'archevêché, drame en trois actes à grand spectacle. Représ. sur le théâtre de la Porte-Saint-Martin, le 24 mars 1831. Paris, Barba, 1831, in-8 de 72 pag., 2 fr. [1028]

Réimprimé dans la « France dramatique au XIXe siècle » en 1834.

VII. Avec M. Ancelot : la Nuit d'avant, vaudeville en deux actes. Représ. sur le théâtre du Palais-Royal, le 23 avril 1832. Paris, Barba, 1832, in-8 de 44 pag., 1 fr. 50 c. [1029]

VIII. Avec MM. Bayard et Vander-Burch : le Serrurier, comédie en un acte, mêlée de vaudevilles. Représ. sur le théâtre du Gymnase-Dramatique, le 2 avril 1832. Paris, Barba, 1832, in-8 de 44 p., 1 fr. 50 c. [1030]

IX. Avec MM. Benjamin [Antier] et Brienne : l'Abolition de la peine de mort, drame en trois actes et en six tableaux. Représ. sur le théâtre de l'Ambigu-Comique, le 22 février 1832. Paris, Barba, 1832, in-8 de 62 pag , 1 fr. 50 c. [1031]

Ce prénom d'Alexis a aussi servi de masque a M. Barrière. Voy. « la Littérature française contemporaine », t. Ier.

ALEXIS (Willibald) [Georges-Guillaume-Henri HAERING, fécond romancier allemand].

Cabanis, ou la Guerre de sept ans, roman historique allemand (traduit par Mme *Léo*). Paris, Gosselin, 1834, 2 vol. in-8, 15 fr.
[1032]

La version française de ce roman est abrégée. L'original, qui a été publié à Berlin en 1832, sous le titre de *Cabanis, roman en livres,* forme 6 vol. in-8.

ALEXIS [J. Ch. G^{me}, dit]. — L'Agonie, dédiée aux poitrinaires. Cherbourg, de l'impr. de Beaufort, 1840, in-8 de 8 pag. [1033]

Voici les deux premiers vers :

Au tintement lugubre
D'un service funèbre.

ALEXIS le somnambule), *apocr.* [Henri DELAAGE].

Sommeil (le) magnétique expliqué par —, en état de lucidité. Précédé d'une Introduction, par *Henri Delaage.* Paris, Dentu, 1856, in-18 avec un portr. — Deuxième édit. Ibid., 1856, gr. in-18. [1034]

ALEXIS (le R. P.), carme déchaussé, religieux du mont Carmel.

I. Souvenir des méditations données par —, aux sœurs de la Visitation Sainte-Marie de Boulogne-sur-Mer. Bordeaux, Lafargue, 1859, in-32 de viij-82 pag. [1035]

II. Souvenir de la neuvaine au sacré-cœur de Jésus, en l'église des religieuses de Sainte-Marie, à Maquétra, 1858, offert aux chrétiens de la ville de Boulogne. Boulogne-sur-Mer, Berger frères, 1858, in-16 de 32 pag. [1036]

ALEXIS-LOUIS DE SAINT-JOSEPH (le R. P.), carme déchaussé, religieux du mont Carmel, ancien prélecteur de théologie et prédicateur.

I. Abeille (l') du Carmel, ou la Vie de Notre-Seigneur et celle de la Sainte Vierge méditées, pour tout le cours de l'année, à l'usage des personnes du sexe qui veulent vivre chrétiennement dans le monde. 2e édition. Paris, Jouby, 1856, 2 vol. in-18, 5 fr. [1037]

Nous ignorons quand a paru la première édition.

II. Manuel (le) des enfants du Carmel. Notice sur la règle de l'ordre, etc., suivie d'un Abrégé du Rituel du Carmel, des quatre neuvaines en l'honneur de N.-D. du S. Scapulaire, de saint Joseph, etc. Avignon, Aubanel, 1856, in-18 de 10 feuill. 1/3.—IIe édit. Montpellier, Grollier, 1864, in-18 de xij-371 p., 1 fr. 25 c. [1038]

III. Cinq (les) trônes de l'amour divin sur terre : le sein de Marie, la crèche, la croix, l'Eucharistie et l'âme fidèle, d'après MM. de Bérulle, Ollier (*sic*), etc. Lyon, Pélagaud et Cᵉ, et Paris, Albanel fils, 1858, in-32 de xix-401 pag. — IIIᵉ édit. Lyon et Paris, Pélagaud, 1864, in-18 de xix-401 pag. [1039]

La dernière édition porte pour titre : *les Trônes* de l'amour divin, etc , etc.

IV. Mémorial de la mission donnée à la ville de Fleurance en janvier 1859. Auch, de l'impr. de Portes, 1859, in-18 de 44 pag. [1040]

V. Manuel de la vraie dévotion pratique envers la T.-S. Eucharistie et à la T.-S. Vierge. Exercices pour honorer N.-S. J.-C. dans l'adorable sacrement et la T.-S. Vierge dans ses divers mystères chaque semaine de l'année, avec des prières très-pieuses pour la confession, la communion et la sainte messe. VIIIᵉ édition. Lyon et Paris, Pélagaud et Cᵉ, 1859, in-8 de vj-590 pag. — IXᵉ édit. Ibid., 1862, in-18 de vi-388 pag. [1041]

Nous ne connaissons aucune des sept précédentes éditions.

VI. Manuel des grands exercices de la dévotion pratique envers saint Joseph pour toute l'année chrétienne, et en particulier pour le mois de mars. Lyon et Paris, Pélagaud et Cᵉ, 1860, in-18. — IIIᵉ édit. Ibid., 1862, in-18 de viij-271 pag. [1042]

A.·L. F. — Essai sur la quadrature du cercle. Brest, de l'impr. de Lefournier, 1843, in-8 de 16 pag. [1043]

ALFRED [Michel PICHAT, de Vienne (Isère)].

Avec Hyacinthe [H. Decomberousse] : Ali-Pacha, mélodrame en trois actes et à grand spectacle. Reprrés. sur le théâtre du Panorama-Dramatique, le 9 juillet 1822. Paris, J. Esnaux, Barba, 1822, in-8 de 44 pag., 1 fr. [1044]

Baudouin d'Aubigny et le baron Taylor ont eu part à cette pièce sans qu'ils soient nommés sur son frontispice.

ALFRED [J.-J. Charles MOURIER, auteur dramatique].

Avec N. Fournier : Non, comédie-vaud. en un acte. Reprrés sur le théâtre de la Gaîté, le 4 mars 1826. Paris, Quoy, 1826, in-8 de 40 pag., 1 fr. 50 c. [1045]

ALFRED [Philippe-Aug -Alfred PITTAUD, de Forges].

Avec MM. Arm. Dartois, et Adolphe [de Ribbing] : Pierre, comédie en un acte, mêlée de couplets. Reprrés. sur le théâtre des Nouveautés, le 8 septembre 1827. Paris, cour des Fontaines, 7, 1827, in-8 de 64 pag. [1046]

Pour d'autres auteurs dramatiques qui ont dissimulé leurs collaborations de moitié et de tiers, voy. les volumes de notre « France littéraire » aux articles :

ALMBERT (d', BAYARD, MÉNISSIER (Const.), PHILIBERT, TILLEUL et VA-
NAULD.

ALFRED NICOLAS. Voy. *** (Justin).

ALFREDO, rédacteur pour « l'Avenir industriel et artistique » (1857)
de la chronique musicale à laquelle, selon M. Firmin Maillard, il
a donné une certaine couleur « blaguoso-italienne ».   [1047]

A. L. G. D. — Avec L. Aimé Martin : Recueil de contes, historiettes morales en vers ou en prose. Deuxième édit. Paris, Pillet,
1813, 4 vol. in-18, avec gravures, 9 fr.   [1048]

Reproduction d'un ouvrage qui a d'abord paru sous le titre d'Étrennes à la
jeunesse, et a été reproduit une seconde fois sous celui de *Moraliste de la jeunesse*, précédé de contes, historiettes, etc.

L. Aimé Martin est l'auteur des deux premiers volumes.

A. L. G. M. D. [André-Jos.-Ghislain LE GLAY, D. M.].

Genera plantarum juxtà Linneanum systema in gratiam botanices
studiosorum in hoc codicillo disposuit. Cambrai, impr. de S. Berthoud, 1818, in-12 de 24 pag.   [1049]

ALIBASSAN, interprète de la girafe. — Discours de la girafe aux
chefs des six Osages ou Indiens, prononcé le jour de leur visite au
jardin du Roi, trad. de l'arabe par—. Paris, Hautecœur-Martinet,
1827, in-8 de 16 pag.   [1050]

ALI BEN OMAR MOSLEM, *apocr.* [Albert RADICATI, comte de PAS-
SERAN].

Religion (la) mahométane comparée à la païenne de l'Indostan ;
trad. de l'arabe. Londres, 1737, in-8.   [1051]

ALI BEY [Domingo BADIA-Y-LEIBLICH, savant espagnol].

Voyage d'— en Asie et en Afrique, pendant les années 1803 à
1807 (Rédigé par *Roquefort*.) Paris, impr. de Didot aîné, 1814,
3 vol. in-8, avec Atlas oblong de 83 pl. et 5 cartes, 72 fr.   [1052]

ALIBORON (maistre), masque que l'on présume être celui de
P. GRINGORE.

Livre (le) de—, qui de tout se mesle et sait faire tous mestiers et
de tout rien. Paris, Pierre Prevost, s. d., in-8 goth.   [1053]

ALIBRAY (le sieur d') [Charles VION, sieur d'ALIBRAY].

Œuvres (les) poétiques d'— divisées en vers bachiques, satyri-
ques, héroïques, amoureux, moraux et chrestiens. Paris, Antoine
de Sommaville, 1653, un tome en deux vol. in-8.   [1054]

ALI-GIER-BER [le baron Anacharsis CLOOTS].

I. Certitude (la) des preuves du Mahométisme, ou Réfutation de l'Examen critique des apologistes de la religion mahométane. Londres, 1780, 1791, in-12.   [1055]

Ce nom d'Ali-Gier-Ber est l'anagramme de Bergier dont Cloots a parodié la « Certitude des preuves du Christianisme ».

Il existe en réponse à l'ouvrage de Cloots.

Pensées sur le Théisme, ou Défense (ironique) *d'Ali-Gier-Ber*, par l'auteur des « Principes contre l'Incrédulité » (l'abbé Camuset), l'un des titulaires de l'Académie de Châlons-sur-Marne, Paris, Cl. Simon, 1785, in-12.

II. Lettre sur les Juifs à un ecclésiastique. Berlin (Hollande), 1783, in-12.   [1056]

ALITÈPHE, citoyen français. — Le vrai Patriote, dissertation philosophique et politique. S l., 1789, in-8.   [1057]

ALITOPHILUS [Cl.-Barthol. MORISOT].

Veritatis lacrymae, sive Euphormionis Lusinini continuatio. Genevae, 1624, in-12 ; — 1626, in-8.   [1058]

Dans la dernière édition, Morisot prend le masque de Gabriel STUPEN.

Le même ouvrage se trouve à la suite des éditions de l'Euphormion de Barclay. Rothom., 1628 ; — Lugd. Batav., 1667, in-8.

A. L. J. T. D. B. — Étrennes mignonnes dédiées aux prêtres de toutes les couleurs. Paris, an X (1802), in-16.   [1059]

ALLAEUS (Franciscus), arabus christianus [YVONIS, Paris. capucini].

Astrologiae nova methodus. 1654, 1658, in-fol.   [1060]

On trouve dans le même volume *Fatum universi*, par le même auteur, Rhedonensis, 1654, et *Disceptatio in librum de fato*, ibid., 1655.

Ce livre a été brûlé à Nantes par la main du bourreau ; il est très-rare.

Ces trois traités ont été réimprimés avec des additions et corrections. Voy. l'Année littéraire, 1757, t. II, p. 25 et suiv.

ALLAN KARDEC [Hipp.-Léon Denizart RIVAIL, ancien chef d'institution à Paris].

I. Revue spirite, journal d'études physiologiques. Paris, rue des Martyrs, n° 8, et aujourd'hui rue Sainte-Anne, n° 59, 1858-64, 7 vol. in-8. Prix de l'abonnement annuel : 10 fr.   [1061]

Cette Revue contient le récit des manifestations matérielles ou intelligentes des esprits, apparitions, évocations, etc., ainsi que toutes les nouvelles relatives, etc., etc.

La *Revue anecdotique* l'a accueillie en ces termes :

« La *Revue spirite* contient, comme l'on s'en doute, les choses les plus inima- « ginables, et nous saluons sa venue comme si c'était celle d'un de nos plus « laborieux collaborateurs, tant elle semble devoir nous fournir de bonnes « bouffonneries ».

Et ce sont des entretiens avec l'esprit de Mozart, de saint Louis, Louis XI, etc., etc.,— il y a de tout dans cette petite revue, excepté des choses raisonnables.   (Firmin MAILLARD, Hist. de la presse parisienne, 1857-58.)

II. Instructions pratiques sur les manifestations spirites contenant l'exposé complet des conditions nécessaires pour communiquer avec les esprits, et les moyens de développer la faculté médiatrice chez les médiums. Paris, rue des Martyrs, n° 8; Dentu, Ledoyen, 1858, in-18 jésus, de 151 pag., 2 fr.   [1062]

III. Qu'est-ce que le spiritisme? Introduction à la connaissance du monde invisible ou des esprits, contenant les principes fondamentaux de la doctrine spirite et la réponse à quelques objections préjudicielles. Paris, Ledoyen, 1859, in-18 jésus, de 100 pag., 60 c. — iv° édit. Paris, le même, Dentu, Fr. Henri, etc., 1863, in-18 de 144 pag.   [1063]

IV. Philosophie spiritualiste. Le Livre des esprits, contenant les principes de la doctrine spirite sur l'immortalité de l'âme, la nature des esprits et leurs rapports avec les hommes ; les lois morales, la vie future et l'avenir de l'humanité, selon l'enseignement donné par les esprits supérieurs à l'aide de divers médiums. Paris, Ledoyen, 1860, in-8, 6 fr. — ii° édit. Paris, Didier et C°; Ledoyen; Dentu, etc., 1864, grand in-18, 3 fr. 50 c.   [1064]

V. Lettre sur le spiritisme. Lyon, de l'impr. de Chanoine, 1860, broch. in-8.   [1065]

VI. Spiritisme expérimental. Le Livre des médiums, ou Guide des médiums et des évocations, contenant l'enseignement spécial des esprits sur la théorie de tous les genres de manifestations, les moyens de communiquer avec le monde invisible, le développement de la médiumnité, les difficultés et les écueils que l'on peut rencontrer dans la pratique du spiritisme. Pour faire suite au « Livre des esprits ». Paris, Didier et C°, 1861, gr. in-18 angl. de iv–498 pag. — Seconde édit., rev. et corr. avec le concours des esprits, et augm. d'un grand nombre d'instructions nouvelles. Paris, les mêmes, 1861, in-18 jésus, de viij-510 pag. — vi° édit. Paris, les mêmes, Ledoyen, Dentu, Fréd. Henri, 1863, in-18 jésus, de viij-510 pag., 3 fr. 50 c.   [1066]

VII. Spiritisme (le) à sa plus simple expression, exposé sommaire de l'enseignement des esprits et de leurs manifestations. Paris, Ledoyen, (février) 1862, gr. in-18 de 36 pag — vi° édit. Paris, Ledoyen, Dentu, Fr. Henri, 1864, gr. in-18 de 35 pag., 15 c.   [1067]

Traduit en portugais par M. Alexandre Canu, professeur à Paris. Paris, Aillaud, Monlon et C°°, 1862, in-18 jésus de 35 pag.— III° édit. Marseille, de l'impr. d'Arnaud et C°°, 1863, in-16 de 30 pag.

VIII. Voyage spirite en 1862. Paris, Ledoyen, à la Revue spirite, les éditeurs du « Livre des esprits », 1862, in-8 de 64 p., 1 fr. [1068]

IX. Imitation de l'Évangile selon le spiritisme, contenant l'explication des maximes morales du Christ, leur concordance avec le spiritisme et leur application aux diverses positions de la Vie. Paris, Ledoyen, Dentu, F. Henri, 1864, in-18 jésus de xxxvj-446 p., 3 fr. 50 c.   [1069]

X. Résumé de la loi des phénomènes spirites, ou Première initiation à l'usage des personnes étrangères à la connaissance du spiritisme. Paris, au bureau de la Revue spirite, 1864, in-8 de 8 pag., 5 c.   [1070]

Voy. sur cet écrivain le tome XII de notre France littéraire au nom RIVAIL

ALLART DE MÉRITENS [Mlle Hortense ALLART, nièce de Mme Sophie Gay, et par conséquent cousine germaine de Mme Émile de Girardin].

I. Premier petit Livre. Études diverses. Paris, Renault, 1850, in-18 de 72 pag. — Second petit Livre. Études diverses. Paris, Renault, 1850, in-18 de 108 pag. — Études diverses. Troisième petit Livre. Paris, le même. 1851, in-18 de 168 pag.   [1071]

II. Essai sur l'histoire politique, depuis l'invasion des barbares jusqu'en 1848. Paris, Just Rouvier, Dentu, 1857, 2 vol. in-18 de vij-1063 pag. 7 fr.   [1072]

Il y a des exemplaires dont les titres rappellent un précédent ouvrage de l'auteur, « l'Histoire de la république de Florence » (1837, in-8).

III. Novum Organum, ou Sainteté philosophique. Paris, Garnier frères, 1857, in-12 de 307 pag. 1 fr.   [1073]

G. Sand a publié dans le « Courrier de Paris » du 23 décembre 1857, un Examen de ce dernier ouvrage, qui a été réimprimé à part sous le titre de *Mme Hortense Allart*, Toulon, de l'impr. de Laurent, 1858, in-8 de 8 pag.

IV. Lettre à M. J. Molini, à l'occasion de l'ouverture de son établissement de librairie et de ses salons littéraires à Paris. Monthléry, le 20 mars 1861 (Sceaux, de l'impr. de E. Dépée, 1861), in-8 de 15 pag.   [1074]

V. Nouvelle Concorde des quatre évangélistes abrégée. Sceaux, de l'impr. de E. Depée, 1863, in-12 de 75 pag.   [1075]

D'après la Bibliographie de la France ce dernier ouvrage porterait les noms de *Mme Hortense Allens* (sic) *de Méritens*.

VI. Essai sur la religion intérieure. Sceaux, de l'impr. de Dépée, 1864, in-12 de 107 pag.   [1076]

On a publié en 1864 des *Lettres de Béranger à Mme Hortense Allart de Méritens*. Paris, tous les libr., in-12 de 80 pag , 10 c.

Voy. l'article suivant.

ALLART DE THERASE (Mme) [Mlle Hortense ALLART, la même que la précédente].

I. Gertrude. Florence, Jac. Ciardetti, 1827, 3 part. in-12. — Autre édition. Paris, Ambr. Dupont, 1828, 4 vol. in-12, 12 fr. [1077]

Il a été fait de l'édition parisienne une seconde édition ou plutôt second tirage, dans la même année.

II. Sextus, ou le Romain des Marennes; suivi d'Essais détachés sur l'Italie. Paris, Heideloff et Campe, Urb. Canel, 1832, in 8, 7 fr. 50 c.   [1078]

III. Indienne (l'). Paris, Vimont, 1832, in-8, 7 fr. 60 c.   [1079]

Nous ne savons si c'est par superfétation nominale que Mlle Hortense Allart a successivement ajouté au nom de son père ceux de *Therase, de Mérilens*, ou bien si ce sont les noms de deux époux. Dans le dernier cas l'appellation n'est pas régulière, car l'usage a établi que lors de la réunion des noms d'une demoiselle à celui de son mari, c'est celui du dernier qui prime. Dans l'impossibilité d'éclaircir cette singularité bornons-nous à constater que Mlle *Hortense Allart*, et Mmes *Allart de Therase* et *Allart de Mérilens* sont une seule et même personne.

ALL EARS ET ALL EYES [A.-T. DESQUIRON, de Saint-Agnan].

I. Tableau descriptif, moral, philosophique et critique de Londres, en 1816. Paris, Scherff, et Genève, Manget et Cherbuliez, 1817, 2 vol. in-8, 10 fr.   [1080]

II. Bouche de fer (la). Paris, de l'impr. de Poulet, janvier à avril 1818, 4 livraisons in-8, ensemble de 8 feuilles.   [1081]

Il existait déjà un ancien ouvrage qui porte ce pseudonyme : l'*Espion anglais, ou Correspondance entre milord All'eye et milord All'ear*. Londres, 1784, 10 vol. in-12.

ALLÉGRE ou mieux **ALÈGRE** (le P. d'), de Carpentras, prédicateur, *apocr.* [BALZE, avocat et poète, ancien doctrinaire].

Sermons nouveaux sur les vérités les plus intéressantes de la religion. Nouvelles éditions. Avignon, Chambeau, 1765, 1768, 3 vol. in-12; Lyon, Guyot, 1824, 4 vol. in-12.   [1082]

Sermons assez médiocres, qui, ainsi qu'on le voit, n'en ont pas moins été réimprimés plusieurs fois.

ALLEMAND (Un). — Lettre d'— à un de ses amis en Hollande sur la détention du maréchal de Belle-Isle. La Haye, 1705, in-8. [1082*]

ALLEMAND (Un) résidant en cette Cour (la Russie).

Nouveaux Mémoires sur l'état de la Grande-Russie ou Moscovie (publiés en français par le P. *Malassis*). Paris, 1725, 2 vol. petit in-8, avec cartes.   [1083]

La traduction de cet ouvrage existe sous deux autres titres :

1° Nouveaux Mémoires sur l'état présent de la Moscovie. Paris, Pissot, 1727, 2 vol. in-12.

2° Mémoires-Anecdotes d'un ministre étranger résidant à Saint-Pétersbourg. La Haye, Van Duren, 1729, in-12.

Mylius nomme WEBER, le ministre de la Cour de Saxe, comme auteur de cet ouvrage, écrit en allemand.

ALLEMAND (Un). — Réflexions d'— sur les défauts de la versification française. Altona, Korte, 1727, in-8.　　　　　　　　[1083*]

ALLEMAND (Un). — Lettre sur le prospectus de « l'Histoire littéraire de Voltaire », par Luchet, traduction libre. 1779, in-8 de 16 pag.　　　　　　　　　[1084]

ALLEMAND (Un) [J.-Georges HEINZMAN].

Voyage d'— à Paris, et son retour par la Suisse. Lausanne, Hignon, 1800, in-8 de vj-415 pag., 4 fr. 50 c.　　　　　　[1085]

ALLEMAND (Un). — Lettres d'— sur le « Coup-d'œil relatif aux démêlés des Cours de Bavière et de Bade », par M. Bignon; publiées par M. de Lamezan, auteur de « l'Allemagne fédérative ». Paris, Plancher, 1818, in-8 de 80 pag.　　　　　　[1086]

ALLEMAND (Un). — Petite Revue des enseignes de Paris, publiée par Emmanuel Christophe. Paris, les march. de nouv., 1826, in-8 de 16 pag., 50 c.　　　　　　　[1087]

ALLEMAND (Un) [WIENBARG].

Esquisses de la Hollande, en 1831 et en 1832. — Impr. dans la « Revue du Nord », prem. année (1835), p. 340-53.　　　[1088]

ALLEMAND (Un) [Jacques VENEDEY].

Caractère et mœurs des Normands appréciés par —, publié par M. *A. Canel.* Pont-Audemer, impr. de Dumas-Lecomte, 1851, in-8 de 30 pag.　　　　　　　[1089]

Extrait à 25 exempl. du Journ. de Pont-Audemer.

M. Venedey est auteur d'un Voyage en Normandie, publié à Leipzig en 1838, et traduit ultérieurement en anglais.

Un autre long fragment de ce Voyage, traduit en français, a encore été imprimé, en cinq articles, dans la « Revue de Rouen et de la Normandie », sous le titre de *Jours de repos et de voyage en Normandie* (t. XII et XIII, 1838-39), mais avec le nom de l'auteur.

ALLEMAND (Un).— La Question du jour. Paris, Dentu, 1859, in-8 de 79 pag.　　　　　　　　[1090]

ALLEMAND (Un).—La Politique française devant l'Europe. Berlin, Behr, 1859, in-8 de 33 pag.　　　　　　[1091]

ALLEN (William) [Silas TITUS, colonel anglais].

Traité politique, composé par William Allen, Anglois, et traduit en françois, où il est prouvé, par l'exemple de Moyse et par d'autres, tirés hors de l'Écriture, que tuer un tyran, *titulo vel exercitio,* n'est pas un crime. Lugduni, 1658, pet. in-12 de 94 pag., non compris le titre, 9 à 12 fr.   ·   [1092]

Édition originale et rare d'un livre assez recherché. Vendu : 17 fr. m. r. d'Hangard; 20 fr. m. r. Caillard; 26 fr. Ch. Nodier; 30 fr. Renouard; et jusqu'à 50 fr. 50 c. Guilbert de Pixerecourt.

Guy Patin dit, dans une lettre datée du 21 novembre 1659, t. I, p. 406, édit. de 1707 : « On a imprimé en Hollande un livre intitulé, *Traité politique,* etc. On dit qu'il est traduit de l'anglois, mais ce livre a premièrement été fait en françois par un gentilhomme de Nevers, nommé M. de Marigni, qui est un bel esprit. Cette doctrine est bien dangereuse, etc. »

Bayle soutient avec raison que ce livre est anglais d'origine, et que Marigni n'était point capable de la gravité et du sérieux qui règne dans cet ouvrage. Voy. la Dissertation sur le livre de *Junius Brutus,* vers la fin. *Dict. hist. et crit.,* t. IV.

Bayle eût dû citer, à l'appui de son raisonnement, l'édition originale du Traité de William ALLEN. Elle est ainsi intitulée : *Killing no murder,* etc., *by William* ALLEN, 1657, in-4, c'est-à-dire, *Tuer n'est pas assassiner;* traité abrégé en trois questions intéressantes pour le public, et propres à détourner et empêcher des individus et des conseils d'usurper le pouvoir suprême. Par Guillaume ALLEN, etc. L'original anglais a été réimprimé avec des additions, en 1659, et depuis en 1743. Le catalogue du Musée britannique en indique d'autres de 1689 et de 1704, in-4. Ce pamphlet a été inséré dans « l'Harleyan Miscellany » (London, 1808-13, 10 vol. in-4), t. IV (1808). Enfin il a été réimprimé dans ces derniers temps à la fin de l'ouvrage intitulé : *The Revolutionary Plutarch, exhibiting the distinguished caracters literary, military, and political, in the recent annals of the french Republick.* Il est reconnu aujourd'hui en Angleterre que le nom d'ALLEN est un masque dont se couvrit le colonel Silas TITUS, célèbre par un discours prononcé au parlement pour exclure le duc d'York de la succession à la couronne. Peut-être de Marigni est-il le traducteur de Silas Titus; son caractère porté à la satire lui aura fait trouver du plaisir à transporter dans notre langue un ouvrage dirigé contre Olivier Cromwell, et qui lui est ironiquement dédié. Voy. un journal anglais intitulé : *The Athenæum,* n° 1, january 1807, p. 45, et *Literary Anecdotes,* etc., by John Nicols, London, 1812, t. IV, p. 106.   A.-A. B—R.

On a fait une réponse à l'écrit du colonel S. Titus, sous le titre de *Killing is murder.*

La réimpression de l'ouvrage françnis, faite à Paris, par les soins de Mercier, de Compiègne, en 1793, sous l'ancienne date, quoiqu'elle-même soit assez difficile à trouver, a peu de valeur : cependant un exemplaire imprimé sur vélin a été vendu 48 fr. en 1798, et 45 fr. 50 c., Chardin; et sur papier de Chine, 9 fr., Méon.

Cette traduction a reparu, avec quelques légers changements, dans le *Code des tyrannicides,* Lyon, an VIII, in-12.

Cette singulière question a été de nouveau agitée au XVIIIe siècle par un savant publiciste, Emer de VATTEL, l'auteur du « Droit des gens ». C'est le sujet d'un écrit de lui qui a été imprimé parmi les Annexes du 3e volume d'une nouvelle édition du « Droit des gens », publiée avec un commentaire et des notes de M. le baron Chambrier d'Oleires (Paris, 1837, 3 vol. in-8). Cet écrit, dont il y a eu des exemplaires tirés à part, est intitulé : *Est-il permis en cer-*

taines circonstances d'attenter à la vie du chef de l'État. Dialogue entre Jules-César et Cicéron. Paris, Rey et Gravier, 1er janvier 1837, in-8 de 11 et 17 pages. Dans l'avant-propos, les éditeurs disent que s'ils se sont déterminés à mettre sous les yeux du public ce Dialogue remarquable avant le « Droit des gens », c'est bien moins pour faire connaître leur publication, que pour satisfaire au désir que leur ont manifesté plusieurs personnes très-capables d'apprécier la portée de cette sage production, lesquelles pensent, dans leur sollicitude pour le bien commun des hommes, qu'elle peut efficacement servir à ramener à des sentiments plus dignes d'eux et de notre siècle ceux que l'anarchie des passions égare au point d'en faire d'odieux assassins ».

ALLENT (B.), *nom altéré* [Eugène BALLAND, homme de lettres et libraire à Paris].

I. Avec Léon Thiessé : Manuel des braves, ou Victoires des armées françaises en Allemagne, en Italie, en Égypte, etc., etc., et dédié aux membres de la Légion-d'Honneur. Paris, Plancher, 1817, 4 vol. in-12, avec gravures, 12 fr. [1093]

II. Animaux (les) industrieux, ou Description des ruses qu'ils mettent en œuvre pour saisir leur proie et fuir leurs ennemis; des moyens qu'ils emploient dans la construction de leurs habitations; de leurs combats, de leurs jeux, et de toutes les ressources qu'ils ont reçues de la nature pour veiller à l'entretien et à la conservation de leur vie. Paris, P. Blanchard, 1821, in-12, 3 fr. — IXe édition. Paris, Lehuby, 1854, in-12, 1 fr. 25 c. [1094]

Contrefait en 1822, à Gand, par de Busscher, in-12.

III. Beautés de P. Corneille, ou Choix de ses passages les plus remarquables sous le rapport de la pensée et du style. Paris, P. Blanchard, 1821, in-18, 2 fr. [1095]

IV. Beautés de Fénelon, ou Choix de ses passages.... Paris, le même, 1821, in-18, 2 fr. 50 c. [1095*]

V. Beautés de Massillon, etc., etc. Paris, le même, 1821, in-18, 2 fr. 50 c. [1096]

Ces trois derniers volumes font partie d'une collection intitulée : *Beautés des écrivains français les plus célèbres.*

VI. Histoire de France en estampes. Paris, P. Blanchard, Lecerf, 1821, in-8 oblong de 15 feuill., avec 30 grav., 15 fr., et avec les grav. color., 30 fr. — Ve édit. Paris, Blanchard, 1826, in-8 oblong, avec gravures, 9 fr. [1097]

Les quatre premières éditions sont anonymes.

VII. Sept (les) Nouvelles, contes moraux, ornés de figures. Paris, A. Eymery, 1823, in-8 oblong de 6 feuill. 1/2, plus les grav. [1098]

VIII. Galerie française des hommes les plus illustres dans tous les genres, avec un texte explicatif, contenant le récit de leurs belles actions, des notices abrégées de leurs vies, des critiques raisonnées de leurs chefs-d'œuvre, ou des extraits des plus beaux passages de leurs écrits. Par —, auteur de « l'Histoire de France en estampes ». Paris, A. Eymery, 1824, in-8 oblong de 23 feuill., avec 15 grav., 15 fr.; grav. color., 30 fr. [1099]

IX. Petite (la) Léontine, ou Malice et Bonté, historiette amusante et morale, destinée à la jeunesse des deux sexes. 2e, 3e et 4e éditions. Paris, Dominique Belin, 1829, 1834, 1836, in-18 avec 3 grav., 1 fr. 50 c. [1100]

La première édition publiée chez Lecerf, en 1824, porte pour titre : *Malice et bonté, ou la petite Léontine.*

X. Fablier en estampes, ou Choix des meilleures fables françaises extraites de La Fontaine, Florian, Boisard, Aubert, de Lamotte, Lebailly, Lemonnier, P. Blanchard, etc., etc. Paris, Lecerf, Blanchard, 1824, in-8 oblong de 96 pag. avec gravures. [1101]

XI. Végétaux (les) curieux, ou Recueil des particularités les plus remarquables qu'offrent les plantes considérées sous leurs rapports naturels, etc. Paris, Blanchard, 1825, in-12 de 10 feuill. 1/3, avec un frontispice gravé et des grav., 2 fr. 50 c. — Deuxième édit. Paris, Lehuby, 1835, in-12 de 11 feuill. [1102]

XII. Eudoxe, ou la Jeunesse prémunie contre les erreurs populaires. Paris, Blanchard, 1825, 2 vol. in-12, avec frontispices gravés et gravures, 5 fr. [1103]

XIII. Ménagerie (la) amusante, ou les Espèces les plus intéressantes du règne animal. Paris, Blanchard, 1825, in-8 oblong de 9 feuill. 1/2, avec gravures. [1104]

Eug. Balland a fait plusieurs insertions dans l'Almanach des Muses; en société de Léon Thiessé, il a créé les *Lettres normandes*, et a concouru par moitié à la rédaction des deux premiers volumes de ce recueil; il a pris part à plusieurs autres journaux, entre autres à l'*Observateur des modes*, qu'il a créé et publié depuis 1818 jusqu'en 1823.

ALLENT (Eugène) [Jacq.-Aug.-Simon COLLIN, de Plancy].

Abélina, nouvelle historique du XIIIe siècle, suivie des Aventures de Mgr le Béjaune, et d'anecdotes et recherches sur le droit de cuissage. Paris, Théoph. Grandin, 1822, in-12, 2 fr. 50 c. [1105]

Le titre ne dit pas que l'ouvrage soit une traduction; la préface est cependant intitulée : *Préface du traducteur.* Le premier feuillet (pag. 1 et 2), est collé sur onglet.

C'est la reproduction d'un volume publié en 1820, sous ce titre : *le Droit du Seigneur, ou la Fondation de Nice, dans le haut Montferrat;* aventure du XIIIe siècle. Trad. librement du « Fodero », de Jules Colomb, par M. Saint-Albin. Avec l'histoire de Mgr le Béjaune... Saint-Albin et Eug. Allent sont deux pseudonymes de Collin, de Plancy, véritable auteur de l'ouvrage.

ALLEVARD (le vicomte d') [M. Leclerc, d'Allevard (Isère)]. [1106]

Sous ce nom d'emprunt M. Leclerc a fourni beaucoup d'articles à la « Revue du xixᵉ siècle », 2ᵉ série, dont il était le directeur Nous y avons remarqué des Causeries de salon, t. V (1838); — un Ballet en 1609 (Ibid.); — des Examens critiques des romans: le Chevalier de Saint-Georges, par M. Roger de Beauvoir, et Noël, par M. Ch. Calemard de Lafayette, t. VI (1840); — des Études littéraires sur Érasme, ibid.

ALLEVARRÈS (Jules), *anagramme* [Joseph-François-Jules de SERRAVALLE, ancien professeur, attaché au ministère de l'instruction publique, au ministère d'État (section des belles-lettres) et de nouveau au ministère de l'instruction publique].

I. Judith, tragédie biblique en cinq actes de *Paolo Giacometti.* Représ. au théâtre imp. italien de Paris, le 21 avril 1858. Trad. en vers franç. par —. Paris, l'Auteur, 1858. — Sec. édit. Ibid., 1860, gr. in 8 de 10-87 pag. [1107]

II. Caritas. Pièce qui a remporté le premier prix de poésie française proposé par la Société d'émulation de Cambrai. 2ᵉ édit. Paris, Belin, l'Auteur, 1861, in-8 de 15 pag. [1108]

III. Secret (le) du docteur, comédie en trois actes. (En vers). Paris, l'Auteur, rue Saint-Romain, n° 15, 1863, gr. in-18 de 79 pag. [1109]

Non représenté.

ALLODI DE FONTBONNE (le chevalier) (?).

I. Avec M. Engival [Lavigne] : Une heure avant vêpres, petite critique des « Vêpres siciliennes » (de Casimir Delavigne), en un acte et en vaudevilles, avec une Épître en vers, au public; refusée au théâtre de la porte Saint-Martin, par crainte de la censure. Paris, les march de nouv., 1819, in-8 de 32 pag., 1 fr. [1110]

II. Une visite à Saumur, ou la Sérénade, événement récent mis en pot-pourri; par le chev. Allodi de F.... Paris, de l'impr. de Dondey-Dupré, 1820, in-8 de 8 pag. [1111]

A. L. M. [Aubin-Louis MILLIN, antiquaire distingué].

Notice sur J.-B.-F. (Jean-Baptiste-François) Bayard, avocat. S. d. (1800), broch. in-8. [1112]

ALM* (A.-Ant.), ancien officier d'état-major au gouvernement de Madrid [le lieut.-gén. comte Joseph-Léopold-Sigismond HUGO].

Journal historique du blocus de Thionville en 1814, et de Thionville, Sierck et Rodemack en 1815, contenant quelques détails sur le siège de Longwi, rédigé sur des rapports et mémoires communiqués. Blois, impr. de P.-F. Verdier, 1819, in-8 de 14 feuill. 1/4. [1113]

Reproduit à la suite des *Mémoires* de l'auteur. Paris, 1823, 3 vol. in-8.

ALMACHU (le marq. d'). Voy. **BERAGREM.**

ALMAGRO (le comte d') [le prince Pierre DOLGOROUKOW]
Notice sur les principales familles de la Russie. Paris, F. Didot,
1842, in-8 de 130 pag., 4 fr.   [1114]

Réimprimé dans la même année à Bruxelles dans le format in-18, et avec
le véritable nom d'auteur.

Cette brochure a fait beaucoup de bruit

Le « Journal des Débats » du 21 mars 1843 (p. 1 et 2) lui a consacré un
long article. « Le Siècle » en a fait mention dans les numéros du 29 mars 1843
(p. 1 et 2) et du 30 (p. 2, col. 3), et dans le feuilleton du 21 avril. Tous ces
numéros ont été supprimés en Russie par la censure, ainsi que les pages 74-75
de la « Revue de Paris », numéro du 2 avril 1843, qui avait parlé de cet ouvrage. Or voici la note que donna la « Revue de Paris » sur la brochure du
prince Dolgoroukow :

... « Il y aurait peut-être de la dignité et du tact à ne pas témoigner à la
Russie trop de mauvaise humeur. A moins que des faits que nous ignorons ne
motivent un redoublement d'aigreur de notre part envers le cabinet de Saint-
Pétersbourg(1), il est difficile de ne pas trouver un peu vif l'article publié par
le « Journal des Débats » au sujet de la Notice composée par un grand seigneur
russe. Ce n'est certainement pas dans l'intérêt du prince Dolgoroukow que
l'article a été rédigé, car il est de nature à pousser à son comble la colère de
l'empereur contre le prince (2). En effet, ce dernier s'est avisé de publier une
Notice sur les principales familles de Russie. On dirait que le noble écrivain
n'a voulu faire que de la science héraldique; mais il a fait de l'histoire, et de
la plus incisive. Il raconte comment Michel Romanow, en 1613, fut élevé au
trône par les boyards, ses égaux, qui lui firent accepter une constitution dont
il jura le maintien. En 1645, le fils de Michel Romanow, le czar Alexis,
jura d'exécuter la constitution qu'abolit Pierre-le-Grand : le vainqueur de
Charles XII crut avoir besoin du despotisme pour civiliser son pays. Qu'établissait cette constitution qui a duré la plus grande partie du XVIIᵉ siècle? Elle
établissait deux chambres : la chambre des communes et celle des boyards. Le
souverain ne pouvait lever des impôts, déclarer la guerre, conclure des traités
de paix, signer des arrêts de mort, sans le vote préalable des deux chambres.
Jusqu'à Pierre-le-Grand, dit le prince Dolgoroukow, tous les oukases portaient
en tête cette formule : *Le czar a ordonné, et les boyards ont décidé.* Se serait-on
attendu à trouver une formule aristocratiquement républicaine au frontispice
de la législation russe pendant le XVIIᵉ siècle? Ainsi la Russie a aussi son
histoire constitutionnelle et ses antécédents de liberté. Ces faits, qui n'étaient
guère connus que des hommes politiques et des publicistes qui font de l'histoire approfondie, reçoivent aujourd'hui une divulgation éclatante. Personne
n'ignorera plus désormais en Europe que la dynastie des Romanow a été élevée

(1) Cet article de « Revue de Paris » a été écrit plusieurs années avant le projet
d'anéantissement de la Turquie par la Russie, qui détermina l'Angleterre et la France à
s'y opposer en entreprenant la guerre d'Orient; avant l'extermination de la natio-
nalité polonaise ordonnée par l'empereur Alexandre II, de Russie, à ses satellites,
généraux pendeurs, commandants dans les provinces de la Pologne, dont les noms
sont à inscrire parmi les familles princières de ce gouvernement barbare; avant
l'anéantissement de la Circassie, etc., etc.

(2) Cet article a dû être rédigé par M. Jacques Tolstoy, réfutateur officiel des ouvrages publiés en France contre ses paternels maîtres, anciens et nouveaux, et la
sainte Russie.

au trône par les États assemblés à Moscou, États composés des boyards, des voiévodes, des nobles, des marchands, des bourgeois et des propriétaires biens-fonds. Au commencement du XVII° siècle, cette dynastie s'engagea par serment à observer une constitution qui rappelle celles d'Angleterre et de France. On peut concevoir tout ce que de pareils souvenirs doivent avoir d'irritant et de factieux aux yeux du gouvernement russe. Quel crime ne doit-ce pas être à ses yeux que de les lui rappeler et d'en remplir l'Europe ».

On trouve aussi une Notice sur l'ouvrage du prince Dolgoroukow et quelques extraits dans la «Revue de bibliographie analytique », de MM. Miller et Aubenas, IV° année, p. 141.

Les écrivains stipendiés de la Russie ne tardèrent pas à attaquer l'opuscule du noble prince et à signaler son auteur à la colère de l'autocrate. On sait que, malgré l'incognito dont le prince Dolgoroukow s'était enveloppé, on apprit bientôt quel était le véritable auteur de ce hardi opuscule, et le prince reçut l'ordre de rentrer immédiatement en Russie, où, dès les frontières, il fut jeté dans une forteresse pour attendre que le maître eût prononcé sur son sort.

Presque aussitôt la publication de l'écrit du prince Dolgoroukow fut imprimée par les mêmes imprimeurs : *Quelques mots au sujet d'un ouvrage intitulé* : Notice sur quelques principales familles de la Russie, 1843, in-8 de 12 pag.

Les transfuges russes ont confirmé plus tard ce que le prince Dolgoroukow avait avancé. Voy. les ouvrages de M. Iwan Golowine, et surtout les Observations de M. Mich. Bakounine, imprimées dans le numéro du 27 janvier 1845 de « la Réforme », à l'occasion d'une Lettre sur les institutions de la Russie, que M. Golowine avait fait insérer dans le numéro du 18 janvier 1845 de la « Gazette des tribunaux ».

Le prince P. Dolgoroukow, malgré les tribulations que lui suscita la brochure dont nous venons de parler, n'en continua pas moins ses recherches sur la noblesse de Russie; mais une notice insérée dans un ouvrage capital, donna lieu, en 1863, à des poursuites judiciaires, qui furent dirigées à Paris, à la demande d'un homme très-puissant. Voy. à RUSSE (UN).

ALMAVIVA (la comtesse) [M°° DESCUBES DE LASCAUX, née Olympe Vallée]. [1115]

Sous ce nom d'emprunt M°° Descubes de Lascaux est le chroniqueur à la toilette du journal « le Figaro ».

A. L. M. L. — Buez ar pêvar mab emon duc d'Ordon, laquet e form un dragedi, ma reizet en urz. Morlaix, de l'impr. Ledan, 1834, in-12 de 17 feuill. [1116]

Dialogues en vers bretons.

ALM**** LA F******, amateur ès bonnes lettres, et sociétaire du 12 mars, à Bordeaux.

Feuille (la) à l'envers, critique et littéraire. Paris, Dentu, 1824, in-8 de 8 pag. [1117]

A. L. O. F. [Auguste LEBLANC, officier français].

Voyage sans bouger de place. Paris, Le Normant, 1807, in-8, 2 fr. [1118]

ALOFFE [POURRAT, fils de l'ancien libraire, banquier et député de ce nom], artiste dessinateur, qui a participé à l'illustration de plus d'un ouvrage dit pittoresque de ces derniers temps.   [1119]

ALOPHE [Adolphe MENUT, artiste lithographe et photographe].

Passé (le), le présent et l'avenir de la photographie, manuel pratique de photographie. Paris, Dentu, 1861, in-8. — II* édit. Paris, l'Auteur, tous les libraires, 1864, in-8 de 47 pag., 1 fr.   [1120]

A. L. P. [A.-L. POINSIGNON].

Filles (les) de Minée, poème contenant le récit des amours de Vénus et de Mars, de Vénus et d'Adonis, d'Écho et de Narcisse. Paris, de l'impr. de F. Didot, 1819, in-8 de 24 pag.   [1122]

Tiré à 50 exempl.

A. L. P. — Traduction libre de quelques odes d'*Horace*. Paris, de l'impr. de Fain, 1830, in-8 de 28 pag.   [1123]

A. L. P. C. [l'abbé A.-L.-P. CARON (?), mort l'un des directeurs du séminaire Saint-Sulpice].

Notice bibliographique sur les œuvres de Bossuet. 1846. — Impr. en tête d'une édition « De la Connaissance de Dieu et de soi-même », de Bossuet, suivie de trois autres de ses ouvrages (Paris, Lecoffre, in-12).   [1124]

ALPENSTOCK (Un). Voy. **BELGE** (Un).

ALPHÉE [Alphée JEANNIN, de la Franche-Comté].   [1125]

Il rédigeait la partie musicale de « l'Éducateur populaire », petit recueil fondé par son compatriote Paget Lupicin (1857) qui n'a eu qu'une courte durée.

ALPHIT (Pons), *anagr.* [Alphonse PETIT], auteur dramatique. Voy. « la France littéraire », t. XI, à Petit.

ALPHONSE [Alphonse-Théodore CERFBERR].

I. Avec M. Delestre-Poirson : le Capitaine Jacques, comédie en un acte. Représ. sur le théâtre de la Porte-Saint-Martin, le 6 janvier 1819. Paris, Mme Huet-Masson, 1819, in-8 de 32 pag., 1 fr. 25 c. [1126]

II. Avec MM. Eug. Scribe et Delestre-Poirson : le Mystificateur, com.-vaud. en un acte. Représ. sur le théâtre du Vaudeville, le 20 février 1819. Paris, Fages, 1819, in-8 de 32 pag., 1 fr. 25 c. [1127]

III. Avec Eug. Scribe : Une chaumière et son cœur, com.-vaud. en deux actes et trois parties. Représ. sur le théâtre du Gymnase-Dramatique, le 12 mai 1835. Paris, de l'impr. de Mevrel, 1835, in-8 de 28 pag.   [1128]

ALPHONSE [le baron Alphonse DE CHAVANGES].

Avec MM. Jouslin, de la Salle et Hyacinthe [Hyac. Decomberousse] : Jane Shore, mélodrame en trois actes, à grand spectacle. Représ. sur le théâtre de la Porte-Saint-Martin, le 19 avril 1824. Paris, Pollet, 1824, in-8 de 40 pag , 1 fr.   [1129]

ALPHONSE [Robert-Alphonse GAUTIER].

I. Avec M. Regnault [J.-C.-A. Potron] : la Fin d'un bal, comédie en un acte, mélée de couplets. Représ. sur le théâtre national du Vaudeville, le 5 septembre 1832. Paris, Bezou, 1832, in-8, 1 fr. 50 c.   [1130]

II. Avec MM. Bayard et Regnault [J.-C -A. Potron] : le Poltron, com.-vaud. en un acte. Représ. sur le même théâtre, le 9 octobre 1835. Paris, Barba, 1835, in-8, 2 fr. ; et Paris, Barba, 1837, gr. in-8 à 2 colon. (Dans « la France dramatique au XIXe siècle ».)   [1131]

III. Avec M. N. Fournier : les Diamants de madame.   [1132]
Réimpr. dans le tome II du « Magasin du théâtre illustré » (1854), in-4.

IV. Avec le même : l'Épouvantail, com.-vaud. en un acte. Représ. pour la première fois sur le théâtre du Gymnase, le 23 sept. 1839. Paris, Mich. Lévy frères, 1839, in-18, format angl., 60 c.   [1133]

ALPHONSE [Pierre ROYER].

Avec M. Auguste [Jouhaud] : Petit Pierre, vaud. en deux actes. Représ. sur le théâtre de la Gaîté, le 17 décembre 1837. Paris, de l'impr. Dondey-Dupré, 1838, in-8 de 16 pag.   [1134]

ALPHONSE [Alphonse SALIN, employé à l'Hôtel des monnaies].

I. Avec MM. Henry [de Tully] et Ad. Jadin : l'Amour et l'homœopathie, vaud. en deux actes. Représ. sur le théâtre de la Porte-Saint-Antoine, le 5 octobre 1836. Paris, Barba, Jules Laisné, etc., 1836, in-8 de 32 pag., 50 c.   [1135]

II. Avec MM. Alfred Bouet et Louis : Une Matinée aux prés Saint-Gervais, vaud. en un acte. Représ. sur le théâtre de la Porte-Saint-Antoine, le 30 juin 1839. Paris, Michaud , 1839, in-8 de 12 pag., 20 c.   [1136]
Voy. aussi à ASLIN.

ALPHONSE DE JÉSUS-MARIE (le R. P.), *nom de religion*.

Les Maximes pernicieuses qui détruisent la perfection de l'etat religieux; traduites de l'esp. par le R. P. *Gabriel de la Croix*. Rouen, Cl. Jores, 1672, in-12.   [1137]

ALPHONSE-FRANÇOIS [Alphonse-Franç. DERCY], auteur dramatique. Voy. « la France littéraire », t. XI, à Dercy.

ALPHONSINE [Mlle Alphonsine FLEURY], artiste dramatique du théâtre des Variétés, remarquable dans les types populaires.

ALPINULA (Julia), prêtresse de la déesse Aventine, fille de Julius Alpinus [Fréd -César de LA HARPE].

Trois Lettres de —. Lausanne, Hignon et C*, 1800, in-8. [1138]

La première aux Helvétiens sur notre situation présente et sur les moyens de l'améliorer; la seconde au citoyen Hignon, son imprimeur, sur la liberté de la presse; la troisième aux Helvétiens sur la guerre à déclarer à l'Autriche.

ALPINUS (Julius), citoyen d'Aventicum [Fréd.-César de LA HARPE].

Trois Lettres de — aux Helvétiens sur l'ajournement du corps législatif helvétique et sur la situation de nos affaires. Ibid., 1800, in-8. [1139]

AL. P M. [l'abbé Aloys PERRAULT-MAYNAND].

I. Molière (le) de la jeunesse, ou Recueil de pièces propres à être représentées aux distributions de prix par les élèves de maisons d'éducation. Lyon, Pélagaud, 1836, 2 vol. in-18, ensemble de 17 feuill. 8/9. [1140]

Contient les Fourberies de Scapin, l'Avare, le Bourgeois gentilhomme, Fanfan et Colas (qui est de Beaunoir), le Malade imaginaire, le Médecin malgré lui, M. de Pourceaugnac, les Deux petits Savoyards (qui sont de Marsolier). Toutes ces pièces sont arrangées.

II. Grammaire française de *Lhomond*, revue, augmentée et mise dans un nouvel ordre. Lyon, Pélagaud, 1839, in-12 de 6 feuill. 1/2. [1141]

AL... Q... [Alex.-Marie QUESNAY, ancien fonctionnaire public].

Premier cahier des Mystères de la nature. Avis à mes enfants. Paris, Gautier et Bertin, s. d. (1809), in-16 de 48 pag. [1142]

ALSACIEN (Un). — Lettre d'— sur les Œuvres complètes de Voltaire. Bouillon, 1782, in-8 de 39 pag. [1143]

ALSACIEN (Un). — Observations d'—, relativement à la convocation des États-Généraux. Paris, Gattey, 1789, in-8. [1144]

ALSACIEN (Un) [HELL, député d'Alsace].

Observations d'— sur l'affaire présente des juifs d'Alsace. 1779. Neuchâtel, 1700, in-8. [1145]

Hell, ancien grand bailli de Landser, près d'Altkirch, est l'auteur du trop célèbre écrit ci-dessus, que Mirabeau signale comme le libelle le plus infâme. Voy. « Sur Moses Mendelssohn », Londres, 1787, p. 63.

ALSACIEN (Un). — Lettre d'— sur les juifs d'Alsace. Paris, de l'impr. de Savy le jeune, 1790, in-8 de 24 pag. [1146]

C'est une réponse à une lettre sur le même sujet, de M. Reubel, député d'Alsace à l'Assemblée nationale.

ALSACIEN (Un). — Lettre d'— à son correspondant à Paris. Mars 1791. In-8 de 14 pag. [1147]

Sur les affaires du temps.

ALSACIEN (Un). — La Philippide française, ou Dieu, le roi et la patrie. Essai poétique, divisé en plusieurs chants, auquel on a joint le tableau de la maison et branche d'Orléans, actuellement régnante ; suivi d'un acrostiche sur le mot d'Orléans. Strasbourg, de l'impr. de Leroux, 1831, in-8 de 20 pag. [1148|

ALSACIENNE (Une), élève de Saint-Denis. — Abrégé de l'histoire de France, précédée d'un Résumé de l'histoire des Gaules. Paris, Hachette, 1835, in-18, 60 c. [1148*]

ALSINOYS (le comte) [Nicolas DENISOT, poète du XVIe siècle].

Cantiques du premier avènement de Jésus-Christ. Paris, veuve de Maurice de La Porte, 1553, pet. in-8, avec les airs notés. [1149]

Ces cantiques sont au nombre de treize. Vendus 72 fr. mar. r. Nodier.

Les Noëls de Denisot furent fort goûtés à l'époque ou ils parurent, et nul autre recueil de cantiques sacrés n'obtint, que nous sachions, un succès semblable.

— Les mêmes, sous ce titre : Noelz. — Autres Noelz sur les chants des plus belles chansons. (Édition publiée par les soins de M. *de Clinchamps*) Le Mans, A. Lanier, et Paris, même maison, Techener, 1847, in-18 de 2 feuill. 1/9.

Tirés à 54 exemplaires numérotés : 3 sur pap. bleu, 1 sur Chine et 50 sur papier blanc de Hollande.

Réimpression de l'édition originale de l'Œuvre de Nicolas Denisot, poète, qui fut, au XVIe siècle, une des gloires de la province du Maine. Les dix Noelz ont pour titre : *Noelz par le conte d'Alsinoys presentez à mademoiselle sa Valentine*. M. A. L. [A. Lanier, ou plutôt M. de Clinchamps], dans la Notice qui précède cette publication, datée d'octobre 1847, afin de rendre ce livret, fait avec un soin excessif, plus ample et surtout, dit-il, plus intéressant, a réimprimé à la suite de l'Œuvre de Denisot, d'autres Noelz au nombre de cinq, conservés dans la bibliothèque du Mans.

ALTENHEYM (d') et **DALTENHEYM** (J.-B.) [BEUVAIN, ancien inspecteur primaire du département de la Seine; né à Altenheim, village du Bas-Rhin, qui compte une population de 377 âmes, de là le nom de l'inspecteur et celui de la muse, sa femme, plutôt que celui de Beuvain.

I. Gottlieb, ou le Triomphe de l'innocence. Trad. de l'allem. Limoges, Barbou, 1851, 1853, in-18 de 5 feuill., plus une vign. [1150]

II. Jules et Marie, ou le joli Vase de fleurs, par *Albert-Louis Grimm*. Trad. de l'allem. Ibid., 1851, in-18 de 5 feuill., plus une vignette. [1151]

III. Godefroi, ou le Jeune Solitaire, par *Schmid*. (Trad. de l'allem.) Ibid., 1853, in-18 de 5 feuill., avec une grav.   [1152]

Ces diverses traductions font partie d'une « Bibliothèque chrétienne et morale », publiée par le même impr.-libr.

ALTENHEYM et **DALTENHÉYM** (1) (Mme B. [BEUVAIN] d') [Mlle Gabrielle Soumet, fille du poete de ce nom, et femme du précédent].

I. Cloche (la) de Saint-Bruno, nouvelle.   [1153]

Imprimée dans le IIIe volume du « Livre rose » (1843).

II. Filiales (les). Paris, Allardin, 1836, in-8 (7 fr. 50 c.).   [1154]

III. Vers à M. de Monmerqué, éditeur des Lettres de Mme de Sevigné. Paris, de l'impr. de F. Didot, 1837, in-8 de 4 pag.   [1155]

IV. Un mariage à Saint-Germain l'Auxerrois, le 30 mai 1837. (En vers.) Paris, de l'imp. de F. Didot, 1837, in-8 de 12 pag. [1156]

V. Nouvelles Filiales. Paris, H. Barba, Molard et Ce, 1838, in-12, orné de 4 grav. (2 fr.).   [1157]

Voy. le n° XV.

VI. Avec Soumet (son père) : le Gladiateur, tragédie en cinq actes et en vers. Représentée pour la première fois sur le Théâtre-Français, le 24 avril 1841.   [1158]

Impr. dans le volume intitulé : *Une soirée du Théâtre-Français, 24 avril 1841*, Paris, Delloye, 1841, in 18, volume qui contient aussi *le Chêne du Roi*, com. en 3 actes et en vers, de Soumet. Les deux pièces furent représentées le même soir pour la première fois.

VII. Berthe.-Bertha (En vers.) Paris, Furne, 1843, in-8, 7 fr. 50 c. — Sec. édition, sous le titre de Berthe Bertha, roman poétique. Paris, Edmond Albert, 1845, in-8, 7 fr. 50 c.   [1159]

VIII. Avec Soumet : Jane Grey, tragédie en cinq actes et en vers. Représentée sur le second Théâtre-Français, le 30 mars 1844. Paris, Marchant, 1844, in-8 de 28 pag. à 2 colon., 50 c.   [1160]

Faisant partie du « Magasin théâtral ».

IX. Sept (les) pardons évangeliques. Paris, de l'impr. de Desoye, 1853, in-12 de 12 pag.   [1161]

Paroisse de Saint-Augustin. Solennité de la dédicace.

X. Récits de l'histoire d'Angleterre, faits aux enfants, depuis Jules César jusqu'à nos jours. Ouvrage suivi d'un tableau chronologique des rois d'Angleterre, d'Écosse et de France. Paris, Ducrocq, 1856, in-12 de 12 feuill., 1 fr. 25 c.   [1162]

Mme Trembicka a eu part à ce petit ouvrage.

---

(1) Mme Beuvain semble embarrassée en portant le nom adoptif de son mari, car tantôt elle l'écrit d'Altenheym et D'Altenheym, et tantôt Daltenheym.

XI. Récits de l'histoire de Rome païenne, depuis Romulus jusqu'à Constantin le Grand. Paris, Ducrocq, 1856, in-18 de 8 feuill.
[1163]

XII. Anges (les) d'Israel, ou les Gloires de la Bible. Paris, Vermot, 1856, 2 vol. in-18; et gr. in-8 de x-380 pag., avec 8 vignettes.
[1164]

XIII. Récits de l'histoire de Rome chrétienne, depuis Constantin le Grand jusqu'à nos jours. Paris, Ducrocq, 1857, in-18 jésus de 286 pag. — IIᵉ édit., rev. et augm. par l'auteur. Ibid., 1862, in-18 jésus de 288 pag., avec une grav.
[1165]

XIV. Deux (les) Frères, ou Dieu pardonne. Paris, Vermot, 1858, in-18 jésus de 370 pag., 2 fr.
[1166]

Réimprimé en 1863, sous le titre de *Dieu pardonne, ou les deux Freres*. Paris, Vermot, in-12 de 240 pag., avec 4 grav.

XV. Marguerites (les) de France, suivies des « Nouvelles Filiales ». Paris, le même, 1858, in-18 jésus de 408 pag., 2 fr. [1167]
Voy. n° V.

XVI. Croix (la) et la Lyre, par Mᵐᵉ d'Altenheym. Suivies d'un Choix de poésies d'*Alexandre Soumet*. Paris, Ducrocq, 1858, in-18 jésus de 444 pag.
[1168]

55 pièces en vers, par Mᵐᵉ d'Altenheym, et 21 pièces par son père, Alexandre Soumet.

XVII. Quatre (les) Siècles littéraires, récits de l'histoire de la littérature sous Périclès, Auguste, Léon X et Louis XIV, enrichis de fragments des chefs-d'œuvre classiques. Paris, le même, 1859, in-18 jésus de 402 pag., avec 4 portr.; et 1859, in-8 de 413 pag.
[1669]

XVIII. Fauteuils (les) illustres. Etudes sur les principaux membres de l'Académie française. Paris, le même, 1860, in-18, orné de 4 jolis portr. dessinés par Llanta.
[1170]

Le nom de Mᵐᵉ d'Altenheym se lit encore sur le frontispice d'un volume intitulé : Keepsake parisien. Le Bijou (1851, gr. in-8); mais ce volume n'ayant que 5 feuilles et demi, la part de cette dame ne doit pas être considérable.

On trouve une Notice biogr. et littéraire sur Mᵐᵉ B. d'Altenheym, par **M. E. Deschamps**, dans la « Biographie des femmes auteurs contemporaines françaises », publ. sous la direction de M. Alf. de Montferrand, p. 337 à 356.

ALTEN MULHAUSER BÜRGER (Einem) (1).— Beitrag zum andenken an die deutsch-protestantische Saint Stephannskirche, welche ende 1858 abgebrochen wurde. Mülhausen, gedr. bey Risler, 1863, in-8 de 86 pag., avec une grav.
[1171]

(1) Un vieux bourgeois de Mulhouse.

ALTHOTAS. — Très-humbles Observations, ou Contre-lettre pastorale. (Extr. de « l'Ami de la Constitution », journal de la Charente-Inférieure.) La Rochelle, Siret, 1850, in-18 de 60 pag.   [1172]

ALTIMURA (Stephanus), Ponticensis [Michel LE QUIEN, dominic.].

Panoplia contrà schisma Graecorum ; quâ romana et occidentalis ecclesia defenditur adversus criminationes Netarii, patriarchae hierosolymitani, quas congessit in libro de primatu papae. Parisiis, 1718, in-4   [1173]

A. L. T. M. C. [Adrien LE TARTIER, médecin champenois].

Promenades (les) printanières de —. Paris, G. Chaudière, 1586, in-16.   [1174]

ALTUS [TOLLÉ, médecin de La Rochelle].

Mutus liber, in quo tamen tota philosophica hermetica figuris hieroglyphicis depingitur, ter optimo maximo Deo misericordi consecratus, solisque filiis artis dedicatus. Ruppellae, 1677, in-fol. [1175]

L'auteur pseudonyme, dit Arcère, dans son « Histoire de la ville de La Rochelle», 1757, in-4, t. II, p. 384, pourrait être Jacob Saulat, sieur Des Marez, lequel demanda un privilége pour ce manuscrit. Je crois, dit A. A. Barbier, sous le n° 20997 de son Dictionnaire des ouvrages anonymes et pseudonymes, que le vrai auteur est Tollé, médecin de La Rochelle, grand chimiste ; le nom emprunté de *Altus* le désigne assez.

A. L. V. — Petit Traité de lecture. Pau, de l'impr. de Véronèse, 1841, in-12 de 48 pag.   [1176]

ALVIMARE [L. DE ROUEN, baron D'ALVIMARE].

Recueil de réfutations des principales objections tirées des sciences et dirigées contre les bases de la religion chrétienne par l'incrédulité moderne III° édit. de la 1re partie ; II° édit. des 2e et ·3e parties. Paris, de l'impr. Bachelier, 1841, in-8.   [1177]

Nous ignorons dans quel recueil a paru chacune des parties de cet ouvrage. En 1842, on a fait une *seconde édition* des trois parties Paris, de l'impr. de Bachelier, in-8 de 34 feuil. 1/4. Cette seconde édition porte pour nom d'auteur : L. de Rouen, baron d'Alvimare.
Cet ouvrage n'a pas été destiné au commerce.

A. L. V. S., *pseudo-initial*. [LEBLANC, de Carpentras].

Première Lettre au docteur Brysis sur la mission de Carpentras. Carpentras, Proyet, 1820, in-8 de 48 pages.   [1178]

L'opuscule était signé, mais à la main.

A. L. V. S. — Promenades philosophiques autour de mon village. Paris, Ponthieu ; Thoisner-Desplaces, 1828, in-8 de 204 pag., avec une grav., 3 fr. 50 c.   [1179]

Peut-être le même que le précédent.

ALZAY [Ch.-Ant.-Alex. SAUZAY], aut. dramatique.

I. Avec M. X. Veyrat : le Boulevart du crime, vaud. populaire en deux actes. Représ. sur le théâtre des Folies-Dramatiques, le 8 juin 1841. Paris, Wiart, Tresse, 1841, in-8 de 24 pag., 40 c. [1180]

II. Avec M Davesne [Ch.-Hipp. Dubois] : Marie, ou le Dévouement d'une jeune fille, drame-vaud. en trois actes. Représ. sur le même théâtre, le 13 janv. 1842. Paris, Tresse, 1842, gr. in-8 de 40 pag. à 2 colon. [1181]

Faisant partie de « la France dramatique au xixe siècle ».

III. Avec M. Saint-Yves [Déadde] : Mademoiselle Bruscambille, com.-vaud. en un acte. Représ. sur le théâtre de l'Ambigu-Comique, le 25 decembre 1844. Paris, le même, 1845, in-8 de 16 pag., 40 c. [1182]

A. M. (1753). Voy. **ALBERONI** (le card. Jules).

A. M. [M. de]. — Lettre sur les «Éléments de philosophie». Londres, et Paris, Brocas, 1768, in-12. [1183]

A... M.... — Considérations politiques sur le retour de Napoléon. Dijon, Gaulard, 1815, in-8 de 16 pag. [1184]

A. M. — Vade-Mecum des spéculateurs sur la rente, ou Tableau de l'intérêt par an de cent francs et du capital d'un franc de rente, servant à trouver par une simple application le capital de la rente, qu'on désire selon chaque cours du cinq pour 0/0 consolidés. Paris, Jombert, 1819, in-8 de 16 pag., 75 c. — Deuxième édit., revue avec soin. Paris, Minon, 1820, in-12 de 24 pag. [1185]

A. M. (Don). — Los Afrancesados, ó una Question de política. Paris, Rodriguez, Delaunay, 1820, in-8 de 5 feuill. 1/4, 2 fr. [1185*]

A* M***.** — Annette et Frédéric, ou les Esprits de la montagne. Paris, Tiger, 1822, in-18, fig., 50 c. [1186]

A. M. [Alphonse MAHUL, ex-député, ex-préfet].
Notice historique sur J.-J. Mounier, 1822. [1187]

En tête de l'édition publiée par le libraire Ponthieu, en 1822, de « l'Influence attribuée aux philosophes, aux francs-maçons et aux illuminés sur la révolution française », in-8. La notice a LXXI pag.

A. M. (Mme), institutrice.

I. Aglaé, ou l'Enfant gâté, exemple moral, etc. Paris, Masson, 1825, in-18 avec gravures, 1 fr. 50 c. — Paris, Masson et Yonnet, 1834, in-18, avec 4 grav., 1 fr. 50 c. [1188]

II. Promenades (les) du pensionnat. Paris, Masson, 1825, in-18, avec des planches, 1 fr. 50 c. [1189]

III. Adele, ou la petite Fille colère, suivie de Célestine et Félicie, Paris, Masson, 1826, 1832, in-18, avec gravures, 1 fr. 50 c. [1190]

A. M. [Adolphe-Charles-Ghislain MATHIEU, poëte belge].

Mort (la) de David. (En vers.) Mons, Piérart, 1826, in-8 de 23 pag. [1191]

A M.—Le Réveil de la Liberté, ou la grande Semaine de Bruxelles, du 25 août au 2 septembre 1830, poème dédié aux Bruxellois. Bruxelles, s. d. (1830), in-8 de 16 pag. [1192]

A. M. — Loisirs champêtres. Mélanges et Essais lyriques. Moscou, A. Semen, 1834, in-8 de 197 pag., plus 2 pag. de table. [1193]

M. Serge Poltoratzky, bibliophile de Moscou, que nous avons eu l'honneur de compter au nombre de nos plus actifs collaborateurs, ne nous a jamais parlé de cet auteur déguisé. M. A. M. n'est pas non plus cité, dans un commencement de « Dictionnaire des ouvrages anonymes et pseudonymes français : 1° relatifs à la Russie, 2° publiés par des Russes ou imprimés en Russie », par le même bibliophile, qu'a publié le « Bulletin du bibliophile belge », t. xx (1864), p. 70 à 87 ; ce qui doit surprendre, car les *Loisirs champêtres* ont été imprimés dans la ville ou M. S. Poltoratzky est né, et qu'il habite.

A. M. [A. MASSON, fils aîné de l'ancien associé de ce nom, de M. Martin Bossange, libraire, et lui-même libraire quelque temps].

Historien (l') de douze ans, ou Faits remarquables de l'histoire ancienne et romaine, tirés d'Anquetil, Barthélemy, Montesquieu, Rollin, etc. Paris, Lavigne, 1834, 1839, in-12, avec 4 grav [1194]

A. M., philologue, qui a donné de nouvelles éditions des Fables choisies d'*Ésope*, texte grec, suivi des racines, par M. Boulanger, avec des sommaires français, les imitations de La Fontaine et un lexique latin-français, par l'éditeur. Paris, Aug. Delalain, 1834, 1835, 1836, in-12, et des Dialogues de *Lucien*, texte grec, suivi des racines par M. Boulanger. Édition dans laquelle chaque dialogue est accompagné d'un sommaire, d'analyses et de notes, par l'éditeur. Paris, Delalain, 1834, in-12. [1195]

A. M., officier retraité de l'administration de la marine.

Souvenirs (les) de faits héroïques au sujet de l'inauguration, le 28 juillet 1836, de l'arc de triomphe, érigé à la gloire de nos armées victorieuses. Paris, impr. de Beaulé, 1836, in-8 de 4 pag. [1196]

A. M. [Albert MONTEMONT], membre de plusieurs sociétés savantes.

Notice historique sur la prostitution chez les divers peuples de la terre, depuis la création du monde jusqu'à nos jours. 1839. [1197]

Formant l'introduction de l'ouvrage intitulé : « Les Filles publiques de Paris et la police qui les régit », par F.-F.-A. Béraud, ex-commissaire de police de Paris, etc. 1839, 2 vol. in-8, et 2 vol. in-12.

A. M. (l'abbé). — Notice biographique sur M. Matthieu-Placide Rusand, ancien imprimeur du roi. Paris, de l'impr. de Poussielgue, 1840, in-8 de 48 pag. [1198]

Notice qui n'a pas été mise dans le commerce.

A. M. — Quelques mots à propos de « la Vérité sur les jésuites ». Versailles, de l'imprimerie de Montalant-Bougleux, 1844, in-8 de 16 pag. [1199]

Cet écrit est à propos de « la Vérité sur les Jésuites et sur leurs doctrines ». Réfutation des écrits de MM. Michelet, Quinet, Libri, Dupin, Lacretelle, Alloury, etc., etc. Paris, 1843, in-12.

A. M. — Vie et travaux de Charles de Sismondi. Paris, de l'impr. de Schneider, 1845, in-8 de 4 feuill. [1200]

A. M. — Notice sur M. l'abbé Mortier, premier vicaire de l'église paroissiale de Saint-Germain, de Toulouse. Toulouse, de l'impr. de Manavit, 1846, in-8 de 16 pag. [1201]

A. M. — Le Télémaque travesti, poeme en quatre chants. Paris, galeries de l'Odéon, 1847, in-8 de 68 pag. [1202]

A*** M***. — De l'Union. Pourquoi et comment il faut l'établir. Niort, Robin, 1850, in-8 de 32 pag. [1203]

A. M. — El Sitio de La Rochela, ó la Desgracia y la Conciencia. Obra escrita en frances por Mᵐᵉ *de Genlis,* y traducida al castellano. Nueva edicion. Perpignan, Alzine, 1850, in-12. [1204]

A. M., docteur en théologie.

Ismael au désert, ou Cruelle expulsion des habitants des vallées vaudoises en 1698, avec le tableau des colonies qu'ils allèrent fonder en Allemagne, dans les pays dépeuplés par la guerre de trente ans. Paris, rue Tronchet, n° 2, 1850, in-12 de 4 feuill. 1/6. [1205]

A. M. — I. Hommage à la statue de Denis-Siméon Poisson, inaugurée à Pithiviers. (En vers.) Pithiviers, de l'impr. de Chenu, 1851, in-4 de 2 pag. [1205*]

II. Guerre (la) d'Orient. (En vers.) Ibid., 1854, in-8 de 4 p. [1206]

A. M.—I. L'Enfant de bénédiction, modèle de la jeunesse. Limoges, Barbou, 1851, 1854, 1864, in-18 de 4 feuill. avec une grav. [1207]

II. Enfant (l') vertueux, modèle des jeunes gens. Ibid., 1851, in-18 de 4 feuill., avec une grav. [1208]

Réimprimé, en 1854, sous le titre de *Hubert, ou l'Enfant vertueux,* et en 1864 sous celui de *Féréol, ou l'Enfant vertueux.*

Ces petits ouvrages font partie d'une « Bibliothèque chrétienne et morale ».

A. M. — Conseils d'un maire de village aux habitants de sa commune. Rennes, Vannier, 1852, in-8 de 82 pag. [1209]

L'imprimeur de cet écrit, qui se nomme Alphonse Marteville, n'en serait-il pas aussi l'auteur ?

A. M. [A. MINET, poète belge].

Au peuple français, épître poétique. Bruxelles, A. Labroue et C*, 1852, in-12.   ·   [1210]

A. M. [A. MANGIN, auteur de plusieurs ouvrages estimés].

I. Soirées en famille. Tours, Mame, 1855, 1856, 1857, in-8 de 15 feuill., avec une vign. Ibid., 1863, gr. in-12 de 239 pag., avec une vign.   [1211]

II. Rome sous Néron. Ibid., 1856, in-8 de 15 feuill., avec vign.   [1212]

Le nom de l'auteur se lit sur la couverture imprimée, et non sur le titre.

III. Apôtres (les) de la charité. Ibid., 1857, 1858, in-8 de 237 pag.   [1213]

Ces ouvrages font partie d'une « Bibliothèque des écoles chrétiennes ».

A. M. — A Béranger. Fleurs funéraires. Orléans, de l'impr. lith. Morand-Bouget, 1857, in-8 de 3 pag.   [1214]

A. M. — Loi pour la direction des aérostats. La navigation aérienne théoriquement et pratiquement démontrée. Paris, de l'impr. de Chaix et C*, 1859, in-8 de 18 pag.   [1215]

A. M. — Le roi Sulfur, tragi-comédie dermatologique, représ. pour la première fois sur le théâtre de la salle de garde de l'hôpital Saint-Louis, le 1ᵉʳ avril 18.. (sic). Paris, de l'impr. de Henri Noblet, 1859, in-8 de 16 pag.   [1216]

A. M. — Des Pensions militaires. Bruxelles, Lelong, 1863, in-8 de 10 pag., 50 c.   [1217]

A. M. — Hubert et Paul, dévotion et résignation. Lille et Paris, Lefort, 1862, in-18. — 2ᵉ édit. Ibid., 1864, in-16 de 107 pag., avec une vign.   [1218]

A. M. — Mese di Maria per le giovanette, seguito de una vita pratica della santissima Virgine, con la messa, vespri ed altre pratiche di pieta. Dijon, Pellion, 1864, in-32 de 404 pag.   [1218*]

A. M. (l'abbé). — La Porte du Ciel, ou le Guide du salut. Paris, Petit, 1854; IIIᵉ édit., Paris, Douniol, in-18 de 751 pag. [1218**]

AMABED [VOLTAIRE].

Lettres (les) d'—, traduites par l'abbé Tamponet, revues et corrigées (composées par Voltaire). Genève, 1769, in-8. — Londres, 1772, in-8.   [1219]

Roman philosophique et licencieux, condamné par décret de la Cour de Rome du 26 mai 1779.

Les *Lettres d'Amabed* parurent en mai 1769 (Voy. la lettre à Mme de Choiseul, du 20 mai). Outre l'édition qu'il en donna séparément, Voltaire les fit entrer dans le t. 1er du recueil qu'il a intitulé : les « Choses utiles et agréables ». Ces deux éditions, Beuchot les croyait avoir été faites sur la même composition.

L'abbé Tamponet, docteur de Sorbonne, avait été censeur de « l'Encyclopédie ». C'était déjà sous ce nom que Voltaire avait publié les « Questions de Zapata ».

AMABLE [Amable VILLAIN DE SAINT-HILAIRE].

I. Avec M. Edmond [Edm. Crosnier] : la Pièce d'emprunt, ou le Compilateur, comédie en un acte, mêlée de vaudevilles. Représ. sur le théâtre de la porte Saint-Martin, le 22 juillet 1820. Paris, Quoy, 1820, in-8 de 36 pag., 75 c.   [1220]

II. Avec le même : le Solitaire, ou l'Exilé du mont Sauvage, mélodrame en trois actes, à grand spectacle. Tiré du roman de M. d'Arlincourt. Représ. sur le théâtre de la porte Saint-Martin, le 12 juillet 1821. Paris, Quoy, 1821, in-8 de 48 pag., 75 c.   [1221]

AMABLE DE SAINT-JOSEPH (le P.), *nom de religion.* — Vie du B. Jean de la Croix, premier carme déchaussé, abrégée, trad. de l'ital. par—. Paris, 1725, in-12.   [1222]

A. M. A. C. L. (Mme) [Mme A. M. A. C. LACROIX, grand'mère du bibliophile Jacob, morte à Paris, vers 1820, âgée de 88 ans].

Constantine, ou le Danger des préventions maternelles. Paris, Dentu, an XI (1803), 3 vol. in-12, ornés de jolies grav., 6 fr. [1223]

AMAND DE SAINTE-CROIX [l'abbé Jean-André WALTRAIN, mort à Kermpt, diocèse de Liége, le 18 janvier 1856].

Amandi à Sancta Cruce dioc. Leod. presbyteri animadversiones criticæ in R. D. J. H. Janssens Hermeneuticam sacram. Mosaci, J. Titeux, 1820, in-8 de viij et 79 pag.   [1224]

AMANS DE CH..... — Avec A : Examens du salon 1839; de l'état actuel de l'art en France, et des moyens d'améliorer le sort des artistes. Paris, rue Montmartre, 48, 1839, in-12 de 48 pag.   [1225]

AMANT DE VINGT-DEUX ANS (Un).—Les Baisers de *Jean Second*, traduits par—. Paris, 1803.   [1226]

Traduction qui ne renferme que dix-neuf baisers.

AMANT DU VRAI (Un), de l'honnête et du progrès, par conséquent. Respect aux gardes nationaux! Mais.... plus de garde nationale. Paris, Garnier frères, 1850, in-8 de 16 pag., 25 c.   [1227]

AMATEUR (Un) [L.-G. BAILLET DE SAINT-JULIEN].

Lettres sur la peinture. Genève, 1750, in-12.   [1228]

AMATEUR (Un) [l'abbé Marc-Antoine LAUGIER].

Jugement d'— sur l'exposition des tableaux ; lettre à M. le marquis de V***. Paris, Duchesne, 1753, in-12. [1229]

AMATEUR (Un) [l'abbé GARRIGUES DE FROMENT].

Sentiments d'— sur l'exposition des tableaux du Louvre et de la critique qui en a été faite. 1753, in-12. [1230]

AMATEUR (Un) [LE PREUX, médecin].

Lettres d'— à un médecin de province, aspirant à l'honneur d'être correspondant de la Société royale de Médecine. In-8 de 8 pages. [1231]

AMATEUR (Un) [Pons-Aug. ALLETZ, fécond abréviateur].

Bon Jardinier (le), almanach pour les années 1766-67, contenant une idée générale des quatre sortes de jardins, les règles pour les cultiver, la manière de les planter, et celle d'élever les plus belles fleurs. Paris, Guillyn, 1765-66, 2 vol. in-24. — Pour l'année 1774. Nouv. édit., considérablement augmentée de méthodes et secrets pour conserver les fleurs, les fruits, etc., contre tous les insectes destructeurs des jardins, et dans laquelle la partie des fleurs a été entièrement refondue. Paris, le même, 1773, in-32. [1232]

Nous n'avons trouvé que ces trois années du « Bon jardinier », imprimés sous le cryptogame *un amateur* ; mais Alletz, qui le créa, l'a publié de 1754 à 1782. Thomas-François de Grace, ex-censeur royal, le continua de 1783 à 1796 ; Mordant Delaunay le reprit ensuite, et depuis ce dernier, cet almanach, qui paraît toujours, a compté plusieurs autres rédacteurs jusqu'en 1864.

AMATEUR (Un) [Claude-Joseph DORAT, poète].

Bagatelles anonymes, recueillies par —. Genève et Paris, 1766. — Suite des Bagatelles anonymes, recueillies par un amateur. (Par le marq. de *Pezay*.) Genève, 1767, gr. in-8 de 35 pag. En tout 2 part. gr. in-8, avec des vign. dessinées par Eisen. [1233]

Barbier, sous le n° 1614 de son « Dictionnaire des ouvrages anonymes et pseudonymes », donne deux volumes aux « Bagatelles anonymes » qu'il attribue au même auteur. Le prétendu tome 2° que nous avons sous les yeux ne forme que 35 pages et ne renferme que de courtes pièces.

AMATEUR (Un). — Lettres d'— à M. l'abbé G*** sur ses « Audiences anti-économistes ». Paris, Lacombe, 1770, in-8. [1234]

AMATEUR (Un) [le comte François de Paule de HARTIG].

Essai sur les avantages que retireraient les femmes en cultivant les sciences et les beaux-arts. Prague, 1775, in-8. [1235]

AMATEUR (Un) [l'abbé Ch.-F. CHAMPION DE NILON].

Amusements lyriques d'—. Paris, Edme, 1778, in-8 de 72 p. [1236]

AMATEUR (Un). — Lettre en vers d'— à Greuze, suivie d'une

Lettre contenant des extraits sur les peintres les plus célèbres. Paris, 1780, in-8. [1236*]

AMATEUR (Un) [le marq. Marc-René de MONTALEMBERT].

Éloge de Sébastien le Prestre, chevalier, seigneur de Vauban, par M. Carnot, ouvrage enrichi d'observations par —. La Haye, de Tune, 1786, in-8 de 50 pag. [1237]

AMATEUR (Un) [Ant.-Nic. DUCHESNE].

Sur les élèves ambidextres, et sur la nécessité d'en former dans les arts de l'écriture et du dessin, et dans les différents métiers mécaniques. (Paris) 1786, in-8 de 22 pag. [1238]

AMATEUR (Un) [de DAMPIERRE DE LA SALLE, ancien munitionnaire des vivres].

Théâtre (le) d'—. Paris, Ve Duchesne, 1787, 2 vol. in-18. [1239]

On trouve, dans ces deux volumes, les huit pièces suivantes : Tome 1er, *Qui perd gagne, ou l'Ingrat sans le savoir*, comédie en trois actes et en vers; *le Curieux*, comédie en un acte et en vers; *le Bienfait rendu*, *les Nouveaux venus*, comédies en trois actes et en prose. Tome II, *le Faux avare*, comédie en trois actes et en prose; *le Célibataire*, comédie en cinq actes et en vers; *le Complot avorté*, comédie en trois actes et en prose; *la Famille de M. Giraud*, comédie en trois actes.

AMATEUR (Un). — Le Mélange des *qq*, des *qu'on* et des *vit* patriotiques. S. l. n. a., in-8. [1240]

Très-rare. Vendu 15 fr. cart. Jannet, 1852.

AMATEUR (Un) [le comte Aloys-Fréd. de BRÜHL].

Traduction d'Alcibiade, d'après l'original allemand du professeur *Meissner*. Dresde, Walther, 1787-91, 4 vol. petit in-8. [1241]

AMATEUR (Un) [Fabien PILLET, de Lyon, littérateur et biographe].

Étrennes dramatiques, à l'usage de ceux qui fréquentent les spectacles. Paris, Garnier, 1798, in-18 de 160 pag. [1242]

Même ouvrage que celui intitulé : *Vérité à l'ordre du jour*.

AMATEUR (Un) [Victor-Joseph ÉTIENNE de Jouy (Seine-et-Oise), dit de Jouy].

Galerie des femmes, collection incomplète de huit tableaux, recueillis par—. Hambourg (Paris), 1799, 2 vol. in-12. [1243]

Ces deux volumes, qui n'ont pas été réimprimés dans les œuvres de leur auteur, contiennent les huit nouvelles suivantes : 1º l'Adèle, ou l'Innocence, 2º Élisa, ou la Femme sensible; 3º Corine, ou la Femme à tempérament; 4º Zulmé, ou la Femme voluptueuse; 5º Eulalie, ou la Coquette; 6º Déidamie, ou la Femme savante; 7º Sapho, ou les Lesbiennes; 8º Sophie, ou l'Amour.

On ne peut attribuer au même auteur l'ouvrage qui a pour titre : les *Trois Ages de l'Amour, ou Portefeuille d'un Petit-Maître, pour servir de supplément à la Galerie des Femmes*. Amsterdam et Paris, 1802, 2 vol in-12. En effet, les *Trois*

Ages de l'Amour sont le titre d'un ouvrage anonyme publié en 1769 par
Dières, avocat de Rouen. Les augmentations que renferme la nouvelle édition
indiquent une plume très-novice dans l'art d'écrire, et par conséquent diffé-
rente de celle qui a tracé la *Galerie des Femmes.*

AMATEUR (Un) [Jacq.-Phil. Voïart, anc. administrateur général
des vivres des armées de Sambre-et-Meuse, l'un des fondateurs de
la Société linnéenne de Paris, artiste et littérateur].

I. Canevas (le) à la diable, ou la Journée d'un —. Paris, an VIII
(1800), in-18.   [1244]

II. Lettres impartiales sur les expositions de l'an XIII. Paris,
Dentu, 1805, 2 num. in-8, 1 fr. 50 c.   [1245]

AMATEUR (Un). — Sur l'état actuel du Théâtre de la République,
par — qui a vu, qui voit, et qui lit dans l'avenir. Paris, au Cabinet
de lecture, palais du Tribunat, an X (1802), in-8 de 44 pages,
75 c.   [1246]

AMATEUR (Un) [Montigny].

Stratagèmes (les) des échecs, ou Collection de coups d'échecs les
plus brillants et les plus curieux, tant dans la partie ordinaire, que
dans les différentes parties composées avec des planches où l'on
trouve notée la position de chaque coup. Paris et Strasbourg,
A. Kœnig, an X (1802), 2 vol. in-18, dont un de planches, 3 fr. [1247]

AMATEUR (Un) [Ch.-Emm. Simon Gaultier de Claubry, D. M.].

Observations sur la Notice de la galerie des antiques au Muséum
Napoléon. Paris, an XI (1803), in-12.   [1248]

C'est d'après Barbier que, tome III de la « France littéraire », nous avons
attribué, par erreur, ces Observations à un autre M. Gaultier.

AMATEUR (Un) de l'arrondissement de Saint-Denis (Seine).

Éducation (l') des abeilles, simplifiée et rendue très-facile. Paris,
Renard, an XII (1804), in-8 de 78 pag., 1 fr. 25 c.   [1249]

AMATEUR (Un) [L. T]. — Réflexions d'— sur certains abus de la
musique moderne, et principalement sur celle des instruments à
vents. (Bull. philomatique de Bordeaux, t. V, p. 261-68, 1807). [1250]

Le même est auteur d'une Lettre en réponse à celle de Mélophile. (Voy. ce
nom.)

AMATEUR (Un) [Jacq.-Max. Bins de Saint-Victor, père de M. Paul
de Saint-Victor].

Réflexions d'— sur l'opéra de « la Vestale ». (Rouen, vᵉ Guilbert),
juin 1809, in-8.   [1251]

AMATEUR (Un) [Edme Bochet, conservateur des hypothèques à
Paris].

Revue de l'Opéra Buffa, ou Lettre d'— à son ami. Paris, Delaunay, 1810, in-8 de 15 pag., 40 c. [1252]

AMATEUR (Un) [l'abbé BRASSEUR].

Notice succincte d'une collection unique de manuscrits inédits, rares et précieux (d'Ant. Nuewens), concernant l'histoire belgique. Bruxelles, Simon, 1811, in-8 de 314 pag. [1253]

AMATEUR (Un) [le baron Ch.-A. CAFFARELLI, ancien préfet].

Abrégé des Geoponiques, extrait d'un ouvrage grec, fait sur l'édition donnée par Jean-Nicolas Niclas, à Leipzig, en 1781. Paris, M⁰ᵉ Huzard, 1812, in-8 de 9 feuill. 1/4, 2 fr. 50 c. [1254]

Extrait des Mémoires de la Société d'agriculture du département de la Seine, t. XIII.

AMATEUR (Un) [Jean-Baptiste-Benoît EYRIÈS, mort membre de de l'Académie des inscriptions].

Fantasmagoriana, ou Recueil d'histoires d'apparitions de spectres, revenants, fantômes, etc.; trad. de l'allem. par —. Paris, F. Schœll, 1812, 2 vol. in-12, 5 fr. 50 c. [1255]

AMATEUR (Un) [Antoine DUPUIS, avocat, artiste-amateur].

I. Lettres impartiales sur l'exposition des tableaux, en 1814. Paris, A. Eymery, 1814, in-8. [1256]

Ces lettres paraissaient tous les lundis par fascicules de 16 pages, au prix de 60 cent.

II. Sur le Salon de 1817. [1257]

Six articles imprimés dans le « Mercure de France » : du 10 mai 1817, t. II, p. 266-273 ; du 17 mai, t. II, p. 320-328 ; du 24 mai, t. II, p. 353-361 ; du 7 juin, t. II, p. 447-456 ; du 21 juin, t. II, p. 552-559 ; du 19 juillet, t. III. p. 115-122.

Voyez aussi les n⁰ˢ 345-47, et *Amateur sans prétention (Un)*.

AMATEUR (Un). — Le Souvenir des ménestrels, contenant une collection de romances inédites, le tout recueilli et publié par —. Années 1813 à 1824. Paris, M⁰ᵉ Benoît, éditeur de musique; Dentu, Delaunay, 1813-24, 11 v. in-18, texte et musique, avec grav. [1259]

Élégant recueil lyrique. Chaque année est dédiée soit à un poëte ou à un musicien célèbres. Le prix de chaque volume était de 6 fr., et sur pap. vélin, 9 fr.

La seule année 1815 porte le cryptome *un Amateur* ; les dix autres sont entièrement anonymes.

AMATEUR (Un) [Fr. GRILLE, chef de division au ministère de l'intérieur, sous Carnot ; plus tard, bibliothécaire d'Angers, puis préfet de la Loire-Inférieure, en 1848].

I. Théâtres (les) : Lois, règlements, instructions, salles de spec—

tacle, droits d'auteurs, correspondants, congés, débuts, acteurs de Paris et des départements. Paris, A. Eymery ; Delaunay, 1817, in-8 de 288 pag. [1260]

II. École (l') de village, ou l'Enseignement mutuel défendu contre ses ennemis. Paris, L. Colas, 1818, in-8 de 43 pag., 75 c. [1261]

L'Amateur était Fr. Grille, alors chef de division au ministère de l'intérieur, et l'organisateur des écoles d'enseignement mutuel, ouvertes en 1815, et non Rousselin Corbeau de Saint-Albin, comme l'ont avancé, à tort, plusieurs biographies récentes.

AMATEUR (Un). — Manuel des jardiniers, ou Guide des travaux à faire dans les jardins pendant le cours de l'année, contenant, etc. Nouv. édit. Paris, Ancelle, 1818, in-18 de 15 feuill., 2 fr. 50 c. — III⁰ édit., revue, corr. et augm. Paris, le même, 1821, in-18 de 17 feuill., 3 fr. — IV⁰ édit. Paris, le même, 1826, in-18 de 18 feuill., avec planches, en noir, 3 fr., et color., 4 fr. [1262]

AMATEUR (Un) [Louis-Eustache AUDOT, libraire-éditeur, à Paris].

Art (l') de faire à peu de frais les feux d'artifices pour les fêtes de famille, mariages et autres circonstances semblables. Avec figures. Paris, Audot, 1818, in-12 de 4 feuill. 1/3, plus 9 planches.— II⁰ édit. 1820, in-12 de 4 feuill. [1263]

AMATEUR (Un). — Le Jardinier-fleuriste, dédié aux dames. Paris, Marcilly, 1818, in-18 de 6 feuill. [1264]

AMATEUR (Un) [le chevalier B.-F.-A. de FONVIELLE].

Examen critique et impartial du tableau de M. Girodet (Pigmalion et Galathée), ou Lettre d'— à un journaliste. Paris, Boucher, 1818, in-8 de 23 pag., 60 c. [1265]

AMATEUR (Un) [César GARDETON].

Annales de la Musique, ou Almanach musical pour l'an 1819, contenant, etc. Première année (et unique). Paris, rue Coquillière, n° 27, 1819, in-18 de 9 feuill. [1266]

AMATEUR (Un). — L'Amoureux des onze mille vierges, ou les ris, les jeux et les grâces, recueil de romances, chansons, ariettes, etc., dédié au beau sexe. Paris, de l'impr. de Tiger, 1821, in-18 de 96 pag., 50 c. [1267]

AMATEUR (Un) [P.-E. MORIN, anc. élève de l'École polytechnique].

Quelques Réflexions d'— sur une brochure intitulée : « Un mot d'un invalide ». Saint-Étienne, Tourjon, 1821, in-8 de 29 pag. [1268]

AMATEUR (Un). — Observations sur le concours du grand prix de paysage historique, et sur la nécessité de donner une nouvelle direction aux études de ce genre. Paris, de l'impr. de Didot aîné, 1821, in-8 de 16 pag. [1269]

Écrit qui n'a pas été destiné au commerce.

AMATEUR (Un). — Un mot sur le dernier tableau de M. David. Paris, de l'impr. de Richomme, 1824, in-8 de 8 pag. [1270]

AMATEUR (Un). — Principes et règles du jeu de domino. Paris, Tiger, 1824, in-12 de 24 pag. [1271]

AMATEUR (Un) [Edmond MARCOTTE DE QUIVIÈRES, aujourd'hui directeur des douanes à Marseille].

Robin des Bois le grand chasseur, peint par lui-même, chanson avec des notes scientifiques, historiques et philosophiques. Paris, les marchands de nouveautés, 1825, in-8 de 16 pag. [1272]

Satire contre Charles X. Il y a eu deux éditions la même année.

AMATEUR (Un) [Yves COUSIN, d'Avallon].

Dictionnaire universel des jeux de société, ou Soirées amusantes, contenant, etc. Paris, Locard et Davi, 1826, in-12 de 12 feuill 1/12, avec planches, 2 fr. 50 c. [1273]

AMATEUR (Un). — Règles de l'écarté. Arras, de l'impr. de Souquet, 1826, in-16 de 8 pag. [1274]

Réimpr. dans la même année.

AMATEUR (Un) [CLÉMENT-DESORMES, professeur de chimie].

Cours de chimie appliquée aux arts, ou Analyse du cours de chimie industrielle, professé au Conservatoire des arts et métiers, par —. Généralités. Paris, Bachelier, 1829, in-8 de 20 pag. [1275]

AMATEUR (Un) [Emm. DEVELEY, mathématicien suisse].

Guide pour les lecteurs des romans de Walter Scott et de Cooper. Paris (Lausanne), 1835, broch. in-8. [1276]

AMATEUR (Un) de Nancy [le baron Antoine-Charles PERRIN DE BRICHAMBAULT, colonel du genie, etc.]

Escrime (l') appliquée aux dames. Fragment d'un poeme inédit sur l'escrime. Paris, de l'impr. de Pihan Delaforest (Morinval), 1835, in-8 de 4 pag. [1277]

AMATEUR (Un) [le vicomte PERNETY, lieutenant-général d'artillerie, pair de France].

Vade-mecum des joueurs de whist. Paris, de l'impr. de J. Didot aîné, 1839, in-12 de 24 pag. — IIIᵉ édit. Bruxelles, Wahlen, 1845, pet. in-4 de 80 pag., 1 fr. [1278]

Extrait du « Vade-mecum des joueurs de whist ». Paris, de l'impr. de Gratiot, 1849, in-12 de 24 pag. [1279]

Ce petit traité fait suite à la *Richesse du cultivateur et de l'instituteur primaire*. Paris, Augustin Mathias, 1849, in-12 de 10 feuilles.

AMATEUR (Un).—Revue des beaux-arts à Nantes, en 1839. Nantes, de l'impr. de Forest, 1839, in-8 de 24 pag.   [1280]

AMATEUR (Un), né en 1769 [J.-Nic. BOUILLY, auteur de l'Abbé de l'Épée, etc.].

Soixante ans du Théâtre-Français. Paris, Ch. Gosselin, 1842, in-18 de 6 feuill.   [1281]

MM. Paul Lacroix et Goizet n'ont pas connu l'auteur de cet écrit. (V. *Catalogue de la Bibliothèque Soleinne*, t. v, n° 746).

M. Edm. de Manne, sous le n° 2871 de son «Nouv. Dictionnaire des ouvrages anonymes et pseudonymes», attribue cet opuscule à un « M. Louis-Jean-Baptiste-Mathieu Couture », célèbre avocat, qui n'est connu par aucun ouvrage.

AMATEUR (Un). — Almanach des farceurs, ou les Contes de Jérôme la Pointe. Pour 1843. Lille, Blocquel, et Paris, Delarue, 1843, in-18 de 36 pag.   [1282]

AMATEUR (Un). — Nouveau Manuel complet du physionomiste des dames, contenant, etc. Paris, Roret, 1843, in-18 de 10 feuill. 1/2, avec 4 grav., 1 fr. 50 c.   [1283]

AMATEUR (Un). — Préservatif contre l'ennui, ou Choix de bons mots, de naïvetés et contes badins à rire. Recueilli au temple du délassement. Berlin, Hayn, 1844, gr. in-16 de 88 pag.   [1284]

AMATEUR (Un). — Du Service vicinal. Paris, Carilian-Gœury, 1844, in-8 de 48 pag.   [1285]

AMATEUR (Un). — Recueil de poésies, par —, dont le nom se trouve dans cette charade :

> Mon premier par le sauvage est porté ,
> Et mon second dans les champs est planté.
> Assemblez ces deux lignes, mon nom sera formé.

Boulogne, de l'impr. de Delahodde, 1847, in-12 de 24 pag.   [1286]

Quatorze pièces : vers et chansons.

AMATEUR (Un). — Exposition de tableaux de 1850, à Bordeaux, avec un mot sur les tableaux, artistes et amateurs. Bordeaux, Feret, 1850, in-18 de 36 pag., 75 c.   [1287]

AMATEUR (Un) [DANDELY, Belge].

Whist (le) rendu facile. Traité complet et approfondi du jeu de whist à quatre et à trois. Suivi d'un traité complet du whist de Gand, des traités du boston de Fontainebleau et du boston russe. Ouvrage contenant les règles complètes du whist et du boston, des tarifs rectifiés du boston de Fontainebleau et du boston russe. Terminé par un Vocabulaire des termes usités au whist. Liége, J. Desoer, 1851, in-18, format angl., de xj et 323 pag., 3 fr.—II° édit., revue en partie et refondue. Paris, Garnier frères, 1855, in-18, format anglais, 3 fr. 50 c. [1288]

AMATEUR (Un). — La Nouvelle Magie blanche dévoilée. Grande initiation à la vraie pratique des célèbres physiciens prestidigitateurs, Comus, Pinetti, Bosco, etc., complétement démontrée pour la première fois et mise à la portée des curieux. Paris, Ruel aîné, 1852, in-12 de 304 pag. — Paris, Renault et C°, 1857, 1858, 1860, in-18 de 328 pag., avec des planches. [1289]

Imprimé aussi en 1855 sous le titre de *Nouv. Manuel de physique et de chimie amusantes, grande initiation*, etc., etc. Paris, Ruel aîné, in-12, et Paris, Renault et C°, 1859, 1860, in-12 de 328 pag.

AMATEUR (Un). — Le Whist. Paris, de l'impr. de Moquet, 1853, in-12 de 24 pag. [1290]

Vraisemblablement une réimpression du petit ouvrage du général Pernety. Voy. le n° 1278.

AMATEUR (Un).— Essai sur l'histoire du violon et sur les ouvrages des anciens luthiers célèbres du temps de la Renaissance. Munich, et Francfort-sur-le-Mein, C. Jugel, 1856, gr. in-8 de viij et 68 pag., avec deux planches in-fol., lithogr., 3 fr. [1291]

Il y a des exemplaires de ce livre qui portent pour titre : *Luthomonographie, historique et raisonnée. Essai sur l'histoire du violon et sur les ouvrages des anciens luthiers célèbres du temps de la Renaissance, par un amateur.* Munich, et Francfort, 1856.

AMATEUR (Un) [le prince Alexandre LABANOFF DE ROSTOFF].

Tablettes gastronomiques de Saint-Pétersbourg, rédigées par —, et précédées d'une liste d'ouvrages à consulter. Saint-Pétersbourg, de l'impr. d'Édouard Pratz, 1856-58, 2 vol. gr. in-8 pap. jésus. [1292]

Collection de menus que M. le prince Alex. Labanoff a rassemblés à Saint-Pétersbourg de 1841 à 1857 inclusivement. C'est un livre curieux dont il n'a été tiré que cent exemplaires destinés à être offerts en cadeaux. La première partie a 6 ff. prélim. et 104 pag., contenant 3328 articles; la seconde, 5 ff. prélim. et 308 pag., plus une table des matières de la seconde partie (320 menus), 14 pag. BRUNET.

AMATEUR (Un) [P.-L. MERCADIER, professeur de musique, chev. de la Légion d'honneur].

Gamme musicale (la), démontrée par des notes mobiles. Nouvel Abécédaire musical. Paris, Brandus, Dufour et C°, 1858, pet. in-8 oblong, de viij et 151 pag. [1293]

AMATEUR (Un). — Jeu du Solitaire. Exemple entre mille pour ce jeu. Paris, Coqueret, 1858, in-12 de 12 pag. [1294]

AMATEUR (Un). — Réflexions, Maximes, Pensées, etc., morales, religieuses, critiques et littéraires. Au profit d'un établissement de bienfaisance. Abbeville, de l'impr. de Briez, 1858, in-18 de 292 pag.

[1295]

M. Ferdinand Pouy a oublié la mention de cet ouvrage dans ses « Recherches historiques et bibliographiques sur l'imprimerie et la librairie et sur les arts et industries qui s'y rattachent dans le département de Somme », 1863-64, 2 part. in-8, sans cela il nous en eût fait connaître l'auteur.

AMATEUR (Un). — La Physiologie du billard. Paris, Ledoyen, 1860, in-16 de 64 pag., 1 fr. [1296]

AMATEUR (Un). — Nouvel Essai sur l'Équitation, et seconde expression du Baucherisme. Louvain, Van Linthout et Cᵉ, 1863, in-8 de 48 pag., avec un port., 1 fr. 50 c. [1297]

AMATEUR ANGLAIS (Un) [Jean Spencer SMITH].

Jeu (le) de whist, traité élémentaire des lois, règles, maximes et calculs de ce jeu, appuyé d'exemples tirés des meilleures autorités tant de la vieille que de la nouvelle école, depuis Hoyle jusqu'à Matthews; suivi d'Observations sur le petit whist. Trad. de l'anglais et rédigé de nouveau à l'usage des sociétés françaises. Caen, de l'impr. de Chalopin, 1819, in-12 de 7 feuill. [1298]

AMATEUR D'ANTIQUITÉS (Un). — Itinéraire étymologique de Saint-Amand à Bourges. Saint-Amand, Bouziat, impr.; Souplet, libraire, s. d., in-24 de 89 pag. [1299]

AMATEUR DE BELLES-LETTRES (Un) [VOLTAIRE].

Conseils à M. Racine sur son poeme de «la Religion». Sans date (1742), in-8 de 14 pag. [1300]

A la page 11, Voltaire cite quatre vers de la Henriade avec des changements qu'on ne trouve point dans l'édition de Beaumarchais.
Il parut la même année deux critiques de cet opuscule :
1° Réflexions sur l'anonyme et sur les Conseils à M. Racine, au sujet du poëme de la Religion (par René de Bonneval). In-8 de 7 pag.
2° Lettre de M. D. L. M. à M..., au sujet des Conseils donnés à M. Racine. In 12 de 20 pag.

AMATEUR DE CETTE VILLE (Bordeaux) (Un) [de BARJONVILLE].

Bouquet de la Saint-Louis, intermède en prose, mêlé de chants et de danse. Représenté sur le théâtre des Variétés à Bordeaux, le 24 août 1785. Bordeaux, J.-B. Séjourné, 1785, in-8. [1301]

AMATEUR D'ÉQUITATION (Un). — De l'Équitation et de la haute école ayant pour base la position de jambette. Paris, Dumaine, 1864, in-8 de 32 pag., 2 fr. [1302]

AMATEUR DE L'ANTIQUITÉ (Un). — Les Amours de Zoroas et de

Pancharis, poëme érotique et didactique, ou Veillées d'un homme de loisir sur le culte de Cythérée, pratiqué autrefois à Milet, et telles qu'un initié du temple d'Amathonte les a soustraites et publiées à Athènes, ornées de plusieurs morceaux relatifs à la génération, la germination et les autres fonctions intéressantes, tant chez les animaux que chez les végétaux. Ouvrage traduit sur la 2ᵉ édition de l'original latin (de *Ph. Petit-Radel*) et enrichi de notes critiques, historiques et philosophiques par—. Paris, Levrault frères, Patris et Gilbert, etc., an x (1802), 3 vol. in-8 avec gravures, 12 fr.   [1303]

Traduction du poëme latin *De Amoribus Panchariths et Zorae*, composé par Phil. Petit-Radel et imprimé pour la première fois en 1798. Petit-Radel a désavoué cette traduction, il n'a traduit en français qu'une partie de son poème sous le titre de *Mariage des plantes* (1798), traduction qui a été réimprimée, en 1813, sous celui de *les Mystères de Flore*. Voy. « la France littéraire », article Petit-Radel.

Voy. sur cet ouvrage, à propos de la traduction de 1802, le « Magasin encyclopédique », VIIIᵉ ann., 1802, t. III, p. 427.

AMATEUR DE L'EAU CLAIRE (Un) [M. César MARETTE].

Histoire des oies clériennes, écrite en l'an 1835, époque du quasi-assèchement des petites rivières. Rouen, de l'impr. de Berdalle, 1839. in-8 de 16 pag.   [1304]

Clère est dans le département de la Seine-Inférieure.

AMATEUR DE L'HARMONIE (Un) [GABRIEL].

Examen des causes destructives du théâtre de l'Opéra et des moyens qu'on pourrait employer pour le rétablir; ouvrage spéculatif. Londres et Paris, vᵉ Duchesne, 1776, in-8 de 40 pag.   [1305]

AMATEUR DE L'INDUSTRIE ET DE LA SCIENCE (Un) [A.-J. REYDE-MORANDE].

Turpitudes académiques et ministérielles, ou Nouveaux Documents sur l'incomparable justice et l'éclatante protection accordées en France aux sciences et à l'industrie; avec notes et pièces justificatives à l'appui, et un Mémoire sur les effets de la température dans la végétation. Par—, et qui n'a jamais été sous le joug ni sous l'influence d'aucune coterie, auteur d'une nouvelle théorie sur la végétation. Paris, Mᵐᵉ Huzard, Meilhac, 1833, in-8 de 64 p.   [1306]

AMATEUR DE LA PROSPÉRITÉ DES FABRIQUES DE FRANCE (l').

Amateur (l') de la prospérité des fabriques de France, ou Réponse au « Traité de (L. Ez.) Pouchet sur la fabrication des étoffes » (1788), 1789, in-8.   [1307]

Lettre d'un fabricant de Rouen à l'amateur de la prospérité des fabriques de France, 1789, in-8.

AMATEUR DE LA PURETÉ DE LANGAGE (Un). — Critique raisonnée, dans laquelle on signale les fautes d'orthographe, de construction, les solécismes, les barbarismes, les néologismes, les expressions impropres et inconvenantes dont est remplie la brochure que vient de publier M. Benjamin Constant, sur la dissolution de la chambre des députés. Paris, Pélicier, 1820, in-8 de 31 pag. [1308]

AMATEUR DE LA VÉRITÉ (Un) [BARENT COENDERS VAN HELPEN].

Escalier (l') des Sages, ou Philosophie des Anciens, avec de belles figures, par —, qui a pour anagramme de son nom: « En debes pulchra ferando scire ». Groningue, Charles Pieman, 1689, in-fol. de 240 pag., avec fig. [1309]

L'auteur a mis son nom à l'édition qui a paru sous ce titre : *Thrésor de la philosophie des Anciens, où l'on conduit le lecteur par degrez a la connaissance de tous les métaux et des minéraux, et de la manière de les travailler et s'en servir pour arriver enfin à la perfection du grand œuvre, mis en lumière* par Barent Coenders van Helpen, gentilhomme. Cologne, Claude Le Jeune, 1693, in-fol. de 240 pag. avec figures.

A l'exception de trois pages d'errata, cette édition est absolument conforme à la première ; mais le papier est moins beau.

Colonne a remis cet ouvrage en meilleur français, et l'a fait reparaître sous ce titre : *Introduction à la philosophie des Anciens*, par un amateur de la vérité. En debes pulchro ferando scire. Paris, Cl. Thiboust et Pierre Esclassan, 1689, in-12 de 395 pages. A. A. B.-R.

AMATEUR DE LA VÉRITÉ (Un). — Le Mercure postillon de l'un à l'autre monde..... [1310]

AMATEUR DE L'ART EN L'AN V (Un) [Jacq.-André MILLOT, accoucheur].

Réfutation de l'opinion nouvelle publiée dans un mémoire sur les douleurs de l'enfantement, et sur la cause qui détermine cette précieuse fonction. Paris, Migneret, an VIII (1800), in-8 de 122 pag., 1 fr. 20 c. [1311]

AMATEUR DE PARIS (Un). — Lettre d'— à un amateur de province sur le Salon de peinture de 1787. Paris, les march. de nouv., 1787, in-8. [1312]

AMATEUR DE TULIPES (Un). — Biographie raisonnée des représentants de Seine-et-Oise à l'Assemblée nationale. Versailles, Kléfer, etc., 1848, in-18 de 36 pag. [1313]

AMATEUR DES ARTS (Un) [de LA ROQUE, écuyer, ancien capitaine d'infanterie].

Voyage d'— en Flandre, dans les Pays-Bas, en Hollande, en France, en Italie, en Suisse, fait dans les années 1775, 1776, 1777 et

1778 (revu et corrigé par *Fabri*, bourgmestre de Liége). Amsterdam, 1783, 4 vol. in-12. - [1314]

AMATEUR DES ARTS (Un) [Alexandre LENOIR, antiquaire].

Concours pour les prix décennaux. Examen du tableau des Sabines et de l'école de M. David, premier peintre de Sa Majesté, etc. Paris, Hacquart, 1810, in-8. [1315]

AMATEUR DES ARTS MÉCANIQUES (Un). — Notice sur l'origine et l'emploi des roues hydrauliques pendantes, improprement appelées flottantes. Paris, Bachelier, Ponthieu, 1823, in-8 de 16 pag. [1316]

AMATEUR DES BAINS A VAPEUR (Un). — Les Bains à vapeur, monologue-vaudeville à 24 couplets, chantés en société, et dédiés au beau sexe. Montpellier, de l'impr. de X. Jullien, 1824, in-8 de 12 pag. [1317]

AMATEUR DES BEAUX-ARTS (Un) [Gaspard MICHEL, plus connu sous le nom de l'abbé LEBLOND ; né à Caen en 1736, mort à Laigle, le 17 mai 1809].

Lettre d'—(sur le saint Alype de Caffieri). 1790, in-8 de 10 p. [1318]

AMATEUR DES BEAUX-ARTS (Un) [Cypr.-Ant. LIEUDÉ DE SEPMAN-VILLE].

Réflexions nouvelles d'—, adressées à Mme..., pour servir de supplément à la lettre sur l'exposition des ouvrages de peinture, année 1747. In-12. [1319]

AMATEUR DES CHOSES CACHÉES (Un) [le marq. Louis-Claude de SAINT-MARTIN].

Crocodile (le), ou la Guerre du bien et du mal, arrivée sous le règne de Louis XV, poeme épico-magique en cent deux chants, dans lequel il y a de longs voyages sans accidents qui soient mortels, un peu d'amour sans aucune de ses fureurs, de grandes batailles sans une goutte de lait répandu ; quelques instructions sur le bonnet de Docteur, et qui, parce qu'il renferme de la prose et des vers, pourrait bien en effet n'être ni l'un ni l'autre. Ouvrage posthume d'—. Paris, de l'impr. du Cercle social, an VII (1799), in-8 de 470 p. [1320]

Saint Martin n'est mort que vers la fin de 1803.

AMATEUR DES MATHÉMATIQUES ET DE NOUVELLES (Un). — Almanach historique, nommé le Postillon de la paix et de la guerre, calculé suivant le style nouveau pour l'an de grâce...., contenant, etc ; avec une description des plus remarquables. Montbéliard, Deckherr, 1821-64, 44 broch. in-4 chacune de 4 feuill. et quelques pag. [1321]

Cet almanach a d'abord paru sous le titre de *le Postillon de la paix*.

AMATEUR DU CAFÉ MOLIÈRE (Un). — Manuel complet du jeu de dominos, par —, suivi des règles de la partie à quatre. Paris, au comptoir des imprimeurs-unis, 1843, in-32 de 96 pag. — Autre édition, précédée d'une Notice sur le jeu, par Briffaut. Bruxelles, Wahlen, 1843, in-32 de 92 pag., 75 c. '   ·   [1322]

AMATEUR DU COLISÉE (Un). — Rêveries d'—, ou les Femmes sans dot. Londres, et Paris, Ruault. 1776, in-8.   [1323]

AMATEUR DU MORVAN (Un). — Guerre aux Rossinistes. Paris, les march. de nouv., 1824, broch. in-8.   [1324]

AMATEUR DU VIEUX LANGAGE (Un) [le comte Hippolyte-François JAUBERT, membre de l'Institut, Académie des sciences].

Vocabulaire du Berry et des provinces voisines (1re édit.). Paris, de l'impr. de Crapelet, 1838, in-8 de 3 feuill. 1/4 — Deuxième édit., sous ce titre : Vocabulaire du Berry et de quelques cantons voisins. (De l'impr. de Saillard, à Bar-sur-Seine.) Paris, Roret, 1842, in-8 de 136 pag.   '   [1325]

La préface de la seconde édition n'a été imprimée à Paris, chez Chaix, qu'en 1854, in-8 de 24 pages. Il faut s'assurer si elle se trouve dans les exemplaires.

Cet ouvrage a été refondu dans le *Glossaire du centre de la France* de l'auteur, ouvrage qui a été couronné par l'Institut, et qui a été imprimé avec le nom de M. le comte Jaubert.

AMATEUR LYONNAIS (Un) [Jean PASSERON, de Lyon].

Mélanges sur les beaux-arts, extraits de la « Gazette universelle de Lyon », années 1825 et 1826. Lyon, Targe et Paris, les march. de nouv., 1826, in-8 de 48 pag.   [1326]

AMATEUR PARISIEN (Un). — Orthographie simplifiée, ou l'Écriture en harmonie avec la prononciation, à l'usage du peuple. Paris, de l'impr. de Didot jeune, 1819, in-4 de 128 pag.   [1327]

AMATEUR QUI N'EST RIEN (Un), pas même académicien.

Quelques mots sur l'ouvrage intitulé : Réceptions faites à l'Académie des sciences, belles-lettres et arts de Rouen, pendant l'exercice 1841-42, sous la présidence de M*** (Desalleurs). Rouen, de l'impr. de Lefèvre, 1842, in-8 de 16 pag.   .   [1328]

L'ouvrage en question est de la même année, Rouen, Périaux, in-8 de 17 feuill.

AMATEUR SANS PRÉTENTION (Un), qui n'est pas méchant, qui croit le rire bon pour la santé [MÉRARD DE SAINT-JUST].

Occasion (l') et le Moment. A Bonhomiopolis (Paris, Didot), 1782, 4 part. in-18.   [1329]

BIBLIOTHÈQUE NATIONALE

www.ingramcontent.com/pod-product-compliance
Lightning Source LLC
Chambersburg PA
CBHW072245270326
41930CB00010B/2276